POSE ta Dem'

Éditions Eyrolles
61, bd Saint-Germain
75240 Paris Cedex 05
www.editions-eyrolles.com

Mise en pages : Sandrine Escobar

Portrait des auteures : Gasparetto Giovanni

ISBN : 978-2-212-57469-2

CHARLOTTE APPIETTO

POSE ta Dem'

L'art de réinventer sa vie professionnelle

Éditions
EYROLLES

SOMMAIRE

PARTIE 5

INTRODUCTION

« Oser, c'est perdre pied momentanément.
Ne pas oser, c'est se perdre soi-même. »
Søren Kierkgaard

UN SAMEDI SOIR COMME UN AUTRE

Samedi soir en terrasse, à Paris. Une amie me rejoint et me lance :

« Pfiou. J'en peux plus du boulot. J'ai passé quatre heures en réunion. Quatre, tu te rends compte ! Tiens, ressers-moi s'il te plaît. Merci. Je ne comprends pas qu'on passe tant de temps sur ce projet qui n'intéresse personne. Ça n'a aucun sens ! (Silence) Tu sais quoi ? Lundi je pose ma dem'. Je pars faire un tour du monde. (Silence) Mais il faut que je gagne de l'argent. Bon, je vais monter ma boîte. Pas de patron. Et faire quelque chose d'utile. Voilà une bonne idée. »

Un autre samedi soir, trois mois plus tard :

« Alors, le boulot ?

– Pff, j'en ai vraiment marre. Mais bon, pas le choix, faut bien payer le loyer ! Mais t'inquiète. L'année prochaine c'est sûr, je plaque tout ! »

Un an plus tard, un samedi soir…

Je vous laisse deviner ?

Sa dem' n'était toujours pas posée.

Pourtant, cela semble évident vu de l'extérieur. On a envie de lui répondre : « Eh bien, pose-la, ta dem' ! » Mais ce n'est pas si simple. Quitter son job, ce n'est pas juste recopier un modèle de lettre de démission pris sur Internet et le poser sur le bureau de son chef. Ce n'est pas non plus danser en caleçon en plein milieu d'une salle de réunion en chantant « Au revoir, Président » comme dans la publicité du Loto.

C'est se poser des questions vertigineuses sur le sens de sa vie, sur sa place dans le monde. C'est s'interroger sur ses propres capacités à faire autre chose que son métier actuel. C'est faire face au regard des autres à qui l'on explique que l'on quitte un emploi sécurisant, une carrière toute tracée et un salaire nécessaire à la bonne marche de son foyer. C'est affronter ses démons intérieurs qui s'appellent « manque de confiance en soi » et « incertitude chronique ». C'est combattre ses peurs du vide, de l'ennui, de l'échec et du rejet.

Pose ta Dem' est une invitation à repenser sa place dans le monde du travail – et dans le monde tout court. Dans ce livre, je vais vous guider dans une aventure hors du commun : la création de votre vie professionnelle sur-mesure. Mais avant de vous embarquer dans cette odyssée, laissez-moi me présenter.

MON HISTOIRE

Nous sommes en janvier 2016. 8 h 30, sacoche à la main, j'observe le grand bâtiment dans lequel se situe mon bureau. Le ciel est aussi lourd que l'atmosphère du métro que j'ai pris pendant 45 minutes, collée aux autres voyageurs. Comme si le temps s'était arrêté, je me pose pour la première fois cette question implacable : « Qu'est-ce que je fais là ? » Cette question m'a emportée comme un raz de marée, et a été le déclencheur d'un long cheminement de quête de sens et surtout, de quête de moi-même.

Les études : tout avait pourtant bien commencé...

J'ai le profil typique de la bonne élève, première de la classe, promise à la « réussite ». Alors, en toute logique, je me suis attelée à construire le CV idéal à mes yeux : classe préparatoire puis master à Sciences Po Paris. Malgré tout, je n'avais pas envie de tenter la « voie royale » vers l'ENA. Moi, je voulais rendre les salariés heureux, les aider à réussir leur carrière ! J'ai donc choisi le master ressources humaines, de doux rêves en tête. Mais ce fut la première déception : l'univers des RH n'est pas celui des bisounours, mais bien celui d'une fonction support, avec beaucoup d'administratif, et peu d'impact sur le bien-être des salariés. Je ne m'y plaisais pas, je ne m'y projetais pas. Alors, je suis partie chercher mon bonheur ailleurs, en école de commerce, pour faire du conseil en management. Je m'imaginais résoudre des problèmes stratégiques, voguer de mission en mission pour contribuer aux grands projets de transformation de la fonction RH. Alors, j'ai rejoint un cabinet de conseil qui avait tout pour plaire.

Le premier CDI : la désillusion

Au début, j'ai adoré mon travail. Des projets passionnants, des collègues compétents et bienveillants, et une ambiance fantastique. Mais au bout de quelque temps, tout s'est dégradé : j'étais envoyée sur des missions qui ne m'intéressaient pas. J'avais le sentiment de passer mes journées à brasser de l'air : produire des « slides » sur PowerPoint, des tableaux Excel, assister à des réunions inutiles puis rédiger des comptes rendus de ces réunions inutiles. Après six ans d'études, une envie de croquer la vie à pleines dents et de m'investir à 200 % dans ma carrière toute neuve, j'ai subi le choc brutal de la désillusion peu de temps après mon entrée sur le marché du travail.

J'ai commencé à avoir le vertige face à la tournure que ma vie prenait : « Est-ce cela que je veux ? Quel est le sens de ce que je fais au quotidien ? À qui j'apporte de la valeur ? »

Je me passionnais pour le développement personnel depuis des années, alors j'ai mobilisé ces apprentissages pour faire le point sur ma vie et mon avenir. J'ai écouté la petite voix en moi qui avait envie d'entreprendre, depuis longtemps déjà, mais que j'avais fait taire : « Mais non enfin, tu es une fille scolaire, pas une aventurière, tu serais ridicule si tu montais ta boîte ! Et puis je te connais hein, tu as trop peur de prendre des risques. »

Heureusement, ma curiosité et mes rêves ont fini par reprendre le dessus. Après le travail, je me rendais à des conférences, je lisais beaucoup, je rencontrais des entrepreneurs et des personnalités aux parcours atypiques.

Mais en attendant… je restais au chaud dans mon job.

Le déclic

J'avais frôlé le *bore-out* (voir le chapitre 2) pendant l'hiver, et j'attendais que ma prochaine mission tombe. À quelques jours de la fête de la Musique, j'ai été envoyée dans l'enfer : un sujet à des années-lumière de mes compétences et en prime, un tour de France d'un an pour former 4 000 personnes à ce sujet. De quoi passer le 21 juin à écouter « Hello » de la chanteuse Adele prostrée dans ma chambre. Ambiance.

J'ai quand même démarré la mission en priant pour survivre, tout en me disant que je devais partir sous six mois. Mais le mois qui a suivi a été d'une longueur affolante. Je ne voyais pas le bout du tunnel. J'allais au travail à reculons, en attendant mes vacances comme on attend la fin d'une extraction de dents sans anesthésie générale.

Sauf que… mon corps n'a pas voulu attendre les vacances. Il n'a pas fait de coup en douce, c'est moi qui n'ai pas su écouter ses avertissements. Depuis quinze jours, je tremblais des mains l'après-midi au point d'avoir du mal à taper sur mon clavier, et ma vision était réduite. Mon cœur battait anormalement et je dormais très mal, au point d'avoir des vertiges. Mais ça allait passer, n'est-ce pas ?

Puis un matin, arrivée au bureau, impossible de lire sur mon écran d'ordinateur. J'ai immédiatement appelé un collègue qui m'a conseillé de partir chez le médecin et d'appeler ma manager pour lui expliquer. Sur le coup, j'ai refusé. Moi, chez le médecin ? Moi, faible ? Impossible ! Et en lui disant ça, je me suis mise à pleurer. Pour moi, pleurer en face de quelqu'un, c'est le summum de l'aveu de faiblesse. Je ne m'adonne jamais à cette pratique honteuse, quitte à faire des grimaces bizarres en prétextant qu'il y a du pollen. Mais à ce moment-là, j'ai senti que c'était trop profond pour être refoulé. Alors, j'ai ravalé ma fierté et j'ai appelé ma manager.

Sur le trajet jusqu'au cabinet médical, j'avais eu le temps de me raisonner. Je suis arrivée presque pimpante chez le médecin, assurant que « non quand même, je vous assure, ça va bien, je vais toujours bien ». Il m'a inspectée et m'a posé quelques questions. Je suis restée droite dans mes bottes. Mais il m'a collé huit jours minimum d'arrêt de travail. Je suspecte son petit doigt de m'avoir balancée. Humiliée d'avoir besoin d'être arrêtée, je suis rentrée chez moi et j'ai ouvert mon ordinateur pour, quand même, « finir mes dossiers en cours » l'après-midi.

Sauf qu'au bout de dix minutes devant l'ordinateur, les vertiges et la vision brouillée sont revenus puissance 10. C'est là que j'ai compris que mon corps ne me laisserait pas tranquille.

À cet instant, j'ai accepté de pleurer tout l'après-midi.

Les jours qui ont suivi ont été longs, très longs. Tout s'écroulait autour de moi : mon ego de fille parfaite jamais en retard, jamais absente, jamais malade, mes certitudes quant à mon avenir, et ma vie tout entière. Car oui, pour moi, à cet instant, ma vie s'écroulait. Six ans d'études, un plan de carrière, et une image de moi-même à jeter à la poubelle. Réflexe de survie, je suis allée me réfugier dans ma famille. Loin de ma vie, loin de Paris. Et j'ai laissé le temps faire son œuvre. J'ai passé un mois déconnectée de ma réalité. Cet arrêt maladie a été le déclic : mon corps ne supportait plus la dissonance entre mes aspirations et ma réalité au quotidien.

La dem'

Et en un mois, j'ai retrouvé l'énergie et les idées pour trouver ce que j'allais faire de ma vie ensuite : chercher un job en start-up dans le secteur des technologies de l'éducation. J'ai toujours été passionnée d'éducation, je donnais des cours et des formations depuis des années, alors pourquoi ne pas m'y consacrer ? L'entrepreneuriat m'attirait, alors je voulais rejoindre une petite boîte en démarrage. Et j'ai trouvé le job en quelques jours.

Il était alors l'heure de l'annoncer à ma manager, à qui j'ai proposé un déjeuner. J'étais à la fois nerveuse et pressée d'être libérée de ce poids et de commencer ma nouvelle vie. Une fois attablées, elle m'avoue : « Pfiou, tu m'as stressée avec ce dej' ! Je me suis imaginé le pire, que tu m'annonçais ta démission par exemple, ah ah ah ! » Ah. Ah. Ah. Malaise intense. Mais j'étais décidée, alors j'ai souri un peu tristement : « Hem, eh bien tu sais… c'est de ça que je voulais te parler. » Je lui ai alors expliqué ce qui s'était passé, le pourquoi du comment de ma décision, sous son regard abasourdi. Ça n'a pas été facile, et j'ai failli flancher lorsqu'elle a tout fait pour me retenir. Mais j'avais déjà pris la décision la plus importante de ma vie : créer ma vie à mon image et ne plus jamais me contraindre pour faire plaisir, pour faire bien, pour faire comme les autres.

J'ai rejoint une petite start-up avec une équipe formidable, qui me faisait confiance et qui m'a fait grandir. Mon environnement a changé : nos bureaux étaient situés dans un incubateur où j'ai rencontré de nombreux entrepreneurs.

J'ai commencé à tester des projets à côté de mon emploi. Je donnais des cours particuliers pour compléter mon salaire (que j'avais diminué de 40 % en quittant le conseil), je testais des formats innovants, je participais à des start-up week-ends, j'avais un projet dans l'orientation scolaire, j'étais bénévole lors d'événements… C'est ce que j'appelle aujourd'hui des « *side projects* » (des projets en parallèle de mon job), mais à l'époque, cela ne portait pas de nom pour moi !

Et petit à petit, je remarquais une chose qui revenait régulièrement : j'étais souvent contactée par des amis ou anciens collègues qui en avaient marre de leur job et me demandaient conseil. J'étais aux anges : les aider donnait du sens à ma propre vie. Ce que je disais avait un impact !

Le signe du destin ?

Un beau matin de mai, réunion avec mon employeur. Il m'annonce que mon poste coûte trop cher à l'entreprise et qu'il ne peut plus me garder, au risque de mettre la clé sous la porte. Cette annonce aurait pu me dévaster… Mais elle a eu l'effet inverse : j'ai immédiatement perçu l'opportunité de me lancer à mon compte. J'ai peur, mais j'y vais quand même ! L'occasion m'était servie sur un plateau. J'ai assemblé toutes les pièces du puzzle de ma vie : les RH, le développement personnel, la formation, l'entrepreneuriat, le jour de ma dem', les discussions avec mes amis… Tout a fait sens. Il était temps de créer ce que j'aurais aimé avoir lorsque j'étais moi-même enfermée dans mon *open space* à me questionner sur mon avenir.

J'avais cruellement manqué de réponses concrètes et transparentes à mes questions. J'allais donc créer un média pour partager mes conseils et des témoignages de reconvertis. J'avais éprouvé la solitude de la quête de soi sans personne pour partager ce chemin de croix. J'allais donc fédérer une communauté partageant le même objectif et les mêmes appréhensions. J'avais ressenti la perdition face au dédale de la reconversion, sans savoir par où commencer et sans trouver d'accompagnement adapté. J'allais donc créer ma propre méthode.

Ma grande vision est née, et j'ai décidé de l'appeler Pose ta Dem', en réponse aux discussions à la fois passionnées et désespérées du samedi soir.

La grande aventure

Janvier 2018. Deux ans ont passé depuis ce fameux jour où je me suis demandé : « Qu'est-ce que tu fais là ? » Mon site est prêt après deux mois de préparation. J'ai écrit mes tout premiers articles pour qu'il ne soit pas vide à sa sortie. J'ai prévenu tout mon réseau et j'ai déjà 400 personnes inscrites pour être informées du lancement du projet.

J'ouvre LinkedIn, le réseau social professionnel sur lequel je communique régulièrement, et j'écris cette publication : « Jour J : Pose ta Dem' est en ligne ! Pour les curieux, rendez-vous sur posetadem.com. » Je n'ai jamais autant tremblé pour écrire deux lignes. Dans ma tête, les pensées fusent. Que vont penser les gens ? Mes anciens collègues ? Mes anciens managers ? Impossible de faire machine arrière, je ne pouvais pas ne pas me lancer. C'était trop fort en moi.

Les *likes* ont commencé à s'accumuler et ce simple post m'a apporté… 11 000 visiteurs uniques en une semaine. Cela a marqué le début de cette merveilleuse aventure.

Depuis, des milliers de personnes ont rejoint la communauté. L'équipe s'est agrandie. Nous avons accompagné des centaines de salariés en reconversion dans leur quête de sens professionnel et la concrétisation de leur projet, au travers des deux programmes de Pose ta Dem' : Nouveau Départ et Side Project. Pose ta Dem' est devenu le repaire secret des futurs démissionnaires !

La société nous a fait intégrer l'idée suivante : le travail n'est pas un lieu d'épanouissement ; il est normal de passer sept heures par jour minimum à faire des tâches pour lesquelles on est payés, même si on n'aime pas ça. Mais je suis persuadée qu'il est possible de réinventer sa vie professionnelle, de penser différemment le travail, et d'y trouver sa place. Une place qui donne un sens profond à notre activité au quotidien. Ce sens n'est pas le même pour tous : chacun a son propre « pourquoi » ! C'est pour cela qu'il n'existe pas de hiérarchie des jobs épanouissants, mais des aspirations personnelles différentes !

Avec Pose ta Dem', mon objectif est de donner à chaque personne les clés pour réinventer sa vie professionnelle. Car il ne s'agit plus de « faire carrière », mais de vivre une aventure, faite de découvertes, de rebondissements et d'émotions ! Cette aventure peut prendre une infinité de formes : créer son entreprise, devenir freelance, se reconvertir radicalement ou faire le même métier ailleurs… Quel que soit le projet, sa réalisation nécessite de l'audace. L'audace de refuser une voie toute tracée, l'audace de quitter un emploi confortable, l'audace de croire en ses rêves. Pose ta Dem' est une incitation à concrétiser ses projets, en redécouvrant ses talents et ses passions, et en prenant le temps de mûrir un projet qui a du sens pour soi.

COMMENT LIRE CE LIVRE ET QU'EN FAIRE ?

Vous l'aurez compris : poser sa dem', ce n'est pas tout plaquer sur un coup de tête. C'est mûrir une réflexion de fond et bâtir son projet étape par étape. L'objectif de ce livre est de vous guider dans cette réflexion en partageant avec vous des conseils pratiques et des témoignages sincères.

À partir de maintenant, je me permets de vous tutoyer, si ça te va. C'est plus sympathique ! Tu peux imaginer que l'on prend un café ensemble et que je te parle en face à face. En écrivant le livre, j'ai imaginé à tour de rôle des personnes de la communauté, des clients, des amis dans cette situation. Assise face à mon ordinateur, j'imaginais cette personne en face de moi. J'ai écrit ce livre comme je lui aurais parlé. Toi, lecteur, tu t'es tour à tour appelé Anne, Nicolas, Alexandra, Pauline, Arnaud. Tu es toutes ces personnes en quête d'elles-mêmes et de leur place dans le monde du travail.

Pour écrire ce livre, je me suis basée sur mon expérience. Ma vie d'avant Pose ta Dem', lorsque je cherchais du sens moi-même. Puis ma vie durant Pose ta Dem', passée à accompagner les (futurs) reconvertis. Ce livre n'est pas une méthode théorique. C'est un guide vivant pour te poser les bonnes questions et surtout, trouver tes réponses.

Pour cela, j'ai fait appel à la communauté Pose ta Dem', à qui j'ai proposé de contribuer au travers de témoignages que tu pourras retrouver tout au long du livre. Aussi, je me suis entourée d'experts pour approfondir certains sujets en portant d'autres voix que la mienne : des conseils et astuces signés Manon ou Marion jalonneront ta lecture ! Enfin, ce qui te fera franchir le cap n'est pas seulement de lire : c'est d'agir. C'est pourquoi je partage avec toi des pistes d'actions, activités et exercices de réflexion. Prends le temps de les faire au fil de ta lecture si tu veux mettre toutes les chances de ton côté !

Et ma dernière recommandation : munis-toi d'un joli carnet qui deviendra ton journal de bord. Au fil de ta lecture, tu pourras y noter tes pensées, tes idées, tes émotions… et tes réponses aux exercices que je vais te proposer !

Sur ce, je te souhaite une belle lecture. Que ce livre soit comme un instant partagé, qu'il te transporte vers d'autres horizons, et qu'en refermant la dernière page, tu décides d'ouvrir le nouveau chapitre de ta vie.

PARTIE 1

L'ART DE RATER TA VIE (OU PAS)

« Tout voyage a une destination que le voyageur ignore. »

MARTIN BUBER

Quand j'ai commencé à dire autour de moi que j'allais poser ma dem', certains m'ont regardée avec de grands yeux admiratifs : « Waouh, qu'est-ce que j'aimerais avoir ton courage ! » D'autres ont fait preuve de curiosité à l'égard de mes futurs projets, et de la réorientation de ma jeune carrière. Cette approbation tacite et cet intérêt ont fait du bien à mon ego et m'ont rassurée.

Mais d'autres réactions étaient plus inquiétantes ! Certains ont soulevé toutes sortes d'interrogations : « Mais comment vas-tu faire pour payer ton loyer ? », « Et ta carrière, tu y penses ? Toi qui as fait de grandes études, quel dommage ! », « Et ton prêt étudiant, comment vas-tu le rembourser ? », ou encore « Et si ça ne marche pas, tu as un plan B ? Non pas que je ne pense pas que tu vas réussir, mais on ne sait jamais… »

C'est le moment où il faut avoir le cœur bien accroché ! Et c'est aussi le moment où j'ai réalisé que tout le monde, même les personnes bienveillantes, projetait sur moi ses envies, ses valeurs et surtout, ses peurs !

Ce cocktail détonant est le mélange parfait pour rater sa vie. Suivre le chemin que les autres imaginent pour nous, voire nous imposent, c'est l'assurance de vivre à côté de ses pompes. Mais j'ai une bonne nouvelle : il est possible de reprendre les rênes de notre vie (professionnelle, mais pas que) ! Comment ? En travaillant sur notre façon de réagir aux situations. Un pasteur américain nommé Charles R. Swindoll a écrit : « La vie, c'est 10 % de ce qui nous arrive et 90 % de comment on y réagit. » Autrement dit, le meilleur moyen de rater sa vie… c'est d'en rester spectateur !

CHAPITRE 1

LA RECETTE EN TROIS ÉTAPES POUR RATER TA VIE

« *Il n'y a qu'une seule réussite : arriver à vivre sa vie comme on l'entend.* »
CHRISTOPHER MORLEY

S'endetter pour faire des études. Faire des études pour trouver un « bon job ». Rester dans ce job pour s'acheter une maison et une voiture. Payer cette voiture pour se rendre à son travail. Attendre avec impatience le week-end et les vacances. Patienter jusqu'à la retraite.

Ce cercle vicieux me donne l'impression de jouer dans une pièce de théâtre absurde. Je n'ai pas vu *Fight Club* (j'ai cette particularité de ne pas regarder de films) mais j'ai lu cette citation qui en est issue : « La pub nous fait courir après des voitures et des fringues, on fait des boulots qu'on déteste pour se payer des merdes qui nous servent à rien. »

Pourtant, lorsque j'ai commencé mes études, je percevais la « réussite » comme cela : CDI, bon salaire, montée dans la hiérarchie. C'est le modèle type que la société présente comme symbole de l'accomplissement.

Mais compter un à un mes jours de congés autorisés m'a donné le sentiment d'être en prison. Je me suis demandé si je n'étais pas qu'une fainéante qui n'aime pas travailler. Après tout, c'est la norme ! Mais non, impossible de m'y résoudre. L'échec, ne serait-ce pas cela ? Se résoudre à une situation qui nous est contre-nature ?

Dans sa conférence TED « Comment trouver un travail que vous aimez », Scott Dinsmore[1] partage le pire conseil de carrière qu'il ait reçu : « Ne t'inquiète pas d'aimer ou non ton travail actuel. Il faut juste construire ton CV. » N'y a-t-il pas meilleure manière de passer à côté de sa vie que de la vivre pour un CV ?

J'ai découvert la conférence de Scott au début de mes réflexions et elle m'a profondément marquée. C'était le premier que j'entendais mettre des mots sur ce que je vivais. Il raconte qu'il venait de rejoindre une belle entreprise pour laquelle il était fier de travailler. Il avait plein d'idées et rêvait d'avoir de l'impact. Mais la réalité a coupé court à ses aspirations : « En deux mois, j'ai remarqué que tous les jours, vers 10 h du matin, j'avais envie de taper ma tête contre l'écran de mon ordinateur. [...] Alors que j'essayais de déterminer de quelle fenêtre du deuxième étage j'allais sauter et changer les choses, j'ai lu des conseils différents de la part de Warren Buffett qui disait : "Accepter un poste uniquement pour le CV, c'est comme réserver le sexe pour quand vous serez vieux." »

Cet argument a fini de convaincre Scott, qui a posé sa dem' avec la ferme intention de trouver une autre activité, quelle qu'elle soit, pourvu qu'elle ait du sens. Il a entamé des recherches et a découvert que 80 % des personnes n'aimaient pas leur travail. Il a voulu comprendre ce qui différencie ceux qui sont passionnés et se réveillent inspirés, de ceux qui traînent des pieds jusqu'au bureau. Il a posé une question unique à toutes les personnes qu'il rencontrait : « Pourquoi faites-vous le travail que vous faites ? » Les réponses qu'il a obtenues sont similaires à celles que j'entends chaque jour avec Pose ta Dem' avec en tête de liste : « Parce que c'est ce que je suis censé faire. » « Parce que c'était la meilleure filière. » « Parce que c'est ce que m'ont recommandé mes parents/mes professeurs. » Ils ne pensaient pas mal faire. Inutile d'en vouloir à ceux qui nous ont conseillés ! Ils ont fait de leur mieux pour nous garantir un bel avenir

1. Tu peux regarder la conférence TED de Scott Dinsmore en tapant cette adresse : https://www.ted.com/talks/scott_dinsmore_how_to_find_work_you_love?language=fr

professionnel. Mais cela nous conduit tout droit vers le plus grand échec : passer à côté de notre vie.

Pris dans le tourbillon du quotidien, nous n'en avons pas conscience. Alors, pour prendre du recul, voici (non sans ironie) la recette en trois étapes pour réussir à rater sa vie.

ÉTAPE #1. POSER TON ÉCHELLE SUR LE MAUVAIS MUR

Un matin de septembre, je suis en séance d'accompagnement avec Vincent. Vincent a 30 ans, il a été expatrié pendant cinq ans à Montréal et à Singapour. De retour en France depuis quelques mois, il occupe un poste intéressant, bien payé et avec du temps libre. Le Graal ? Sur le papier seulement ! Vincent ne se sent pas à sa place… mais il ne sait pas pourquoi. Alors, il réfléchit à ce qu'il pourrait faire d'autre : trouver un autre emploi dans le même secteur ? Créer sa propre société ? Rejoindre des amis entrepreneurs à l'étranger ? Et d'autres questions s'enchaînent : rester ou non à Paris ? Chercher la stabilité ou continuer à voyager ? Se consacrer à un seul projet ou slasher[2] ?

Après qu'il m'a expliqué tout ce qu'il y avait dans sa tête, je lui ai posé cette question : « Qu'est-ce que la réussite pour toi ? »

Il a répondu du tac au tac : gagner suffisamment d'argent pour être propriétaire et être fier de sa carrière. Puis il m'a regardée. Je l'ai regardé. Il a compris. Bref. Ce n'était pas vraiment lui qui avait parlé. Il a répondu ce qui était *socialement reconnu* comme une preuve de réussite : gagner beaucoup d'argent et être admiré par son entourage. Mais il n'a pas su me donner *sa* définition de la réussite. Alors, il a planché sur la question durant deux semaines et il est arrivé à la séance suivante avec *sa* propre vérité.

Et tu veux connaître sa réponse ? Eh bien, je ne te la donnerai pas, pour ne pas t'influencer ! Oui, je maîtrise l'art de l'ascenseur émotionnel. À toi de jouer avec l'exercice ci-dessous, et ne continue pas de lire tant que tu n'as pas répondu !

---

2. « Slasher » est le fait de cumuler plusieurs activités professionnelles.

Exercice

TA VISION DE LA RÉUSSITE

Note spontanément ta réponse à cette question : qu'est-ce que la réussite pour toi ?

Tu peux essayer différentes formulations et voir si cela t'amène d'autres réponses : que signifie réussir sa vie ? Qu'est-ce qui te ferait dire « j'ai réussi » à la fin de ta vie ?

Pour t'aider, tu peux créer un tableau visuel qui regroupe tes inspirations, aussi appelé « *moodboard* ». Prends une grande feuille blanche, et colles-y des citations, des photos, des lieux, des couleurs ou encore des ambiances que tu aimes et qui t'inspirent.

Cela peut être des portraits de gens, des activités qui te passionnent, des paysages qui t'apaisent ou stimulent ta créativité, des couleurs qui t'énergisent… Laisse libre cours à ton imagination !

Besoin d'un petit coup de pouce pour démarrer ? Va faire un tour sur le réseau social Pinterest qui te permet de générer facilement des *moodboards* virtuels !

Maintenant, je peux te donner les réponses d'autres personnes. J'ai posé ces trois questions dans la communauté Pose ta Dem' :

- Pour vous aujourd'hui, que signifie « réussir sa vie » ?
- Que m'auriez-vous répondu si je vous avais posé la même question il y a cinq ou dix ans ?
- À l'inverse, qu'est-ce qui vous ferait dire « j'ai raté ma vie » ?

Ce sujet a soulevé des dizaines de réponses, dont voici trois exemples :

Témoignages

Arnaud, 31 ans, responsable communication dans une entreprise sociale : « Pour avancer, il faut rater des choses. »

1. Réussir ma vie, c'est accomplir des projets qui ont un sens pour moi, qui me rendent heureux d'y avoir consacré du temps et fier du résultat final.
2. L'Arnaud de 23 ans aurait dit que l'épanouissement personnel importe peu, que c'est l'utilité de ce que l'on fait pour les autres qui compte, ou encore la trace laissée dans la société. J'étais beaucoup trop dans le « sacrifice », le

dévouement absolu et la quête de reconnaissance. J'y voyais presque une forme de romantisme ! Mais ça a fini par m'user.

3. Rater ma vie, ça serait finir seul, blasé, sans aspérité, sans identité, et en m'étant menti à moi-même par peur. Je vois bien comment on peut ne pas pleinement réussir sa vie, en revanche je perçois difficilement comment la rater totalement. Il y a toujours du positif. Et pour avancer, il faut rater des choses !

Mayghan, 34 ans, fondatrice de La Boîte de Charlie et de Happy RH Conseil : « Je vis chaque jour en essayant de ne pas avoir de regret. »

1. Réussir ma vie, c'est faire ce qui m'anime et me passionne, et être avec ceux que j'aime. Le summum est de vivre de sa passion !

2. Il y a cinq-dix ans, ma vision était similaire, mais je m'acharnais à essayer de coller aux standards que la société nous impose : avoir un boulot en CDI, travailler pour un grand groupe, acheter une maison, etc. C'est linéaire, alors que la vie peut être plus fun que ça !

3. Rater ma vie voudrait dire que je ne suis pas allée au bout des choses sans même avoir essayé. Je vis chaque jour en essayant de ne pas avoir de regret. Je tente, j'expérimente et si ça ne marche pas, je pourrai dire qu'au moins j'ai essayé.

Élodie, 40 ans, enseignante : « Je me rends compte que le plus important, ce n'est pas de tout avoir. »

1. C'est être épanouie dans tous les domaines de sa vie (personnelle, professionnelle…) mais surtout être maître de son temps. Être libre de partir en voyage dès qu'on en a envie, travailler aux moments qui nous conviennent, prendre le temps pour soi et pour les autres… Être libre !

2. Il y a cinq ans, réussir sa vie pour moi revenait à avoir un job sympa, une famille, un toit et de quoi nourrir tout le monde avec un salaire confortable pour les extras. Aujourd'hui, j'ai à peu près tout ça. Mais je me rends compte que le plus important, ce n'est pas de tout avoir. C'est d'avoir le temps de profiter de ce que l'on a.

3. Je ne pense pas que l'on puisse rater sa vie. Tout au plus, on peut avoir des regrets. Ce que je pourrais le plus regretter ? Ne pas faire ce dont j'ai envie à cause de la peur. Quand on a à peu près tout, on a peur de tout perdre ou de mettre les gens qu'on aime en difficulté.

L'art de rater sa vie, c'est cela : courir après un objectif qui n'est pas le nôtre. Dit autrement : poser notre échelle sur le mauvais mur ! Et s'apercevoir en montant les barreaux qu'on n'est pas à notre place sur ce mur, et que celui de l'autre côté du jardin nous correspond bien plus.

Pour « réussir sa vie » et prendre les bonnes décisions pour soi, il faut faire la différence entre ce que l'on veut au fond de soi, et ce que l'on croit que l'on est censé vouloir (je te laisse relire cette phrase deux fois si besoin !). Et c'est précisément cette nuance qui est à l'origine de l'envie de poser sa dem' ! Cette dichotomie se ressent de différentes manières : ne pas trouver de sens dans un job qui est pourtant reconnu comme valorisant. Se sentir coupable de vouloir renoncer à ce que d'autres envient (un CDI, une bonne situation, une stabilité, des collègues sympathiques). Se trouver capricieux de se poser autant de questions alors que l'on a « tout pour être heureux ».

Si tu te retrouves dans ces exemples, ce n'est pas parce que tu es instable, idéaliste, indigne, compliqué, anormal, ou autre qualificatif peu reluisant que tu t'attribues (consciemment ou non). C'est parce que tu n'as pas encore identifié la différence entre ce que tu *crois* que tu es *censé* vouloir et ce que tu *veux*, toi. Tu es peut-être censé vouloir ce que tu as aujourd'hui, mais au fond de toi… Quelque chose sonne faux. Vois-tu la nuance ? Saurais-tu dire ce que tu veux, toi ? Que fais-tu parce que tu crois que c'est ce que tu es censé faire ? Qu'est-ce qui vient du plus profond de toi ? À l'inverse, qu'est-ce que tu t'imposes ?

Exercice

CE À QUOI TU ASPIRES

Réfléchis à tes objectifs actuels, aux signes de réussite après lesquels tu cours aujourd'hui. Lesquels sont issus de tes croyances sur ce que tu es censé vouloir ? Lesquels viennent de tes aspirations profondes ?

Tu peux diviser cela en deux parties : ce que je m'impose *vs* ce que je veux.

Si tu as du mal à y répondre, je te rassure : c'est normal. Pour t'aider, voici d'autres questions : qu'est-ce qui est juste pour toi ? Qu'est-ce qui est vrai ? Qu'est-ce qui compte le plus ?

Nous sommes tellement conditionnés par les attentes de la société que nous oublions la valeur des joies les plus simples. Nous voulons toujours plus et nous sommes embarqués dans une course sans fin.

Je vais te raconter une histoire que j'aime beaucoup. Un riche homme d'affaires se promène sur la côte et aperçoit un petit bateau de pêche qui rentre au port. L'homme d'affaires interpelle le pêcheur : « Quelle belle prise ! Combien de temps avez-vous mis pour pêcher tous ces poissons ? » Le pêcheur lui répond : « Environ une heure. Et c'est suffisant pour aujourd'hui. » L'homme d'affaires est surpris : « Il est encore tôt ; pourquoi ne continuez-vous pas à pêcher ? Vous pourriez ramener davantage de poissons. » Le pêcheur répond calmement : « C'est suffisant pour subvenir aux besoins de ma famille. Je peux donc m'arrêter et profiter du reste de la journée en faisant la sieste avec ma femme et en jouant avec mes enfants au bord de l'eau. » Alors, l'homme d'affaires rétorque : « Vous pourriez avoir une bien meilleure vie. Pêcher chaque jour du lever au coucher du soleil pour gagner plus d'argent. Et acheter un plus gros bateau. En augmentant votre profit, vous pourriez investir progressivement dans d'autres bateaux et avoir votre propre flotte d'ici quelques années. » Le pêcheur demande : « Combien de temps cela prendrait-il ? » « Disons vingt ans, moins si vous ne prenez pas de vacances. Mais une fois que ce sera fait, vous serez riche. » Le pêcheur l'interroge : « Et ensuite ? » L'homme d'affaires dit : « Vous serez libre et heureux ! Vous pourrez prendre votre retraite dans une belle maison au bord de l'eau et profiter de la vie en faisant ce que vous aimez avec votre famille. » Le pêcheur répond : « Vous voulez dire… Exactement comme je le fais déjà aujourd'hui ? »

ÉTAPE #2. DONNER À MANGER AU MAUVAIS LOUP

Continuons avec une autre histoire, bien loin du petit port de pêche. Un soir, Ours-Taureau, un vieil Indien cherokee, s'adresse à son plus jeune fils : « Fils, tu as grandi. Le temps est venu pour toi de savoir qu'il y a en tout homme un combat. Ce combat commence à notre naissance et s'achève à notre mort. Au fond de nous, il existe deux loups. D'un côté, il y a le loup noir de l'orgueil et de la colère, de la paresse et de la jalousie, du mensonge et de l'ego, de la tristesse et de l'avidité. De l'autre, il y a le loup blanc, le loup de la curiosité et de la paix, de l'enthousiasme et de l'amour, de l'empathie et de la générosité, de la vérité et de la foi. Sache que, toute ta vie, ces deux loups s'affronteront continuellement en toi. » Le jeune fils reste bouche bée, puis lui demande : « Mais Père… Comment savoir lequel des deux loups va l'emporter ? » Son père répond : « Celui qui vaincra sera celui que tu nourriras. »

Cette fable amérindienne raconte avec poésie la bataille qui fait rage au fond de nous. Il est normal d'osciller entre des comportements contradictoires. Lorsque tu prépares ton plan de reconversion, tu es tiraillé entre deux facettes de ta personnalité. La face sombre : l'envie de briller en société, de mener une carrière prestigieuse pour impressionner ta famille au repas de Noël, de battre tes collègues dans les luttes internes pour le pouvoir, de gagner de l'argent pour poster des photos de voyages sur Instagram. Ou encore, la flemme de te bouger pour changer les choses et la procrastination face au travail à accomplir. Mais tu as aussi en toi la face lumineuse : l'envie d'avoir de l'impact, d'apporter de la valeur aux autres, de te sentir utile pour la société, de respecter ta nature, d'apporter tes talents au monde, d'être épanoui dans ton métier pour être de bonne humeur avec ta famille en rentrant le soir, d'avoir un emploi du temps flexible pour passer plus de temps avec tes enfants, de te consacrer à des causes qui te tiennent à cœur ou bien d'exprimer ta créativité.

C'est pour cela qu'un jour, tu te sens porté par une énergie digne d'un super-héros prêt à changer le monde… et que le lendemain, la remarque de ton chef ou la promotion injustifiée d'un collègue te font basculer dans l'obscurité.

Pour ne pas nous laisser emporter par ce combat entre nos deux loups, nous devons prendre conscience que nous sommes responsables du loup que nous nourrissons. C'est parfois difficile à admettre, mais notre situation actuelle et notre situation future sont le fruit de notre responsabilité. Pourquoi ? Parce que nous avons toujours le choix ! Le choix d'accepter une proposition ou d'oser dire non ; de s'opposer à une idée ou de se taire ; d'agir ou de subir. Je peux choisir de me positionner en victime : de l'entreprise, du marché du travail, des factures à payer. Mes arguments peuvent être tout à fait légitimes : oui, le management dans ma boîte est mauvais. Mais je peux choisir de faire de cette insatisfaction le moteur du changement ! Oui, j'ai été licencié pour motif économique. Mais je choisis la manière dont je réagis à cet événement !

Mets-toi à manger bruyamment en plein milieu de ton open space pendant que tout le monde est concentré sur son travail, et observe les réactions. Certains collègues vont te regarder avec insistance sans rien oser te dire. D'autres ne vont même pas s'en rendre compte, absorbés par leur travail. Et certains vont te demander de faire moins de bruit – avec diplomatie, ou en s'énervant. Face à un même événement extérieur, différentes réactions sont possibles. Même face aux événements les plus dramatiques.

Qu'il s'agisse de réactions ou d'actions, nous décidons de tout. Quand nous estimons être uniquement « victimes » d'une situation, nous ne nous mobilisons pas pour changer les choses, alors que nous en avons le pouvoir. Or, être pleinement responsable de sa vie, c'est effrayant et grisant à la fois. Si aujourd'hui, tu réfléchis au sens à donner à la suite de ta carrière, avoir de nombreuses idées peut aussi bien t'enthousiasmer (« Je peux faire tout cela ! C'est formidable ! ») ou te faire complètement paniquer (« Comment vais-je choisir ?! »).

Conclusion : tu es responsable de tes décisions, de tes actions et de tes réactions. Et pour gérer au mieux cette responsabilité, écoute-toi et sois indulgent. Car « prendre du recul sur soi, ça fait avancer », a écrit un jour l'acteur français Serge Riaboukine.

Assumer ses choix n'est pas facile. Je ne connais personne qui pilote sa vie sans accroc ! On ne sait pas toujours ce que l'on veut. On hésite. On rebrousse chemin. On a peur de se tromper. Mais au moins, en étant maître de sa vie, on se sent vivant. Être responsable, c'est accepter de se lancer sans être sûr à 100 %. On n'a plus le sentiment de subir, et c'est là la plus grande libération.

Exercice

D'UN COUP DE BAGUETTE MAGIQUE

Si tu avais le choix, que changerais-tu aujourd'hui ?

Exemple : « Si j'avais le choix, je quitterais ce job et j'irais vivre à l'étranger. »

Puis, pars du principe que tu as le choix. Que décides-tu de faire dès aujourd'hui pour amorcer le changement ?

Exemple : « Je décide de me renseigner sur les pays qui m'attirent. Tiens, j'ai un ancien camarade de promo qui est parti vivre en Espagne, je vais l'appeler ! »

Pour finir, tu sais ce qui nous met une pression dingue ? C'est d'estimer que si l'on peut changer, alors on doit tout changer du jour au lendemain. Mais ce n'est pas le cas ! Le but n'est pas de poser sa dem' sur un coup de tête (et encore, on a le choix de le faire !). On avance petit pas par petit pas, un pied devant l'autre : c'est la « stratégie des petits pas » !

ÉTAPE #3. METTRE LE SABLE AVANT LES PIERRES

Imagine que tu as un grand bocal vide devant toi. À côté de ce bocal, tu as à ta disposition du sable fin, des cailloux et quelques grosses pierres. Ta mission consiste à tout faire rentrer dans le bocal. Comment fais-tu ? Si tu commences par le remplir avec le sable fin, il ne restera pas de place pour les cailloux et les grosses pierres. La seule solution est de commencer par les grosses pierres, puis d'ajouter les cailloux et enfin, le sable.

Si tu lis ce livre, c'est que ta grosse pierre du moment est ton épanouissement dans ta vie professionnelle. Les grosses pierres, ce sont aussi les choses essentielles de ta vie : ta santé, ta famille, tes amis. Les cailloux représentent ton loisir favori ou ta maison. Le sable, c'est le temps passé devant la télé, les réseaux sociaux, ou à des soirées qui ne t'amusent pas et où tu vas pour tuer le temps.

Si tu passes tout ton temps sur de petites choses insignifiantes, tu n'auras jamais de place pour ce qui compte vraiment. C'est ainsi que l'on se retrouve à se plaindre de ne jamais « avoir le temps », alors que nous l'avons : simplement, nous avons versé le sable en premier sans même nous en rendre compte ! C'est pour cette raison que Sénèque écrivait : « Nous ne manquons pas de temps, mais nous en avons beaucoup dont nous ne savons pas tirer profit. » Et encore, il n'avait pas Netflix. Si tu ne prévois pas de place dans ton agenda pour faire avancer ton projet de reconversion, alors tu es condamné à être dans la même situation dans un an, cinq ans, dix ans. Comment éviter cela ? En étant au clair sur tes priorités et en adaptant ton emploi du temps !

Besoin d'un petit coup de pouce sur le sujet ? La matrice d'Eisenhower est un outil qui permet de distinguer les tâches qui prennent ton temps en quatre catégories en fonction de leur degré d'importance et d'urgence.

	Urgent	Non urgent
Important	I **Activités :** Problèmes pressants Projets soumis à échéance proche	II **Activités :** Développement du réseau Éducation, lecture Sport Travail de fond sur un projet
Non important	III **Activités :** Interruptions, appels Administratif	IV **Activités :** Réseaux sociaux Séries

La matrice d'Eisenhower

Les tâches importantes sont celles qui te permettent de progresser vers ton objectif de long terme : te reconvertir, être en bonne santé, écrire un livre… Les tâches urgentes doivent être réalisées immédiatement et dépendent souvent de quelqu'un d'autre : faire sa déclaration d'impôts à temps, répondre au mail d'un client, faire les courses… Ton projet de reconversion est probablement à caser dans la catégorie Important/Non urgent. Important car t'épanouir dans ton travail (qui occupe une grosse partie de ton temps) est une priorité dans ta vie. Non urgent car personne n'attend de toi que tu aies trouvé ta vocation d'ici demain soir.

Exercice

TES PRIORITÉS

Dessine la matrice d'Eisenhower et fais appel à ta mémoire (ou à ton agenda si tu as pris la bonne habitude de tout noter). Au cours des trente derniers jours, comment se sont réparties tes activités ? Quelle est la proportion de ton temps dédiée aux activités importantes (autrement dit, à tes grosses pierres) ? Que peux-tu changer à ton agenda dès demain pour rééquilibrer le temps passé sur l'urgent *versus* l'important ?

C'est l'un des outils que j'ai l'habitude d'utiliser dans mes formations en ligne. Je demande aux participants de faire le bilan : combien d'heures passent-ils chaque semaine sur des activités inutiles (c'est-à-dire qui ne sont ni importantes ni urgentes) ?

Emily : « Bon, on est là pour être honnêtes. Je dois passer huit heures par semaine sur les réseaux sociaux, c'est horrible. Tout en ayant l'impression que ça me détend… »

Morgane : « Je passe clairement trop de temps sur les réseaux sociaux. Trente-cinq heures la semaine dernière, ça tue grandement ma productivité. »

Aïda : « Je dirais facilement quatorze heures (deux heures par jour environ à scroller sans fin jusqu'à me demander ce que je trafique à regarder un chat qui fait de l'ASMR[3]). »

Cela ne veut pas dire que nous devons nous transformer en monstres de productivité et couper tout divertissement ! Encore heureux, on a le droit de se détendre ! La différence réside dans l'équilibre entre inefficacité et détente saine.

Pour éviter de passer à côté de ta vie, il est capital d'avoir conscience du temps qui passe. Personnellement, cela me rend dingue de voir mon temps de vie me filer entre les doigts ! Je ne suis pas restée longtemps dans mon ancien job car je me voyais perdre des journées entières à faire quelque chose que je n'aimais pas et à faire semblant d'être quelqu'un que je n'étais pas. Je ne pouvais pas

3. ASMR est l'acronyme anglais d'*autonomous sensory meridian response.* Il s'agit d'une technique de relaxation basée sur les sensations.

me résoudre à ce que ces journées se transforment en années. Sans ce sens de l'urgence, on remet au lendemain.

Le calendrier de la vie de Tim Urban, fondateur du blog Wait but Why, devrait te faire un électrochoc. Chaque case représente un mois d'une vie de quatre-vingt-dix ans. Il est petit ce tableau, non ?

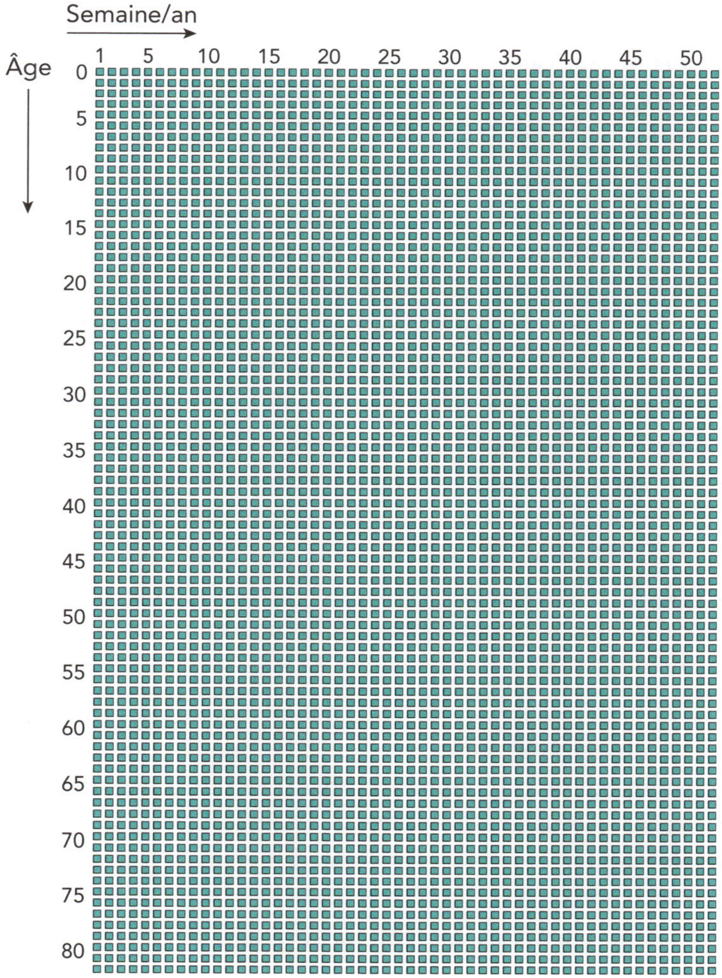

Le calendrier de la vie de Tim Urban

Lorsque je disais que je ne supportais pas de rester dans ce job vide de sens pour moi, on me rétorquait : « M'enfin Charlotte, tu es encore jeune ! Tu as un beau CV, ne gâche pas tout ! Encore quelques années et tu seras tranquille pour faire tout ce que tu veux ensuite. »

On m'a conseillé d'attendre avant d'entreprendre dans le secteur de l'accompagnement et de la formation. « Attends cinq ans, dix ans peut-être. Ça passe vite, tu verras. » Mais c'était une éternité pour moi. Trois ans ou dix ans d'expérience dans un job, quelle différence si dans le second cas, on vit dix fois la même année ? Rester dans un emploi qui ne nous apprend plus rien et ne nous met pas au contact de personnes qui nous font grandir revient à répéter à l'infini la même année. Je voulais à tout prix éviter ça.

Alors, autant démarrer tout de suite ! C'est comme cela que j'ai fondé Pose ta Dem' avant « l'âge socialement accepté » pour me lancer dans cette aventure… Et j'ai bien fait ! J'ai construit ma propre expérience, ma légitimité et ma visibilité. Si je ne m'étais pas lancée, si j'avais continué à cocher des cases vides de sens dans mon calendrier de la vie, j'aurais perdu du temps et je n'aurais créé aucune valeur pour les personnes autour de moi.

On a toujours l'impression d'être le pire cas de figure possible ! Trop jeune, trop âgé, pas assez d'économies, trop de dettes à rembourser, des enfants à charge, un projet de bébé, célibataire, en préparation de son mariage… On attend toujours le bon moment. « Dès que j'ai assez d'argent, je plaque tout. » Dès que, dès que… Or, tu as dû t'en apercevoir, la vie nous réserve sans cesse des surprises. Bonnes ou moins bonnes. C'est pourquoi attendre que toutes les étoiles soient alignées ne mène à rien !

Plutôt que de se focaliser sur ce qui nous manque (les années, l'argent, la liberté), concentrons-nous sur ce que l'on a. Au moment de me lancer, j'avais beau être jeune, j'avais déjà animé des dizaines de formations, travaillé sur plusieurs projets, participé à des start-up week-ends (voir le chapitre 10), et rencontré plus de cent entrepreneurs. J'avais l'énergie, la vision, la passion, et la détermination.

Et toi ? Qu'est-ce que tu as aujourd'hui pour avancer ?

Exercice

TES RESSOURCES POUR AVANCER

Dessine un tableau à deux colonnes et écris :

Colonne 1 : les freins et obstacles que tu ressens aujourd'hui et qui t'empêchent d'avancer (exemple : je n'ai plus l'âge pour ça).

Colonne 2 : transforme ces freins en atouts en notant leur version positive (exemple : mon parcours est riche d'expériences et d'enseignements que je peux transmettre).

En apprenant à considérer tes freins comme des atouts, tu identifies tes ressources et tu retrouves confiance en toi !

CONCLUSION

Tu détiens désormais la recette pour passer à côté de ta vie : poursuivre un objectif qui n'est pas le tien, te voiler la face en niant ton rôle d'acteur de ta propre vie, et gaspiller ton temps. Si tu t'es reconnu dans ce chapitre, ne te blâme pas pour cela ! Au contraire, considère cette prise de conscience comme un déclic pour changer, petit pas par petit pas.

Mais parfois, nous avons beau « savoir » que nous sommes à côté de la plaque, nous continuons d'appliquer la politique de l'autruche. C'est très pratique… mais ça ne dure pas longtemps. Notre corps est là pour nous le rappeler, avec délicatesse ou avec pertes et fracas.

CHAPITRE 2

TON CORPS AUSSI PEUT POSER SA DEM'

« *J'ai décidé d'être heureux*
parce que c'est bon pour la santé. »
VOLTAIRE

Quand on pense reconversion, on pense à tous les risques que cela implique, et la peur nous paralyse. Les aspirants entrepreneurs s'inquiètent : « Et si je n'arrive pas à vivre de mon activité ? Que je dois manger des nouilles pendant deux ans ? » On se construit un scénario catastrophe qui explique et justifie notre inaction !

En réalité, j'estime que le risque de rester dans un job qui nous donne envie de nous taper la tête contre le mur est bien pire. Si tu restes dans ton job à travailler huit heures par jour assis à un bureau, à stresser du matin au soir, à engloutir un affreux croissant dans le métro en allant au boulot, à boire des litres de café pour tenir le coup… La probabilité d'avoir un pépin de santé est élevée.

Le mal-être au travail a un impact direct sur notre santé : mauvais sommeil, maux de tête, douleurs musculaires, fatigue chronique, troubles digestifs… Les conséquences sont nombreuses et il n'est pas facile de savoir à quoi les attribuer tant que l'on ne prend pas du recul sur nos conditions de travail.

Jeffrey Pfeffer, professeur en comportement organisationnel à Stanford et auteur du livre *Dying for a Paycheck*[4], a constaté lors de ses recherches qu'un management de mauvaise qualité est à l'origine de 8 % des frais de santé annuels aux États-Unis et de 120 000 décès supplémentaires chaque année.

Le stress au travail touche une large partie de la population active en France[5]. 24 % sont même dans un état d'hyperstress, qui est un niveau de stress trop élevé présentant un risque pour leur santé. Le stress émotionnel contribue à six grandes causes de mortalité : cancers, maladies coronariennes, blessures accidentelles, difficultés respiratoires, cirrhoses et suicides. Sympathique, n'est-ce pas ?

Ça, ce sont les impacts physiologiques. Mais il y a aussi l'impact psychologique. Les trois syndromes récurrents liés au mal-être au travail sont le *burn-out*, le *bore-out* et le *brown-out*. Avant de te les présenter, témoignages à l'appui, j'ai posé ces questions à un expert : comment reconnaître que l'on n'est pas à sa place dans son job ? Quels sont les leviers de prévention ?

Parole d'expert

Olivier Tirmarche, directeur associé dans un cabinet de conseil, enseignant en sociologie des organisations à Sciences Po et auteur[6] : « L'intelligence émotionnelle pour anticiper les effets sur la santé. »

Que se passe-t-il quand « on ne se sent pas à sa place » ?

Ne pas se sentir à sa place peut avoir plusieurs conséquences. On peut s'ennuyer, ne pas trouver d'intérêt dans les tâches qui composent notre travail, ne pas trouver de sens… Il peut aussi y avoir un décalage entre ses compétences et les exigences du poste, et un sentiment de manquer de maîtrise.

Dans tous les cas, il faut distinguer deux choses : l'état de santé (les effets) et les facteurs de santé (les causes). Une même cause peut mener à différents effets.

---

4. Harper Business, 2018. Cet ouvrage, dont le titre peut se traduire par *Mourir pour un salaire*, n'est pas traduit.
5. Selon l'étude réalisée par Stimulus, cabinet spécialisé dans la santé au travail, auprès de 32 000 salariés de 39 entreprises.
6. *Au-delà de la souffrance au travail*, 2010 et *Le nouvel horizon de la productivité*, 2020, éditions Odile Jacob.

La psychologie positive nous dit que pour être en bonne santé, nous avons besoin d'une certaine proportion d'émotions positives : environ deux tiers, contre un tiers d'émotions négatives. Or, le manque d'intérêt, le manque de sens ou de maîtrise de son activité font diminuer la part d'émotions positives.

Il ne s'agit pas de faire disparaître les émotions négatives, car elles ont une fonction. Ainsi, la tristesse nous amène à ralentir et à rassembler nos ressources. L'anxiété, qui est une peur par anticipation, contribue dans une certaine mesure à nous protéger d'éventuelles menaces. La colère est un moteur de l'action. Quant au dégoût, il peut vous inviter à changer de travail...

Que peut-on faire pour profiter de ces émotions ?

Il s'agit de développer son intelligence émotionnelle. Le premier enjeu est d'être capable de percevoir ses émotions et de faire le lien avec les circonstances, plutôt que de les enfouir et de se réveiller des années plus tard. Un bon exercice consiste à relever, chaque jour pendant plusieurs semaines, un moment où l'on ressent une émotion positive, et un moment où l'on ressent une émotion négative ; ensuite on décrit la situation dans laquelle on a éprouvé cette émotion, ainsi que les pensées qui nous ont traversés. C'est laborieux mais nécessaire pour créer un automatisme et améliorer la conscience de soi !

Si l'on s'aperçoit que le travail alimente trop d'émotions négatives, il y a deux issues possibles. Si l'on ne peut rien changer à ses conditions de travail, alors il faut penser à quitter son emploi. Ne soyez pas loyal à votre employeur à vos dépens ! Si l'on pense qu'il y a quelque chose à faire pour changer la situation actuelle sans quitter son emploi, on peut par exemple développer l'affirmation de soi, pour échanger plus efficacement avec son entourage. On parle aussi d'assertivité ou de communication non violente. L'objectif est d'être capable de dire ce que l'on ressent, et de le rattacher à des faits, pour ensuite découvrir ensemble des pistes de changement.

Je suis convaincue que le savoir est une arme. Il permet d'anticiper. Savoir reconnaître le *burn-out* m'a permis de le subir bien moins longtemps que si je ne l'avais pas détecté. Et quand on le vit déjà ? Comprendre ce dont on souffre nous aide à sortir la tête de l'eau. Alors, que tu sois déjà passé par là ou non, lis ce qui suit !

Chaque syndrome mériterait un chapitre entier, mais j'ai choisi de te les présenter succinctement, témoignages à l'appui. Ce livre n'a pas vocation à présenter les solutions, mais à identifier les situations nocives pour toi. C'est déjà le premier pas !

LE BURN-OUT : EXPLOSER EN VOL

Il y a quinze ans, le burn-out était encore peu connu du grand public. Il est tristement devenu célèbre compte tenu du nombre de personnes qui passent par là. Lors de mon enquête pour récolter des témoignages pour ce livre, le thème pour lequel j'ai reçu le plus de réponses est celui du burn-out. C'est statistique : selon l'enquête « Parlons travail » réalisée par la CFDT en 2015[7] auprès de 200 000 personnes, 36 % ont déclaré avoir déjà fait un burn-out au cours de leur carrière.

Ce syndrome d'épuisement professionnel s'est banalisé, alors qu'il revêt une réalité sombre pour les personnes concernées. Il est délicat de déceler les symptômes. Ils varient d'un individu à l'autre et peuvent être attribuables à d'autres pathologies.

Sur le plan physique, les principaux symptômes sont une fatigue physique persistante, des troubles du sommeil, de l'alimentation, de la digestion, des problèmes musculaires, une baisse des défenses immunitaires, des maux de tête et des vertiges.

Au niveau psychique, les signes sont la sensation de vide intérieur, de surcharge permanente, de découragement, d'abattement, le désintérêt au travail ou son contraire l'addiction, l'incapacité à se relaxer, une humeur changeante à vitesse grand V, l'impression de perdre pied ou au contraire une impression de tout gérer en ayant la tête dans le guidon, des crises d'angoisse ou de panique, ou encore de la spasmophilie.

7. Tu peux lire le rapport complet ici : https://www.cfdt.fr/upload/docs/application/pdf/2017-03/rapport_cfdt_enquete_parlons_travail_2017.pdf

Témoignage

Raphaëlle, 43 ans : « J'ai passé des mois à faire la sieste et à me demander si je me retrouverais un jour. »

Comment expliques-tu ton burn-out ?

Responsable marketing dans le secteur bancaire, je suis tombée dans le burn-out de manière extrêmement brutale. Je me sentais très fatiguée, je ressentais des douleurs physiques mais je ne m'écoutais pas et me disais que ça passerait… Il fallait tenir le coup, « bien obligée, pas le choix » ! Un jour, un événement personnel a été la goutte de trop. Mes nerfs ont lâché. Pendant plus de neuf mois, la fatigue s'est emparée de moi. Je faisais des siestes le matin après avoir emmené mes enfants à l'école, après avoir fait les courses, le week-end, pendant les vacances… Je pleurais énormément. J'ai pris l'habitude d'écrire ce que je ressentais. Des mois de questionnements, de troubles cognitifs. « Est-ce qu'un jour, je me retrouverai ? » Un jour, un psychiatre m'a dit : « Tout le monde s'en sort ! Il y aura la Raphaëlle d'avant et la Raphaëlle d'après, mais ce ne sera pas tout à fait la même. » J'ai gardé cela à l'esprit car dès le début, je me suis dit que je m'en sortirais. Je ne savais pas encore où cela me mènerait, mais je savais que cette expérience de vie m'apprendrait beaucoup.

Comment te sens-tu aujourd'hui ?

Près de vingt mois après, je peux dire que je suis sur le point de sortir du tunnel ! Si j'en vois enfin le bout, c'est avant tout grâce à mon entourage : mon mari qui a toujours cru en moi et qui ne m'a jamais jugée, mes parents et mes amis qui ont fait preuve de bienveillance et de soutien, et le suivi médical. Et malgré la fatigue, je me suis documentée pour comprendre comment m'en sortir. J'ai lu des livres et des articles sur le burn-out. Tout cela m'a conduit à reprendre possession de mon corps grâce au yoga. L'activité physique est devenue primordiale pour ma santé mentale. Je me suis intéressée au développement personnel et j'ai fini par quitter mon entreprise. D'ailleurs, ce jour-là, j'ai ressenti un soulagement intense. C'est à mon sens une des grandes étapes vers le chemin de la résilience.

Quelle est ta recommandation pour une personne qui traverse cela actuellement ?

La patience ! C'est un long chemin à parcourir. Les piliers de la reconstruction sont multiples : la bienveillance des proches, le suivi médical, le sport, etc. J'avais parfois l'impression de stagner, voire de reculer. Puis tous les efforts entrepris finissent par porter leurs fruits. Selon moi, le suivi psychologique seul n'est pas suffisant. Je conseille de rencontrer des personnes qui ont vécu cela et qui s'en sont sorties. Mais aussi d'apprendre à mieux gérer son stress, à s'écouter, à se connaître.

Dans ce livre, je ne te présenterai pas de solutions exhaustives pour sortir du burn-out. Je t'ai glissé des ressources externes, flashe le QR code ci-contre pour y accéder !

Retiens déjà que le plus important est de t'entourer. De tes proches et de professionnels. Ose aller voir le médecin pour lui parler de tes symptômes. Il saura t'aiguiller, décider si un arrêt maladie est nécessaire.

Cherche aussi les causes de ce mal-être. La partie 2 va t'y aider. Accepte ce temps de repos, de reprise. « Qui veut aller loin ménage sa monture », affirme Racine dans *Les Plaideurs*.

LE BORE-OUT : SE RENDRE MALADE D'ENNUI

Surfer sans but sur Internet, le regard dans le vague. Faire traîner la pause-café le plus longtemps possible. Compter dès le matin les minutes restantes avant de pouvoir rentrer chez soi. Pour Claude Roy, « l'ennui est un avertissement qu'on n'écoute jamais trop ». La preuve, l'ennui au travail peut nous rendre malade. Mais on en parle peu, car c'est une chose insidieuse qui nous met mal à l'aise. L'avouer risque d'ouvrir les vannes à ce type de remarques :

- « T'es sérieux, tu te plains de pas assez bosser ? Le lèche-bottes ! »
- « Tu manques de boulot ? Eh bien… Moi je suis overbooké, je te file des dossiers si ça peut te faire plaisir. »
- « De quoi tu te plains ? Ah ah j'aimerais bien avoir le temps de me tourner les pouces moi ! »

Le risque du bore-out n'est pas de surconsommer des vidéos de chats mignons sur YouTube. Il est bien plus grave : dévalorisation, perte de l'estime de soi, déprime, anxiété, fatigue… Occuper un poste dans lequel il n'y a rien à faire nous fait nous sentir inutiles, voire incapables.

L'étude « *Bored to death*[8] » a été menée en 2010 auprès d'employés du service public en Angleterre. Il en est ressorti que ceux confrontés à l'ennui au travail

---

8. « Ennuyé à mourir ». Tu peux la consulter ici : https://academic.oup.com/ije/article/39/2/370/684049

présentent un risque deux à trois fois supérieur d'avoir un accident cardio-vasculaire par rapport à ceux qui sont occupés et stimulés dans leur emploi ! Cela s'explique en grande partie par le nombre de pauses café et cigarette, et pour certains, même, la consommation d'alcool.

Se sentir inutile dans un poste qui n'a pas de raison d'exister peut être très douloureux. Si c'est ton cas, ne culpabilise pas de ne « rien faire » au travail et considère cela comme un motif de changement. Commence par évoquer le sujet avec ton employeur pour trouver des solutions. Et si aucune issue n'est trouvée… prépare ta valise !

Témoignage

Hippolyte, 27 ans : « J'ai pris conscience de plusieurs signaux d'alerte que mon corps m'envoyait. »

Quel est ton parcours ?

J'étais esthéticienne-maquilleuse dans un institut. Le rythme de l'activité au sein de l'entreprise s'est fortement ralenti durant quatre mois, et ne justifiait aucunement la présence de trois praticiennes. L'ennui s'est installé sournoisement. J'ai perdu peu à peu le plaisir de pratiquer mon job, la discussion avec les clientes était brève, y compris avec celles que j'appréciais. Je devenais distante avec mes collègues sans m'en apercevoir.

Les moments de creux pouvaient durer de trente minutes à trois heures selon les jours. Durant cette période, aucune activité annexe n'est possible, l'entretien des locaux étant réalisé par une entreprise de ménage. Alors, à part attendre à l'accueil et faire office de « belle plante », aucune tâche intellectuelle ou manuelle n'était envisageable.

Comment as-tu compris que tu étais en bore-out ?

Étant hypersensible et l'ayant compris plus tard seulement, j'ai pris conscience de plusieurs signaux d'alerte que mon corps m'envoyait : cervicales bloquées, tendinite du coude et du poignet, palpitations, humeur changeante, migraines ophtalmiques et vertiges, isolement en salle de repos pour tenter de ne pas pleurer et calmer mes angoisses… Un soir, j'ai reçu un long SMS de reproches de ma responsable et ce fut la goutte d'eau qui a fait déborder le vase. Le lendemain, nous avons eu une discussion animée concernant mon attitude. Elle a critiqué mes isolements répétés en salle de repos. Bien qu'ayant connaissance de mon caractère atypique, elle m'a enfoncée un peu plus en pointant mon absence de maquillage pour travailler, et que ni mes collègues ni mes clientes n'avaient à « subir » les conséquences de mon mal-être au travail.

Comment as-tu réagi à cette situation ?

Mes douleurs au poignet et au coude se faisant de plus en plus vives, j'ai pris la décision de consulter mon médecin traitant le soir même. Résultat : arrêt de travail et demande de reconnaissance de maladie professionnelle.

J'ai d'abord souhaité bénéficier d'un licenciement pour inaptitude au poste. Ma tendinite du coude n'a finalement pas été reconnue comme maladie professionnelle. J'ai donc pris la décision de démissionner et de me reconvertir. Je suis maintenant alternante dans une nouvelle entreprise pour devenir attachée de direction. Et depuis ma démission, je n'ai plus de douleurs !

LE BROWN-OUT : QUAND LE MANQUE D'IMPACT T'IMPACTE

« Le succès ne se mesure pas à la quantité d'argent que vous gagnez, mais à l'impact que vous avez sur la vie des gens. »

MICHELLE OBAMA

La première fois que j'ai découvert le concept des « jobs à la con », je me suis sentie offensée. Moi ? Un job à la con ? Eh, j'ai bossé pour en arriver là ! Mais j'ai dû me rendre à l'évidence : j'étais touchée car je savais au fond de moi que c'était vrai. On doit l'expression « *bullshit job* » à David Graeber, anthropologue et économiste, qui écrit un essai en 2013[9] face au constat de la multiplication des emplois « inutiles ». Selon David Graeber, « il existe une classe entière de professionnels qui, si vous les rencontrez dans une soirée et que vous leur racontez que vous faites un métier qu'on considère généralement comme intéressant […], vont d'abord chercher par tous les moyens à éviter de parler du leur. Mais attendez qu'ils aient bu quelques verres et vous les entendrez se lamenter. »

9. Traduit en français en 2018, éditions Les liens qui libèrent.

Je ne bois pas et je n'avais même pas besoin de cela pour me lamenter. Concrètement, les bullshit jobs sont des emplois vides de sens, qui n'occasionneraient aucune perte s'ils disparaissaient (voire, cela aurait un impact positif). C'était vrai : mon job servait-il réellement le monde ? Rien n'était moins sûr !

Avec les transformations technologiques, nous aurions pu nous attendre à une réduction du temps de travail permise par l'automatisation et la robotisation. En tout cas, c'est ce que j'avais déduit de mes cours d'économie et d'histoire. Mais dans les faits, que nenni ! Selon Graeber, « la technologie a été manipulée pour trouver des moyens de nous faire travailler plus. Pour y arriver, des emplois ont dû être créés et qui sont, par définition, inutiles. [...] C'est comme si quelqu'un inventait tout un tas d'emplois inutiles pour continuer à nous faire travailler. »

Si tu as l'impression d'être un « larbin » dont le job consiste uniquement à brosser la hiérarchie dans le sens du poil ; si tu as été recruté pour faire semblant de résoudre un problème pour lequel l'entreprise n'a en réalité aucune intention de changer ; si tu t'occupes de surveiller d'autres personnes qui sont pourtant autonomes ; si tu as la sensation de brasser de l'air pour faire tourner un système qui n'a pas de raison d'être, il est probable que tu occupes un bullshit job. Si c'est le cas, sache que tu n'es pas seul : selon une étude de Randstad[10], 18 % des sondés ont l'impression d'occuper un bullshit job.

---

10. Étude Randstad sur le sens au travail, « Un Français sur cinq a le sentiment d'occuper un *bullshit job* », https://www.grouperandstad.fr/wp-content/uploads/2019/04/randstad-cp-sens-travail-vf.pdf

Test

AS-TU UN BULLSHIT JOB ?

Saurais-tu expliquer simplement, en une phrase, ton métier (sans anglicisme) ?

Serait-il grave pour la société que ton métier disparaisse ?

T'es-tu déjà demandé à quoi ton emploi servait ?

Saurais-tu expliquer l'impact positif de ton travail ?

T'arrive-t-il de ne rien avoir à faire pendant plusieurs heures dans ta journée ?

Si tu as répondu oui à certaines de ces questions, il est fort probable que tu occupes un job à faible impact…

Mais ce n'est pas une fatalité, la preuve, tu lis actuellement ce livre pour (re)prendre ta vie professionnelle en main et lui redonner du sens !

Jean-Laurent Cassely a écrit un livre au titre évocateur, *La Révolte des premiers de la classe. Métiers à la con, quête de sens et reconversions urbaines*[11]. S'appuyant sur de nombreux témoignages de reconvertis, il y partage son analyse de la quête de sens des « cadres et professions intellectuelles supérieures », majoritairement urbains, qui quittent les grands bureaux pour devenir pâtissiers, fromagers ou encore brasseurs. D'après les chiffres de l'Institut supérieur des métiers cités par l'auteur, 30 % des reprises de sociétés artisanales le seraient par d'anciens diplômés du supérieur, et jusqu'à 60 % des créations le sont par ces nouveaux artisans. Occuper un poste prestigieux sur le papier mais qui n'apporte rien à la société n'a plus le vent en poupe.

Avoir un « job à la con » n'est pas la seule cause du brown-out, qui est une notion plus large. Le brown-out est une pathologie du travail (reconnue comme telle par deux chercheurs, britannique et suédois) caractérisée par le manque de sens. Le risque est réel pour la santé : anxiété, déprime, fatigue chronique. Les travailleurs concernés souffrent de ne pas comprendre le « pourquoi » de leur travail : ils se sentent inutiles, se désintéressent de leur métier, se sentent

11. Arkhé éditeur, 2017.

fatigués. La question typique qui les préoccupe : « Qu'est-ce que je fais là ? » C'est celle que je me suis posée. C'est celle que s'est aussi posée Lucie, membre de la communauté Pose ta Dem'.

Témoignage

Lucie, 37 ans : « Je cumule bore-out et brown-out. »

Quelle est ta situation professionnelle ?

Contrôleuse de gestion dans un grand groupe du CAC 40, je connais à la fois le bore-out et le brown-out. Le bore-out, parce que je suis sous-occupée malgré mes tentatives pour prendre en charge plus de tâches. Le brown-out, parce que j'estime que ce que l'on fait ne sert à rien. On produit des rapports qui ne sont pas ou peu utilisés, on fait des recommandations aux opérationnels dont ils ne tiennent pas compte et on se noie dans les réunions et comités divers qui n'ont pas beaucoup d'utilité, si ce n'est d'occuper les gens.

Comment as-tu compris que ta situation n'était pas normale ?

Je m'en suis rendu compte car j'avais de plus en plus de mal à venir au travail. J'avais un sentiment d'échec et de perte de confiance en mes capacités. Puis je suis partie en vacances et j'ai marché neuf jours sur les chemins de Saint-Jacques-de-Compostelle avec mon sac à dos. Et là, au milieu des vaches de l'Aubrac, après avoir discuté avec un ancien ingénieur devenu cueilleur de fleurs sauvages, je me suis dit : « Mais qu'est-ce que je trafique dans ce job à la con ? Faire des fichiers Excel, ce n'est pas ça la vie ! Et pourquoi je ne partirais pas élever des chèvres dans le Larzac ? »

Qu'as-tu fait pour t'en sortir ?

Au retour, j'ai listé toutes les reconversions que je pourrais faire et j'ai écouté un podcast sur le bore-out : ça a été un soulagement de pouvoir enfin mettre un mot sur ce mal-être que je ressentais. À mon entretien semi-annuel, j'ai tout déballé et j'ai fondu en larmes. Mais j'ai été sidérée par la réaction de ma hiérarchie. Après la démonstration que mon travail était utile, on m'a expliqué que si je voulais partir, on trouverait plein d'autres personnes pour me remplacer… Je me suis sentie encore plus mal et absolument pas soutenue. Alors j'ai pris deux grandes décisions : quitter cette boîte et ne plus travailler dans ce type d'environnement. C'est alors que l'on m'a conseillé Pose ta Dem' et la formation Side Project.

> ***Quelle est ta recommandation à quelqu'un qui traverse cela actuellement ?***
>
> Ne pas rester seul dans son coin. En parler avec son entourage. Pour ma part, j'ai aussi lu beaucoup de livres de développement personnel et j'ai écouté de nombreux podcasts. Cela m'a aidé à mettre des mots sur ce que je ressentais et à me rendre compte que je n'étais pas seule.

CONCLUSION

Tu sais désormais ce qu'il peut t'arriver si tu restes dans un emploi qui te prend ton énergie, ta santé et ta confiance en toi. Bien sûr, j'aimerais que tu évites d'en passer par là pour avoir le déclic !

Mais si tu es déjà passé par là ou que tu es en plein dedans, tu as désormais le recul nécessaire pour comprendre pourquoi les choses doivent changer. Et ce livre va t'aider à comprendre pourquoi tu en es arrivé là. Et surtout, tu vas apprendre *comment* changer les choses. Dans tous les cas, je te dis bravo de lire ce livre. Car quand on a la tête dans le guidon, il est difficile d'en sortir. Alors, en route !

CHAPITRE 3

POSER TA DEM' POUR CHANGER LE COURS DE TA VIE

« *Ils ne savaient pas que c'était impossible,*
alors ils l'ont fait. »
Mark Twain

Tout est impossible jusqu'à ce que quelqu'un le fasse. Roger Bannister fut le premier athlète à courir un mile en moins de quatre minutes. Avant lui, il était considéré comme impossible de réaliser cet exploit. Mais il l'a fait ! Le plus intéressant ? Deux mois plus tard, seize personnes ont réalisé cette performance. Nous avons tous des limites en tête ; mais une fois dépassées, cela nous semble facile et possible. Changer de voie fait peut-être partie de ces objectifs impossibles à tes yeux parce que tu ne l'as jamais fait. Tu ne t'es peut-être même jamais autorisé à y croire.

Pourtant, en y réfléchissant… Est-ce 100 % impossible ? N'y a-t-il pas une possibilité que tu y parviennes, même si elle te semble infime ? Je suis certaine que tu penses « oui » timidement ! Alors, durant cette lecture, garde en tête que tu te fixes tes propres limites. Ce n'est pas un défaut, tu n'es pas faible, tu ne manques pas d'ambition. Tu es simplement en train d'affronter tes croyances !

L'ÉTAT D'ESPRIT DU DÉMISSIONNAIRE

Poser sa dem', c'est prendre conscience que le voyage est plus enrichissant que de rester à quai… même si l'on ne sait pas encore où l'on va accoster. Le théologien américain William Shedd a écrit : « Un bateau à quai est en sécurité. Mais ce n'est pas ce pour quoi les bateaux ont été construits. » Et toi non plus, tu n'as pas vocation à rester à quai ! Mais larguer les amarres fait peur. Alors, avant de démarrer, j'ai trois choses à te dire.

Poser sa dem', ce n'est pas devenir une tête brûlée. Ne pense pas que seuls ceux qui n'ont peur de rien franchissent le cap. De l'extérieur, ils peuvent donner cette impression. Tout semble facile, réalisable, évident… une fois qu'on l'a fait ! Mais avant ? Tout le monde passe par la peur, l'incertitude, le découragement. Jacques Brel en témoigne dans une interview de 1971 : « Un homme qui n'a pas peur, c'est pas un homme ! […] Qu'on n'vienne pas m'dire qu'un homme n'a pas peur. C'est un fou ! Faut l'enfermer ! » Si tu attends que cela soit facile et que tu n'aies plus peur, tu risques de rester au port d'Amsterdam toute ta vie. Au lieu de rejeter la peur, le futur démissionnaire affronte sa peur. Pour ne pas qu'elle le paralyse, il agit pas à pas. Plutôt que de se jeter dans le vide, il « découpe l'éléphant » : face à l'ampleur de la tâche, il la tronque en petites actions moins impressionnantes, mises bout à bout. Maîtriser la stratégie des petits pas est *la* compétence à développer pour créer son propre chemin.

Je radote, mais le but n'est pas de poser ta dem' par principe. Le but est d'apprendre à te connaître, de t'écouter, et de créer ta vie différemment.

Poser sa dem', c'est prendre soin de soi. Réfléchir à son avenir professionnel prend énormément d'énergie. Le petit vélo dans notre tête carbure à toute vitesse. Pour ne pas exploser en plein vol, tu devras t'assurer de prendre soin de toi. Il vaut mieux en faire un peu moins mais, maintenir ta santé et ton énergie… plutôt que de foncer tête baissée et de finir KO. Durant cette quête, fais de ton mieux ! Sois actif, organise-toi, sois ambitieux, tout en prenant le temps de t'écouter et d'être toi-même.

Cet équilibre est subtil. Parfois, on le respecte très bien. D'autres fois… On se rate. Personne ne maintient un parfait équilibre tout au long de l'aventure.

Quand tu romps l'équilibre et que tu tombes, repose-toi et prends du recul : pourquoi est-ce arrivé ? Quelle leçon en tirer pour l'avenir ? Personne mieux que toi ne sait ce que tu dois faire. Fais-toi confiance, respecte-toi, et tout ira bien ! Bien sûr, il y aura des jours avec et des jours sans. Mais tu resteras sur le bon chemin pour toi, celui que tu choisis.

Pour se lancer dans cette quête, il faut faire la paix avec son « imperfection ». Je mets ce terme entre guillemets car la perfection n'existe pas. J'y ai cru naïvement, mais avec l'expérience, je confirme : *personne* n'est parfait ! J'accompagne des personnes dans leur quotidien de reconverti ou d'entrepreneur, et elles alternent toutes les phases de *flow*, de facilité, et les phases difficiles. Personne n'a une vie parfaitement bien rangée, une routine matinale parfaite chaque matin, une stratégie parfaitement claire pour les dix ans à venir. Même si les réseaux sociaux disent le contraire.

Quand ça ne va pas, souviens-toi que le corps et le mental sont indissociables. L'état physique impacte l'état psychologique, et inversement. Quand je manque de sommeil, que je m'alimente mal et que je reste assise toute la journée à mon bureau, mon moral est en berne. Dans l'autre sens, lorsque je me sens déprimée, je ne trouve pas le sommeil, je n'ai pas l'énergie pour cuisiner ni pour faire du sport. Pour retrouver cette énergie, j'ai mes propres astuces : faire du yoga, aller marcher et changer d'environnement. Trouve tes astuces pour te ressourcer, et tu continueras ta route avec plus de sérénité !

Exercice

NOTE À TOI-MÊME

Écris une lettre à toi-même, que tu liras quand tu n'iras pas bien. Pour tous tes futurs moments de doute, de découragement, et de fatigue.

Qu'aimerais-tu dire au toi qui va mal ?

Rédige cette lettre dès à présent si tu te sens en forme. Si ce n'est pas le cas, reviens-y dès que ça va mieux. Et garde-la précieusement pour les moments difficiles de ton futur toi !

Exemple :

« *Cher moi,*

Voici ce que j'ai à te dire à ce stade de ma vie :

Tu traverses... en ce moment et je sais que ce n'est pas facile !

Sache que tu vas réussir à passer cette période car tu as de super qualités :

– ....

– ....

– ....

Et voici quelques phrases à garder précieusement en cas de coup dur :

– ....

– ....

– .... »

Enfin, poser sa dem', c'est prendre plaisir à se redécouvrir, ainsi que le monde. J'aime considérer cette phase d'exploration comme un jeu d'enquête, dans lequel nous sommes le détective ayant pour mission de trouver un trésor : l'activité faite pour nous !

Envisager ta recherche professionnelle comme une quête la rend bien plus agréable et ludique. Renoue avec ton âme d'enfant ! Être positif, enthousiaste, ouvert, curieux, amène de meilleurs résultats que si l'on agit dans le stress, l'angoisse, et l'attente d'un résultat immédiat. Plus tu t'imposeras de pression sur le résultat, plus il sera difficile d'y parvenir. Ou ça se fera dans la douleur.

Bien sûr, certains jours, quand on se sent mal, on ne voit pas où est le « jeu ». On ne voit pas comment prendre ça « à la légère ». Quand je dis jeu, j'entends plaisir, pas inconscience ! Bien sûr que c'est sérieux ! Ta carrière n'est pas un jeu, mais ta manière de l'appréhender peut en être un !

Dans les moments difficiles, rappelle-toi que tu as choisi de t'engager dans ce chemin car tu as l'audace de vouloir le meilleur pour toi et le monde qui t'entoure. Sois fier et positif car seule une minorité de personnes osent franchir le cap. À ton tour, tu pourras inspirer les autres en partageant ton expérience.

LE MODE D'EMPLOI POUR CONSTRUIRE TA NOUVELLE VIE

Lorsqu'on songe à changer de voie professionnelle, le plus difficile est de savoir par quoi commencer. J'ai créé ma méthode pour formaliser les étapes importantes. S'il est complexe de modéliser un chemin « type », car chacun fonctionne différemment, il est tout de même possible de suivre une trame et les grandes lignes pour cheminer de manière structurée.

Sans cette structure, on a vite fait de se perdre dans le labyrinthe de la reconversion. Comme pour tout, mieux vaut privilégier la qualité à la quantité. Entreprendre trop de réflexions et d'actions sans méthode peut même être contre-productif : on s'emmêle les pinceaux et on s'épuise ! À l'inverse, se tenir à un plan d'action clair qui va à l'essentiel permet de mettre son énergie au bon endroit. Alors, voici le mode d'emploi !

Étape 1. L'introspection

« Connais-toi toi-même. » Mais a-t-on appris à se connaître, étant plus jeune ? Pas vraiment ! À l'école, pour choisir notre orientation, on nous a fait remplir des tests alambiqués pour nous annoncer un métier sorti du chapeau. Sauf que l'épanouissement ne se trouve pas en cochant des cases ! Résultat, adulte, on se pose des tas de questions mais on ne se pose pas toujours les bonnes, ni dans le bon ordre.

Avant de te précipiter sur des offres d'emploi ou des projets dans le flou le plus complet, prends du recul. Commence par faire le diagnostic (pourquoi je souhaite changer de voie ? Qu'est-ce qui me manque ?) et fais le point sur tes aspirations, tes envies et centres d'intérêt, sur tes talents et compétences, ainsi que sur tes peurs et blocages qui te freinent.

Ne confonds pas vitesse et précipitation : il est normal d'avoir besoin de temps pour « digérer » ce que tu découvres sur toi. Il n'y a pas de recette magique pour trouver sa voie en quinze jours !

La partie 2 de ce livre est là pour t'accompagner dans cette phase d'introspection et t'aider à te poser les bonnes questions.

On ne va pas se mentir, c'est parfois (souvent ?) frustrant. Mais si tu lis ce livre, c'est que tu es prêt à jouer le jeu ! Alors garde le cap. Et dans les moments de doute, rappelle-toi cette citation de l'explorateur Mike Horn : « Pour se mettre en marche, il suffit d'avoir 5 % de réponses à ses questions ; les 95 % restants viennent le long du chemin. Ceux qui veulent 100 % de réponses avant de partir restent sur place. » Tu es déjà en route !

Témoignage

Morgane, 31 ans : « À un moment, les différentes pièces du puzzle s'assemblent et on y trouve du sens. »

Qu'est-ce qui t'a amenée à faire ce travail d'introspection ?

J'ai occupé différents postes en gestion des ressources humaines. Je n'arrivais jamais à m'épanouir longtemps. Je ne trouvais pas de sens dans les activités qui m'étaient confiées. Après une énième désillusion professionnelle, j'ai entamé un travail d'introspection. Cela a été le premier pas dans mon processus de lâcher-prise. J'étais curieuse de me recentrer sur moi-même, de me connaître davantage et en même temps, j'avais peur d'aller vers l'inconnu.

Quelles ont été tes difficultés et comment les as-tu dépassées ?

J'étais déterminée à trouver une nouvelle voie, si bien que je voulais déjà être à l'étape d'après. Or, dans une reconversion, il faut accepter que la phase d'introspection prenne du temps. Il ne faut pas la bâcler ! J'ai été accompagnée par Marion dans le cadre du programme Nouveau Départ de Pose ta Dem'. Cela m'a permis de prendre du recul sur ma situation. J'ai pris l'habitude de méditer pour apaiser mon mental, et de visualiser ce que pourrait être mon futur professionnel idéal. Enfin, j'ai essayé de me concentrer sur mon présent, les moments de joie du quotidien. J'ai apprivoisé petit à petit mon impatience et mon angoisse de la page blanche.

Que t'a apporté cette introspection ?

Comme un arrêt sur image, cela permet de prendre du recul sur soi, et d'identifier ses envies et ses aptitudes. On n'apprend pas à le faire dans notre cursus scolaire. L'introspection va de pair avec l'authenticité : on doit être honnête avec soi-même ! On passe par des moments moins agréables quand on revisite des expériences qu'on qualifie de « négatives ». On apprend à défaire nos croyances limitantes. Tout cela contribue à changer son regard sur soi progressivement et à avancer.

Quel conseil donnerais-tu pour traverser cette période parfois difficile ?

Une reconversion professionnelle est un processus de changement dont l'introspection représente la première action, peut-être la plus significative. Je conseillerais de prendre du plaisir dans cette phase en prenant la casquette d'un explorateur ! L'idéal est de ne pas attendre un résultat immédiat, et de se dire qu'à un moment, les différentes pièces du puzzle vont s'assembler et qu'on y trouvera alors du sens.

Étape 2. La génération d'idées

Les réponses obtenues pendant l'introspection permettent de faire émerger des pistes de projets, de domaines qui t'attirent, de thématiques qui attisent ta curiosité… et ainsi d'aboutir à des idées concrètes de projets professionnels ! C'est la partie 3 qui va te servir de guide pour que tu puisses générer sereinement et facilement des idées de projets.

À ce stade, les idées sont théoriques et souvent nombreuses. Il ne faut pas te restreindre ; s'éparpiller est normal et bénéfique. Plutôt que de te culpabiliser de ne pas encore avoir de projet clair, profite de renouer avec ton âme d'enfant ! Si tu te lèves un matin en t'imaginant hôte dans un gîte à la montagne, et le lendemain prof de surf, ce n'est pas que tu es devenu fou : c'est qu'enfin tu t'autorises à rêver d'autre chose ! Laisse les idées venir et note-les toutes. Elles feront leur chemin : aie confiance dans le processus.

Étape 3. L'exploration

La troisième étape consiste à explorer sur le terrain les idées qui t'attirent le plus. À partir de ta liste d'idées, tu vas mener ton enquête afin d'avoir une vision concrète et pragmatique des métiers que tu envisages.

Sans cela, tu risques de baser ta reconversion sur un fantasme… et d'être déçu ensuite. Dans ma méthode, l'exploration repose sur plusieurs étapes dont le but est de tester tes idées grandeur nature, au plus près de la réalité. Tout est expliqué en détail dans le chapitre 10.

Étape 4. La décision

Une fois que tu as réfléchi et que tu as expérimenté, tu as toutes les cartes en main pour prendre ta décision. Ça ne veut pas dire que c'est facile, car tu auras toujours des hésitations ! Mais en associant un travail structuré de prise de décision et l'écoute de ton intuition, tu feras le choix qui est le bon pour toi. À ce stade, l'éparpillement n'est plus le bienvenu, car il t'empêche de garder le cap et d'avoir des résultats. C'est dans les chapitres 11 et 12 que tu trouveras ma méthodologie pour t'aider à prendre ta décision et choisir en confiance l'idée de projet que tu veux développer à ce stade !

Étape 5. L'action

La dernière étape est bien sûr celle du passage à l'action : une fois que ton projet est défini, quelle est la route à suivre ? Quel est ton plan d'action pour concrétiser ton projet ? Là, tu entres dans le concret !

L'action fait peur, car elle transforme une idée en réalité. Mais sans elle, tu risques de ne jamais poser ta dem' ! La dernière partie de ce livre est là pour t'accompagner dans le passage à l'action, que tu décides de te lancer dans l'entrepreneuriat ou dans une recherche d'emploi salarié. Je t'y explique aussi comment te fixer des objectifs stimulants, sans te mettre la pression mais pour te permettre de tenir le cap et d'avancer à ton rythme dans ta nouvelle aventure !

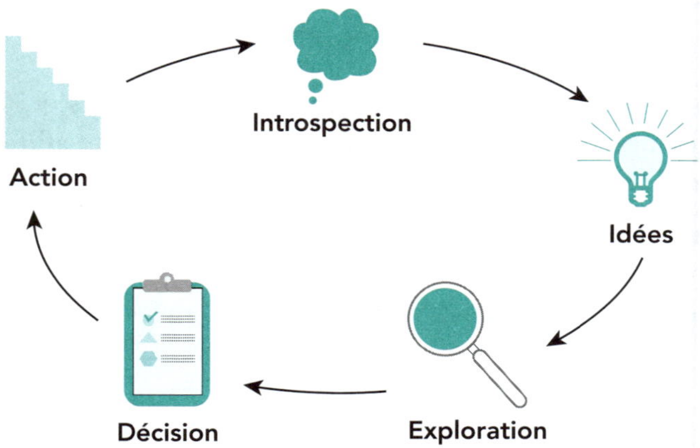

Trouver sa voie, le mode d'emploi

CONCLUSION

Et voilà le mode d'emploi ! Il est plus long que celui pour monter la bibliothèque FIGLEBLUBL d'un certain marchand de meubles suédois. Mais il en vaut la peine !

Alors, que faire maintenant ? Ouvre ton journal de bord, et prends l'habitude d'écrire dedans chaque jour. Même si ce ne sont que quelques phrases, note ce qui te passe par la tête. Pour construire ta nouvelle vie professionnelle, tu as besoin d'outils, de temps et de travail. Tu ne sauras pas toujours quoi faire des réflexions que tu as en cours de route. Mais si tu ne les écris nulle part, tu n'auras jamais la vision d'ensemble et le résultat. Même si c'est difficile, même si tu as envie de baisser les bras : garde le cap et tiens ton journal !

Il arrive que des personnes m'écrivent des mois ou des années après notre rencontre pour me dire que ça y est, elles ont un projet. C'est la raison pour laquelle je ne donne pas de « statistique de réussite », même si on me le demande souvent. Comment mesurer cela ? À quel horizon de temps ? Je préfère qu'une personne prenne deux ans pour cheminer et qu'elle se sente bien durant ce processus, plutôt que quelqu'un qui se précipite, coche la case « j'ai posé ma dem' » mais regrette cette décision. Alors, commence l'aventure et garde confiance en toi. C'est parti !

PARTIE 2

L'ART DE TE POSER LES BONNES QUESTIONS POUR TROUVER TES BONNES RÉPONSES

« Posez-vous
les bonnes questions.
Les questions
renferment
les réponses. »

TONY ROBBINS

Ma plus grande découverte de ces dernières années est le pouvoir des questions.

J'ai compris ce pouvoir lorsque j'étais étudiante. Pour me faire de l'argent de poche l'été, je travaillais dans une boutique de prêt-à-porter pour hommes. Il se trouve que mon tout premier employeur était… ma maman ! Elle a été commerçante toute sa vie : optique, maroquinerie, cuisine, prêt-à-porter… et la meilleure vendeuse du réseau ! Elle sait relever une boutique. Alors elle m'a enseigné les bases de la vente. Et la toute première leçon était la suivante : lorsqu'un client entre dans le magasin, il faut lui poser une question ouverte. C'est ce secret, simple mais redoutable, qui en fera une boutique prospère ou qui met la clé sous la porte.

Au lieu de demander au client : « Bonjour, est-ce que je peux vous aider ? », il faut ouvrir la discussion : « Bonjour monsieur, que puis-je faire pour vous ? Que recherchez-vous aujourd'hui ? »

Les questions fermées débouchent sur un oui ou un non, et évidemment, le plus souvent… sur un non. En posant une question ouverte, le client est obligé de répondre quelque chose, et cette matière première permet au vendeur de poursuivre l'échange.

Ce n'est pas une technique de manipulation ! Cette ouverture bénéficie au vendeur bien sûr, mais aussi au client, qui repart bien plus satisfait. Les ventes s'envolent et les clients fidèles sont au rendez-vous.

Grâce à cette leçon de vente, j'ai découvert que mon premier client était… mon cerveau !

« Bonjour cerveau ! Est-ce qu'on peut se sortir de cette situation ?

– Non.

– Cerveau ! Est-ce que je peux quitter mon job et gagner de l'argent autrement ?

– J'ai dit non ! »

Mais si je l'aborde différemment et que je lui pose une question ouverte, alors, comme notre client à la recherche du polo de ses rêves, il va se débrouiller pour trouver une réponse et donc, un début de solution.

« Bonjour cerveau ! Comment allons-nous sortir de cette situation ?

– Heu, eh bien, en voilà une bonne question… Appelons ton ancien ami de fac, il est passé par là, il aura sûrement une solution ! »

« Bonjour cerveau ! Comment gagner de l'argent en faisant un autre métier ?

– Ah, pas mal celle-là. Eh bien, en faisant ce pour quoi tu es douée : enseigner. »

J'ai souvent ce type de discussions avec mon cerveau. Quand je me sens coincée face à un obstacle, je respire un bon coup et je reformule ma question. C'est pour cela que le coaching a le pouvoir de nous transformer : un excellent coach pose d'excellentes questions que nous ne nous serions pas posées autrement.

Naturellement, la plupart des questions qui tournent en boucle dans notre cerveau sont des questions fermées. Faisons un petit jeu ensemble tout de suite : écris spontanément les questions existentielles qui te trottent dans la tête en ce moment. Puis écoute les réponses de ton cerveau. Que remarques-tu ?

Voici quelques exemples de questions typiques que tu peux te poser et les réponses probables de ton cerveau :

« Est-ce que je vais m'en sortir financièrement ?

– Bah non, ce sera la cata, je te rappelle que tu as un loyer à payer. »

« Est-ce que je suis légitime pour faire ce métier ?

– Ah, non, il y a tellement meilleur que toi ! »

« Est-ce que les recruteurs vont être intéressés par mon profil ?

– Non, regarde tous les trous dans ton CV. »

Maintenant, posons ensemble les questions différemment. Respire trois fois profondément, souris (fais-le vraiment), et pose l'intention de trouver des réponses. Comment peux-tu reformuler tes questions de sorte que la réponse ne soit pas un oui ou un non, mais ouvre à une proposition d'idée ou d'action (comme l'exemple du client dans le magasin) ?

En reprenant nos exemples précédents :

« Que mettre en place pour gagner au minimum 1 500 € par mois en moins de trois mois ?

– Tiens, tu pourrais proposer tes services de dépannage informatique dans le quartier pour commencer. »

« Comment devenir légitime pour faire cette activité ?

– J'ai vu passer une formation d'une journée, commence par ça. »

« Comment intéresser les recruteurs ?

– Parle de ton projet associatif, ils vont adorer ! »

Si tu as du mal à imaginer des réponses, utilise cette astuce : pense à une personne que tu admires ou que tu imagines plus intelligente, plus douée que toi. Que répondrait-elle ?

À présent, si tu continues l'exercice de changer chacune de tes questions initiales en les reformulant efficacement, « J'en ai marre de galérer, quand est-ce que ça s'arrête ? » deviendra par exemple : « Comment tirer parti de cette situation et rendre cette période enrichissante ? » « Pourquoi je suis si nul ? » deviendra : « Que faire dès aujourd'hui pour m'améliorer ? »

Tu vois le principe ? Alors dans cette partie, je vais partager avec toi les principales questions à te poser pour avancer sur le chemin de la reconversion !

CHAPITRE 4

CE QUE TU VEUX DANS TA VIE SANS TE MENTIR À TOI-MÊME

> « *Tous nos rêves peuvent devenir réalité, encore faut-il avoir le courage de les poursuivre.* »
>
> WALT DISNEY

Te souviens-tu du métier que tu voulais exercer lorsque tu étais enfant ? Te rappelles-tu des scénarios imaginaires que tu créais de toutes pièces ? Nous sommes nés rêveurs, mais nous avons appris qu'il était mal d'être « dans la lune ». Que nous n'avions plus dix ans et qu'il était temps « d'arrêter de rêver », d'être « réalistes » et de « choisir un bon métier ». Résultat : nous nous sommes bridés.

Une fois adultes, lorsque nous nous confrontons à la mort de notre carrière comme nous l'avions envisagée, que se passe-t-il ? Nous n'arrivons pas à envisager autre chose car nous ne savons plus rêver ! Et quand on s'autorise à rêver, on se ramène bien vite à la réalité : ce n'est pas possible, il faut garder les pieds sur terre, il y a des factures à payer…

Selon moi, la pire de nos expressions est celle-ci : « C'est trop beau pour être vrai. » On a appris à se méfier de tout ce qui semble « trop » positif ! On a appris à douter de nos rêves car on a peur d'être déçu, de se faire des illusions, et en conséquence, on ne fait rien. D'où ce proverbe chinois : « L'immobilisme provoque souvent des faux pas. »

Pour réinventer ta vie professionnelle, tu as deux choses à (ré)apprendre : rêver et croire en tes rêves.

Rêver grand, ce n'est pas forcément vouloir créer une entreprise qui fait des millions, ou devenir la prochaine star d'Hollywood. Ce n'est pas forcément s'imaginer dans une immense villa au soleil avec une piscine à débordement.

Ces jours-ci, une norme sociale impose des rêves : une certaine apparence physique qui fait dépenser à certains des sommes astronomiques pour l'obtenir. Un business à sept chiffres mené les pieds dans l'eau à l'autre bout du monde (essaie de travailler avec un ordinateur depuis une plage sans wifi, soleil sur l'écran et grains de sable dans la machine, et viens m'en dire des nouvelles).

Rêver grand, ce n'est pas ça ! Rêver grand, c'est rêver du meilleur pour toi. C'est aller chercher ce que tu as dans le cœur, et t'autoriser à vivre les expériences de vie qui ont du sens pour toi.

DONNE DU SENS À TA VIE EN RÉPONDANT À LA QUESTION « POURQUOI ? »

Simon Sinek est un conférencier et auteur dont le TED « Why Great Leaders inspire Action[12] » a été vu plus de 148 millions de fois. Il y présente son célèbre concept du Golden Circle, le « cercle d'or » issu de son livre *Start with Why*[13]. Comme son nom l'indique, la théorie centrale de Simon Sinek consiste à partir du « pourquoi » et cette approche est à l'origine d'un véritable mouvement pour plus de sens. Selon lui, les grands leaders de notre monde (figures politiques, entreprises puissantes…) ont un point commun : ils inspirent en partant de leur « pourquoi ». Leur manière de penser, de communiquer et d'agir se fait de l'intérieur vers l'extérieur. Martin Luther King n'était pas le seul à avoir souffert d'injustice en Amérique, mais c'est lui qui a mené le mouvement des droits civiques. Avec son très célèbre « *I have a dream* », il a su communiquer

12. « Pourquoi les grands leaders inspirent l'action ? » Tu peux le visualiser ici : https://www.ted.com/talks/simon_sinek_how_great_leaders_inspire_action?language=fr
13. 2009. Traduction française en 2014, publiée par les éditions Performance.

sa vision claire et inspirante d'une société plus juste à l'égard des communautés oppressées. C'est cela, la puissance de son « pourquoi ».

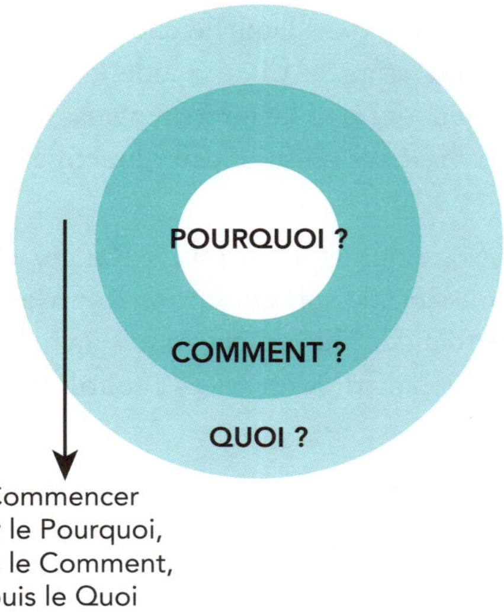

POURQUOI – L'objectif, la cause ou la croyance unique qui sert de moteur et d'inspiration pour chaque individu ou organisation.

COMMENT – À écrire sous forme de verbes car il s'agit d'actions à accomplir et pas juste de valeurs intangibles qu'on admire, par exemple « faire ce qui nous semble juste » vs « l'intégrité ».

QUOI – Tout ce que quelqu'un ou une organisation dit ou fait de tangible, tout ce que des personnes extérieures peuvent voir, entendre ou expérimenter, par exemple les produits, les services ou le marketing.

Le cercle d'or (Simon Sinek)

Les trois grandes questions à te poser sont, dans l'ordre : Pourquoi ? Comment ? Quoi ?

Notre « pourquoi » nous renvoie au sens profond que nous trouvons dans nos activités. Lorsque nous ne sommes pas alignés avec le « pourquoi », ou que nous ne connaissons pas le « pourquoi », nous ne nous sentons pas « à notre place », et la raison ne peut pas toujours l'expliquer. Cette idée s'applique aux individus mais aussi aux organisations. Une entreprise qui se concentre sur son « pourquoi » inspire davantage et rend les salariés plus productifs, plus créatifs et plus épanouis car ils trouvent du sens à leur travail. Les marques qui s'imposent le plus sur leur marché sont celles qui ont réussi à embarquer leurs clients avec leur « pourquoi ».

Marie Kondo est mondialement connue pour sa méthode KonMari qui allie rangement et développement personnel. Son livre *La Magie du rangement*[14] s'est vendu à plus de 2 millions d'exemplaires et l'a propulsée jusque sur Netflix où elle anime sa propre émission de téléréalité dans laquelle elle se rend dans des foyers d'Américains dépassés par leurs affaires. Elle les aide à réaménager leur intérieur en se séparant des objets qui ne leur procurent pas de joie. Comment expliquer cet immense succès basé sur un sujet peu attractif en soi : le rangement de nos armoires ?

En arrivant sur son site, la première phrase qui apparaît est : « Rangez votre intérieur, transformez votre vie. » La mission de son entreprise KonMari est écrite juste en dessous : « Notre but est d'aider plus de personnes à vivre une vie remplie de joie, et nous nous engageons à offrir les services et outils les plus simples et efficaces pour y parvenir. »

Marie Kondo ne nous séduit pas en nous disant qu'elle va nous aider à ranger nos chaussettes dépareillées et à amener nos vieux bibelots à la déchetterie. Elle nous promet une nouvelle vie basée sur plus de joie avec simplicité et efficacité. Elle nous connecte à l'émotion du travail accompli. Le « pourquoi » est au centre de sa communication et de son offre, et ça marche ! Comme le dit Simon Sinek : « Ce que les gens achètent, ce n'est pas ce que vous faites, mais pourquoi vous le faites. »

Alors, saurais-tu indiquer le « pourquoi » de l'entreprise pour laquelle tu travailles ? Tu sais certainement ce qu'elle fait et comment elle le fait. Mais le « pourquoi » d'une organisation est rarement clair. Faire du profit n'est pas un pourquoi ! C'est une conséquence. Quel est le but de l'entreprise dans laquelle tu travailles ? Pour quelle cause te lèves-tu le matin ?

Le « quoi » est la partie visible, c'est ce que nous faisons. Le « comment » renvoie aux valeurs, aux méthodes et aux moyens que nous mettons en œuvre pour réaliser le « quoi ». Mais le plus difficile à expliciter reste le « pourquoi ».

Maintenant, oublie ton entreprise et concentre-toi sur toi. Quel est ton « pourquoi » ? Pourquoi fais-tu ce que tu fais ?

---

14. Éditions First, 2015.

N'attends pas que la réponse tombe du ciel. Tu ne « trouves » pas la réponse : tu la construis ! Tu as le champ libre pour mettre en mots ton « pourquoi ». C'est grisant et difficile à la fois. Peu importe que ta réponse te semble abstraite, farfelue ou utopiste. Ce qui compte, c'est qu'elle ait du sens pour toi et qu'elle te donne une direction à suivre. Ce « pourquoi » t'aidera à trouver ton projet, mais aussi à garder le cap une fois lancé dans l'aventure. Dans les moments difficiles, mais aussi les succès, notre « pourquoi » nous ramène à l'essentiel et nous rappelle cette direction.

Je précise que le « pourquoi » ne peut pas être un motif financier. Un revenu élevé ne garantit pas de trouver du sens. Si tu « gagnes » bien ta vie aujourd'hui (une affreuse formulation !) mais que tu as le sentiment de passer à côté de ta vie, tu le sais : l'argent n'achète pas l'épanouissement.

Alors, comment trouver ton pourquoi ? Voici un premier exercice pour y réfléchir.

Exercice

TA VIE SANS CONTRAINTE

Que ferais-tu si tu n'avais aucune contrainte (temps, argent, compétences) ?

Imagine que ton portefeuille est illimité, que tu disposes du temps que tu veux et que tu es capable de tout faire. Que fais-tu ?

Nous perdons cette connexion à notre « pourquoi » car nous sommes bloqués par la peur. Nous avons appris à avoir peur de l'avenir, de la pauvreté, du regard des autres… Alors, nous mobilisons nos réflexes de survie.

La célèbre pyramide de Maslow, psychologue américain, présente la hiérarchie de nos besoins. Dans l'ordre de priorité, nous avons des besoins physiologiques (boire, manger, dormir…), des besoins de sécurité (être protégé, avoir un logement, être en bonne santé, avoir des ressources financières…), des besoins d'appartenance (se sentir accepté, intégré, reconnu socialement, en famille, au travail…), des besoins d'estime (avoir confiance en soi, jouir d'une bonne réputation…) et enfin, des besoins d'accomplissement (exprimer son potentiel, se réaliser, donner un sens à sa vie…).

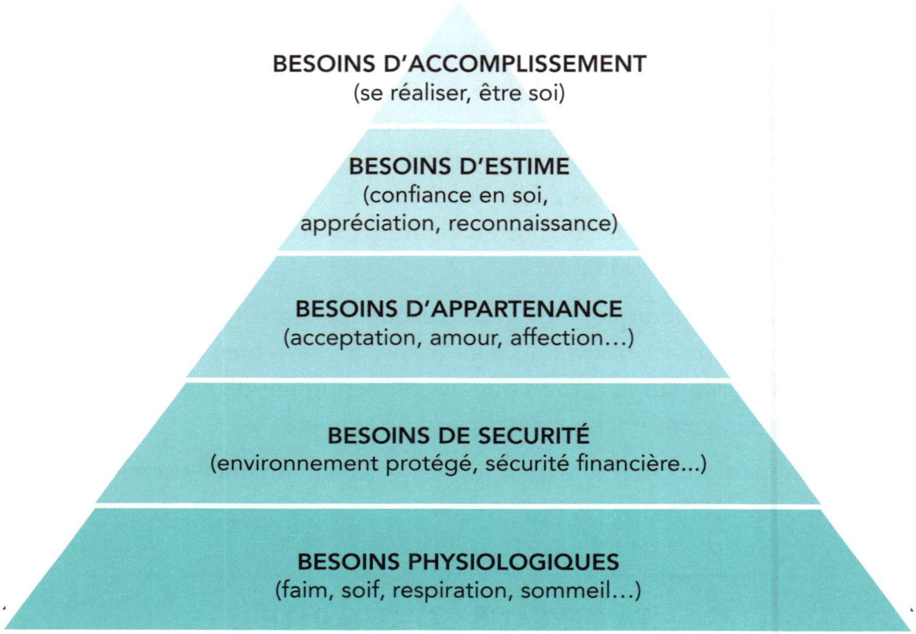

La pyramide de Maslow

Chercher davantage d'épanouissement au travail se place dans le tout dernier besoin, celui de l'accomplissement. Mais si nos besoins précédents ne sont pas garantis, nous n'avons plus comme priorité de réaliser ce besoin plus élevé. Si je m'inquiète pour ma sécurité financière (perte de mon revenu) et mon appartenance au groupe (l'entreprise est un collectif dans lequel j'ai un rôle social et une reconnaissance par mes pairs), je ne vais pas avoir la tête à trouver mon « pourquoi » et le sens de ma vie !

Ces peurs sont légitimes car naturelles, elles sont un réflexe de survie, mais elles sont aussi un frein à ta réflexion. Essaie de t'en défaire au moins le temps du prochain exercice. Tu pourras les récupérer après (si tu y tiens !).

Exercice

SANS LA PEUR, TU FERAIS QUOI ?

Ferme les yeux, prends une profonde inspiration… Et réponds à cette question à l'écrit, sans te brider : que ferais-tu si tu n'avais pas peur ?

Prends le temps d'y réfléchir et détaille tes idées autant que possible !

C'est fait ? Bon. Il y a de fortes chances que l'un de tes blocages soit la « réalité financière ». On ne s'autorise pas à envisager un métier s'il ne correspond pas aux normes de sécurité financière. « Vivre de mon art ? Non, pas envie de manger des nouilles toute ma vie ! »

Il y a deux raisons d'éliminer ce type de pensée. La première, c'est que c'est une croyance. Peu importe qu'elle se vérifie souvent dans les faits ; il suffit d'une exception ! Une seule personne qui vit de ce métier prouve que c'est possible.

La seconde raison est que tu ne vas pas forcément exercer ledit métier, mais te servir de cette idée pour en tirer d'autres idées qui y sont reliées. Sans forcément faire de ton art ta profession, tu vas peut-être t'apercevoir que ce que tu aimes là-dedans, c'est la transmission aux autres. Ou encore la créativité. Des éléments que tu pourras transposer dans d'autres activités. Ose rêver sans tenir compte de l'aspect financier et explore ce qui se passe pour toi !

Exercice

SANS LE BESOIN D'ARGENT, TU FERAIS QUOI ?

Voici deux questions pour t'aider à y réfléchir.

Que ferais-tu gratuitement par envie et parce que ce serait utile ou enrichissant pour au moins une personne ?

Si tous les métiers du monde étaient rémunérés exactement de la même manière, lequel exercerais-tu ?

Enfin, je crois beaucoup au rôle des émotions dans le choix d'un projet. Dans mon cas, constater autant de souffrance au travail me mettait en colère. Étant passée par là, l'émotion était vive. Je ne supportais pas d'assister à tant de gâchis d'énergie et de talent. Les émotions sont un juste indicateur que cette cause a un sens pour toi. Tente l'exercice suivant une première fois, et au cours des prochains jours, sois attentif à tes émotions et aux sujets autour desquels elles se déclenchent.

Exercice

TES ÉMOTIONS

Qu'est-ce qui te met en colère ?
Qu'est-ce qui te donne un profond sentiment d'injustice ?
Qu'est-ce qui te rend jaloux ?
Qu'est-ce qui te donne l'énergie de te battre ?

PRENDS CONSCIENCE DE TON SCÉNARIO IMAGINAIRE

Il est difficile de savoir ce que l'on veut parce qu'on n'ose pas voir notre vérité en face. On se ment à soi-même parce qu'on a peur. La peur est à l'origine de toutes nos difficultés à nous reconvertir. Pourtant, se dire la vérité est la solution à nos problèmes ! Au fond de nous, nous savons ce qui est juste, vrai, évident. Cette connaissance profonde est voilée par les couches de peurs accumulées.

Pour cela, je te recommande de faire la liste de tes peurs. Personne d'autre ne lira ton exercice, donc sois honnête avec toi-même ! Écris ta peur de la manière la plus précise et concrète possible. Par exemple, « j'ai peur du regard des autres » est trop vague. On a peur du regard de certaines personnes dans certaines situations. Tant que tu restes dans le flou sur tes blocages, tu seras dans le flou pour les résoudre.

Exercice

TES PEURS

Liste tes peurs de cette manière :

« J'ai peur de (verbe), car si cela se réalise (conséquence). »

Exemples :

« J'ai peur de réduire mon revenu car si cela se réalise, je ne pourrai plus partir en vacances. »

« J'ai peur de me froisser avec mes parents car si cela se réalise, j'aurai le sentiment de ne pas honorer ce qu'ils ont fait pour moi. »

À ton tour !

As-tu remarqué que lorsque l'on a peur, on imagine toujours le pire scénario possible ? C'est ce que j'appelle le « scénario catastrophe ». Je m'en fais régulièrement… avant de me rappeler que c'est une construction de mon esprit ! Parmi tous les scénarios catastrophes que tu as échafaudés dans ta vie, combien se sont vraiment réalisés ? Il est difficile de répondre précisément à cette question puisqu'on oublie le scénario une fois que la vraie vie l'a supplanté. Mais on peut estimer que plus de 95 % de nos peurs ne se réalisent jamais !

Dans les moments où tu te projettes dans un scénario catastrophe, voici un exercice utile :

Exercice

TON SCÉNARIO CATASTROPHE

1. Commence par écrire ton scénario catastrophe (tu peux le faire pour n'importe quel sujet, mais fais-le ici pour ton changement professionnel). Quel serait le pire scénario pour toi ? Sois précis et concret !
2. Écris les étapes détaillées qui conduisent à ce scénario en partant de ta situation actuelle.
3. Reprends chaque étape de ton scénario et note deux choses : la probabilité que cela se produise, puis les solutions possibles si jamais c'était le cas. (Même les solutions de dernier recours ! Même le plan Z !)

Ce travail de déconstruction de ton scénario catastrophe va t'aider à relativiser : d'une, parce que tu vas t'apercevoir qu'il y a un paquet d'étapes avant d'en arriver là ; de deux, parce que tu vas anticiper toutes les solutions à ta disposition.

Je vais partager avec toi mon propre scénario catastrophe quand j'ai décidé de me lancer en indépendante. J'ai quitté mon emploi avec une rupture conventionnelle, ce qui m'a permis de toucher des indemnités chômage. Mais celles-ci couvraient uniquement mon loyer et le remboursement de mon prêt. Impossible de vivre avec cela !

Je devais donc encaisser du chiffre d'affaires en complément au plus vite, et être capable de me rémunérer entièrement grâce à mon activité sous deux ans. Mon scénario catastrophe était que mon activité ne me rapporte pas suffisamment d'argent et que je sois contrainte de retourner dans mon ancien job. Dans les moments de doute, ce scénario de l'horreur me frappait de plein fouet !

En détaillant les étapes, il était évident qu'elles étaient nombreuses avant d'en arriver là, et que leur taux de probabilité était (selon mes savants calculs) inférieur à 50 %. Surtout, il y avait toujours des solutions ! Recommencer à donner des cours particuliers pour boucler les fins de mois, accepter des missions freelance qui ne me passionnaient pas mais qui rapportaient de l'argent, réduire certaines dépenses temporairement…

De l'autre côté, mon scénario miracle était que je puisse me rémunérer entièrement au bout de six mois. Je me suis organisée pour atteindre cet objectif qui me faisait rêver… et c'est ce qui s'est passé ! Mon scénario catastrophe ne s'est pas réalisé, comme souvent. Une fois que c'est terminé, c'est facile à dire. Mais sur le coup, dans la panique, l'exercice précédent se révèle fort utile !

Nos peurs sont fondées sur des croyances. Les croyances limitantes sont une notion phare du développement personnel et du coaching. Par définition, une croyance n'est pas une vérité. C'est une vue de notre esprit qui est construite sur des expériences passées et des messages d'autrui que nous avons retenus. Que cette croyance soit juste ou non, elle crée chez nous un certain comportement qui va lui-même générer certains résultats. C'est ce qui s'appelle une prophétie autoréalisatrice. Si je suis convaincu que je suis incapable d'écrire un livre parce qu'on m'a dit à l'école que j'étais mauvais en français, alors je ne vais pas écrire de livre. Si je suis convaincu que mon chef ne m'aime pas, alors je vais me comporter avec méfiance et rancœur et entretenir effectivement une relation hostile.

Voici quelques exemples de croyances limitantes :

- mon profil n'intéresse pas les recruteurs ;
- le marché du travail est bouché à notre époque ;

- je ne suis pas légitime ;
- il est difficile de créer une entreprise ;
- il faut attendre trois ans pour se verser un salaire ;
- il est impossible de travailler peu et de gagner beaucoup d'argent ;
- je n'ai plus l'âge pour me reconvertir.

Avoir conscience de ses propres croyances limitantes n'est pas facile. Je te conseille d'être attentif dans les prochains jours à tous les moments où tu te réponds à toi-même « oui mais » : toutes les phrases négatives et décourageantes sont des croyances qui te limitent !

Exercice

TES CROYANCES À LAISSER AU PLACARD

Voici un exercice en cinq étapes pour te défaire de tes croyances limitantes, avec l'exemple d'une personne salariée qui n'ose pas proposer ses services en tant qu'indépendant.

1. Identifie tes croyances. Quelles sont les phrases auxquelles tu crois, que tu te répètes souvent, qui font partie de ton schéma de pensée ?

   Exemple : « Je ne peux pas devenir indépendant car je ne sais pas me vendre. »

2. Trouve son origine. D'où vient cette croyance ?

   Exemple : « J'ai raté un entretien d'embauche important par le passé. J'en ai déduit que je ne savais pas me vendre, alors ce serait encore pire pour trouver des clients. »

3. Analyse l'impact de cette croyance. Quelles conséquences a-t-elle sur ta vie ?

   Exemple : « À cause de cette croyance, je n'ose pas me lancer à mon compte et cela me frustre. »

4. Pour chaque croyance, trouve un contre-exemple qui prouve qu'elle n'est pas une vérité absolue.

   Exemple : « J'ai réussi trois entretiens d'embauche. Et lorsque je parle de mon projet autour de moi, je reçois des encouragements enthousiastes. »

5. Reformule cette croyance en une affirmation positive.

   Exemple : « Je suis capable de trouver des clients car je sais me présenter et parler de mon activité. »

Pour plus d'efficacité, note ta nouvelle affirmation positive sur un post-it et expose-la dans un endroit où tu peux la voir régulièrement. L'idée est de te répéter cette nouvelle pensée autant de fois que tu passes devant ton post-it ! C'est une technique de programmation neurolinguistique puissante pour consciemment reprogrammer ton esprit avec des pensées constructives. Une croyance n'est rien d'autre qu'une pensée que tu as eue suffisamment de fois pour qu'elle devienne ta vérité. Tu peux donc choisir aujourd'hui ce que tu souhaites penser et reconstruire tes croyances pour qu'elles te servent mieux. C'est un exercice essentiel pour une reconversion réussie et que tu peux entamer dès maintenant !

DÉPASSE LES TROIS GRANDES PEURS DE LA RECONVERSION

J'ai recensé trois grandes catégories de peurs face à un changement de carrière : la peur de manquer financièrement, la peur du regard des autres et la peur de ne pas être à la hauteur. Je ne parle pas de la peur de l'échec, car elle est associée à celles-ci. En route pour affronter ces trois démons de la reconversion !

La peur de manquer financièrement : une histoire de croyances et d'autruches

Ah, l'argent ! Ah, le loyer à payer ! Ah, ce sujet tabou qui cristallise tant de croyances et de peurs ! C'est pourquoi avant de parler chiffres, j'aimerais t'amener à un niveau de réflexion plus profond concernant ta relation à l'argent.

Tu connais cette phrase : « L'argent ne fait pas le bonheur. » Mais j'aimerais te proposer une alternative en laquelle je crois : « L'argent contribue au bonheur si on lui donne un sens juste à nos yeux ! » C'est toi qui définis ton rapport à l'argent. Que penses-tu de l'argent ? Vois-tu l'argent comme un mal ? Que penses-tu des gens riches ?

Exercice

TES CROYANCES SUR L'ARGENT

Je t'invite à te poser ces cinq questions pour faire le point sur ton rapport à l'argent :

1. Que représente l'argent pour toi ?
2. Quelles croyances as-tu concernant l'argent, positives comme négatives ? (Pour t'aider, écris « Pour moi, l'argent… » et complète la phrase avec toutes les idées qui te viennent.)
3. Connais-tu des personnes qui n'ont pas les mêmes croyances ? Si oui, quelle est leur situation financière apparente et réelle, si tu peux le savoir ?
4. Si tu avais plus d'argent, qu'en ferais-tu ? Que pourrais-tu accomplir grâce à cela ? Quelles expériences cela te permettrait de vivre ?
5. Pour réaliser tout cela, de combien as-tu besoin ? As-tu réellement besoin de plus ? Si oui, de combien ?

Je crois sincèrement que gagner de l'argent a du bon, car il nous offre une liberté dans nos actions et expériences. Un désir sain d'argent nous permet d'avoir l'impact que nous voulons avoir dans le monde et de vivre nos désirs de vie. Comme l'écrit Jen Sincero dans son best-seller au titre drôle et provocant *Tu vas t'en mettre plein les poches*[15] : « Un désir sain d'argent n'a rien à voir avec la cupidité : il s'agit d'un désir de vie. […] Notre monde a plus que jamais besoin que les gens compatissants, créatifs, généreux et doués d'empathie deviennent aussi riches que possible afin de changer les choses. »

Dans une interview de 2001 avec Thierry Ardisson[16], Jean-Claude Vandamme donne cette réponse inspirante :

« Jean-Claude, aujourd'hui vous avez assez d'argent pour vous arrêter de bosser non ?

15. Marabout, 2017.
16. Pour (re)voir l'interview : https://www.ina.fr/video/I08191916/interview-biographie-de-jean-claude-van-damme-video.html

– Assez pour moi, mais pas assez pour les autres. Parce que dans la vie faut partager. »

C'est pourquoi je suis contre l'idée de choisir entre « gagner de l'argent » ou « faire ce que l'on aime ». Au contraire, je suis convaincue qu'en faisant ce que l'on aime, on apporte de la valeur au monde, et on a ainsi l'opportunité de gagner plus d'argent ! Le souci, c'est que nous avons appris à séparer les deux. « On ne peut pas vivre de sa passion ! » « Les loisirs, c'est sympa mais c'est pas ça qui met du beurre dans les épinards ! »

Ah oui, vraiment ? Alors pourquoi existe-t-il des personnes qui réussissent à vivre de ce qu'elles aiment ? Et pourquoi parmi les freelances, certains vivent de leur activité confortablement… quand d'autres luttent pour trouver des clients ? Pourtant, techniquement, ils exercent le même métier ! La réponse est simple : leur stratégie et leur état d'esprit sont différents.

Tout commence par ton état d'esprit : c'est à toi de décider si tu veux vivre ou non de ton nouveau métier. Si tu décides que c'est ce que tu veux, il te faudra mettre en place la stratégie adaptée. Je ne dis pas que c'est facile – je dis que c'est possible ! Et ça ne se fait pas d'un coup de baguette magique : oui, il te faudra sans doute tâtonner, essayer, adapter. Mais quand tu sais pourquoi tu veux gagner de l'argent parce que tu lui donnes un sens profond, alors tu as la flamme pour définir et déployer la bonne stratégie !

C'est la raison pour laquelle tu ne dois pas te laisser déstabiliser si, lors d'une discussion avec un professionnel du secteur que tu vises, celui-ci t'annonce qu'il est très compliqué de vivre de ce métier. Tout d'abord, il est possible que cette personne cherche (même inconsciemment) à te dégoûter de l'idée par peur de la concurrence. Ou bien, qu'elle cherche à se valoriser en montrant à quel point elle a du courage et à quel point sa vie est difficile ! Mais ne te laisse pas abattre et continue de chercher des modèles inspirants.

Je vais te donner l'exemple du domaine du coaching et de la formation. Avant de me lancer, j'ai échangé avec de nombreux coachs qui m'ont prévenue qu'il serait difficile de me rémunérer avant au moins deux ans. Parce que développer une clientèle par bouche-à-oreille prend du temps et que le marché est concurrentiel. Je les ai remerciés pour leurs conseils, mais j'ai décidé que je ne vivrais pas cette expérience. J'ai lancé mon activité avec une stratégie radicalement différente des personnes avec qui j'ai discuté. J'ai concentré mes efforts sur la qualité de mon contenu et de ma communauté, ainsi que sur ma marque Pose ta Dem' et ma marque personnelle Charlotte Appietto. Cette stratégie a payé : j'ai pu me rémunérer en six mois. Et jour après jour, je continue de faire évoluer mon état d'esprit et les actions que je mets en place pour développer mon entreprise.

Je t'invite à reprendre l'exercice du scénario catastrophe et à le concentrer sur ta peur de manquer financièrement. Quel serait le scénario le plus catastrophique pour toi ? Quelles sont les étapes pour en arriver là ? Quelle est la probabilité d'occurrence de chacune des étapes ? Si cela se produisait, quelles seraient les solutions à ta disposition en dernier recours ?

Une fois que tu crois que c'est possible, tu as besoin de savoir comment c'est possible. Aussi, je t'invite à mettre tes chiffres au clair. Parmi les personnes que j'accompagne et qui s'inquiètent pour leur portefeuille, beaucoup ne savent en réalité pas ce qui s'y passe. Connais-tu exactement le montant de tes dépenses annuelles et mensuelles, et tes principaux postes de dépenses ? Gères-tu de manière optimale l'argent dont tu disposes aujourd'hui ? As-tu conscience de ce dans quoi tu investis ? Est-ce que ce sont vraiment les domaines qui ont un sens pour toi ?

Si tu as adopté la politique de l'autruche en ce qui concerne l'argent, cela peut expliquer ta crainte de manquer, puisque tu es dans le brouillard. Et cela peut effectivement te mettre en danger ! Alors, prends une journée pour te plonger dans tes comptes. C'est un mauvais moment à passer, mais c'est le début d'une toute nouvelle perception de tes finances. Pas de clarté sur tes chiffres, pas de stratégie. Pas de stratégie, pas de reconversion. Pas de reconversion…

Et justement, entrons dans le concret des scénarios qui peuvent t'attendre !

En entreprise, notre salaire est fixé à partir de trois principaux critères : notre niveau de diplôme, notre expérience et notre ancienneté. Alors, en toute logique, lorsqu'on songe à changer de domaine, on s'attend à devoir diminuer nos prétentions salariales : notre diplôme n'est plus adapté, notre expérience dans ce nouveau domaine est réduite et nous n'avons plus d'ancienneté.

En réalité, il y a trois scénarios possibles.

Le premier scénario est celui dans lequel tu ne perds pas au change. Lorsqu'on évolue dans un environnement, on a du mal à imaginer les possibilités qui s'ouvrent dans un autre. On manque de confiance en nos compétences et en la valeur que l'on peut apporter ailleurs. Pourtant, de nombreux reconvertis opèrent la transition sans la moindre casse !

Témoignage

Alexandra Arnaud, 27 ans, formatrice freelance : « Je me suis rémunérée à hauteur de mon ancien salaire dès ma première mission. »

Peux-tu nous raconter ton parcours ?

Je me suis formée en autodidacte au marketing digital. Après un premier CDI en agence de communication que j'ai adoré, je démissionne pour changer d'air. Entre le moment de mon entretien et mon entrée dans l'entreprise, l'équipe, le poste, les missions et les objectifs que l'on m'avait proposés n'existaient plus. Je me suis retrouvée dans une perte de sens totale. L'open space de l'enfer ! Heureusement, je rencontre une coach en reconversion et je découvre les contenus de Charlotte sur les réseaux. En décembre 2018, la machine vient de s'enclencher ! Je travaille sur mon Side Project 1 h tous les matins et quelques heures les week-ends. En avril 2019, je suis prête : je quitte mon CDI en rupture conventionnelle et j'annonce à tout mon entourage mon projet de création d'entreprise en tant que freelance.

À partir de quand as-tu pu te rémunérer ?

J'ai créé ma structure en mai 2019 et commencé le même mois ma première mission longue en tant que freelance sur les recommandations d'un ami… mission qui me permet de me rémunérer à hauteur de mon ancien salaire, soit 1 800 € nets par mois. En parallèle, je me suis formée au coaching professionnel. Avec mon titre d'État en poche, je gagne en confiance et en légitimité, je crée mon site web et développe mon image de marque. Un an jour pour jour après la création de ma structure, j'ai généré en moyenne 3 000 € par mois en provenance de différents clients. Victoire !

Avais-tu des blocages par rapport à l'argent et comment les as-tu dépassés ?

Oh oui, j'en avais plein ! Je pensais profondément que pour gagner de l'argent, il fallait absolument travailler très dur et souffrir, que les personnes qui gagnent plusieurs milliers d'euros par mois étaient toutes avides de pouvoir et ne pouvaient pas être empathiques. Bref, l'argent c'était le mal ! Ces croyances, je les ai travaillées de différentes façons. Notamment grâce au livre de Jen Sincero, *Tu vas t'en mettre plein les poches*. Ce bouquin a changé ma vie. J'ai compris qu'une entreprise qui ne génère pas de chiffres est une entreprise morte. Et qu'il allait falloir la faire vivre sur le long terme !

Presque deux ans plus tard, ma relation avec l'argent s'est heureusement apaisée et même si les chiffres et moi ne sommes toujours pas les meilleurs amis du monde, j'ai toujours un œil sur mes tableurs, mes dépenses, mes investissements pour mener ma barque en toute sérénité !

As-tu un ou deux conseils à donner à une personne qui n'ose pas se lancer en tant qu'entrepreneur ou freelance car elle a peur de ne plus pouvoir payer ses factures ?

Vivre de son projet, c'est une question qui fait peur et c'est légitime. On ne paye pas son loyer en chèque de bonheur ! Je conseille de se préparer autant que possible : se renseigner sur les conditions de départ de son entreprise pour bénéficier de l'assurance chômage, faire des économies personnelles, tester son activité en parallèle d'un job alimentaire, demander un quatre-cinquièmes, parler de son projet, se rapprocher de personnes inspirantes… Bref, vous n'êtes pas obligés de sauter de la falaise sans parachute si vous n'en avez pas envie ! Il existe forcément des solutions. Il vaut mieux « perdre » quelques mois à préparer son projet pour pouvoir avancer par la suite en toute sécurité.

Le deuxième scénario est celui dans lequel tu perds en rémunération au début… avant de remonter à un niveau supérieur.

Lorsque tu débutes dans un domaine, ta rémunération peut diminuer. Mais en étant à ta place, passionné par cette nouvelle activité, ton intérêt va te permettre de monter plus rapidement en compétences… et donc, de générer davantage d'argent.

Lorsque je me suis lancée, mon objectif était de me rémunérer entièrement grâce à mon activité en six mois. J'ai atteint mon objectif et un an plus tard, j'ai pu me rémunérer davantage que dans mon emploi précédent. Nous verrons dans la partie 5 comment vivre de son activité la première année. Mais ici, garde en tête que c'est possible et que tes résultats dépendent fortement des limites que tu te fixes. Il n'y a aucune fatalité à vivre en difficulté.

Témoignage

Marion Darras, 34 ans, de fonctionnaire à entrepreneure : « Ma rémunération a diminué la première année puis a augmenté. »

Quelle est ta situation professionnelle actuelle et que faisais-tu avant ?

Je suis consultante en communication digitale, spécialisée en rédaction persuasive. Avant, j'étais chargée de communication dans une collectivité territoriale. J'étais fonctionnaire, avec la sécurité de l'emploi et un salaire qui tombait tous les mois.

Quelle était ta plus grande peur avant de te lancer et comment l'as-tu dépassée ?

Me retrouver sans l'assurance d'avoir une rentrée d'argent mensuelle me faisait vraiment peur. Alors, je me suis interrogée sur mon rapport à l'argent. De combien ai-je besoin pour vivre ? Que signifie « gagner de l'argent » pour moi ? J'ai compris que, pour moi, gagner son argent était synonyme de liberté, d'indépendance. J'ai aussi pris conscience de ce qui était essentiel à mon équilibre et de la façon dont l'argent pouvait servir cela. Mais j'avais beaucoup de croyances limitantes liées à l'argent. J'avais une sorte de palier financier en tête, au-delà duquel je ne me sentais pas capable d'aller. Je me suis toujours contentée d'un salaire faible au regard de ce que je sais faire.

En démissionnant de la fonction publique, j'avais droit au chômage après un délai de carence de quatre mois. J'ai donc opté pour cette solution plutôt que pour une mise en disponibilité. C'était mon filet de sécurité.

Comment a évolué ta rémunération ?

Mon objectif était de décrocher ma première mission dès la fin de mon préavis. J'ai quitté mon emploi salarié en mars 2019. Mon salaire était de 1 500 €. Au bout de huit mois, en novembre, j'ai réussi à me dégager le salaire minimum dont j'avais besoin. À partir de là, les choses se sont accélérées. Je croyais profondément en ce que je faisais, j'étais plus à l'aise avec le fait de vendre.

Le chiffre d'affaires de ma première année était de 7 000 €. Je n'avais pas d'objectif financier autre que le salaire minimum que je voulais me verser. Pour la deuxième année, je tablais sur 30 000 € de chiffre d'affaires, avec un salaire mensuel autour de 2 000 €. J'écris ce témoignage à la fin de ma deuxième année, et mon chiffre d'affaires sera d'environ 38 000 €.

Ton conseil pour quelqu'un qui a peur de se lancer financièrement ?

Ce que j'aimerais dire, c'est que l'aspect financier est d'abord lié à plusieurs croyances personnelles. Une transition professionnelle est un moment propice pour s'interroger sur notre rapport à l'argent et ce que signifie pour nous « gagner de l'argent ». De la réponse à cette question dépend la perception de la valeur qu'on apporte à nos clients et donc, la définition de nos tarifs. C'est difficile de se sentir aligné avec le prix qu'on facture si notre rapport à l'argent est biaisé.

Le troisième scénario est celui dans lequel tu perds en rémunération sans perspective d'augmentation. Celui-ci arrive parfois, par exemple lorsqu'on quitte un emploi bien rémunéré pour se lancer dans une activité indépendante dont les perspectives d'évolution financière sont plus restreintes, en raison du modèle économique inhérent à l'activité choisie.

Témoignage

Véronique Vernat, 52 ans : « Il faut construire un "vrai et bon" business plan. »

Quelle est ta situation professionnelle actuelle et que faisais-tu avant ?

Je suis propriétaire du manoir de la Manantie, lieu d'exception à côté de Clermont-Ferrand. Dans un esprit maison de famille, je propose des séjours de déconnexion, des réunions au vert et des instants 100 % fleuris. J'ai un doctorat en sciences de l'alimentation. J'ai travaillé pendant quinze ans en tant que chef de groupe du centre de recherche d'une grande entreprise alimentaire en région parisienne. J'animais un réseau de laboratoires de prestations d'analyses dans le monde entier.

Quelles étaient tes craintes avant de te lancer ?

Avant de me lancer, je craignais de ne pas pouvoir assumer les charges, de priver mes trois enfants et de ne pas pouvoir aller au bout faute de moyens. Un peu de peur de l'inconnu de l'entrepreneuriat qui n'était pas une culture familiale. Et puis aussi la peur de ne pas être légitime et d'être seule car je quittais un centre de recherche de 600 personnes. Je touchais le chômage, et nous avions des économies « au cas où ». Je voulais limiter les risques en étant sûre de pouvoir tenir un an sans rémunération.

Comment a évolué ta rémunération ?

On peut dire que je ne suis pas rémunérée. Je suis passée de plus de 100 000 € bruts par an à 0 € pendant six ans et depuis peu, 500 € nets par mois que je ne me verse pas mais qui me permettent de valider mes trimestres. J'ai aujourd'hui un statut de gérante de SARL. Je vis de l'activité à partir du moment où cela s'équilibre pour les emprunts. Sans les revenus de mon mari, je pense que cela ne serait pas possible.

Qu'aimerais-tu dire au lecteur qui s'inquiète de son avenir financier en opérant une transition professionnelle ?

Il faut construire un « vrai et bon » business plan. Pas seulement celui optimiste qui va convaincre le banquier. Il faut être prêt à changer réellement de vie. Il faut y croire de toutes ses forces ! Savoir bien s'entourer et emprunter en limitant la pression financière. Ne pas hésiter à taper à la porte des associations, CCI, groupes d'entrepreneurs et se faire accompagner pour avoir un œil extérieur bienveillant et pragmatique. Et il faut apprendre à piloter son entreprise et mettre en place les bons outils pour ne pas subir les résultats, mais les anticiper et être acteur de sa réussite.

On voit dans le cas de Véronique que certains projets sont plus difficiles à rentabiliser que d'autres.

Lorsqu'on entreprend, il est important de se questionner sur son modèle économique, et sur la stratégie pour augmenter le chiffre d'affaires et la rentabilité. Ces chiffres ne sont pas une donnée fixe et éternelle. Certains entrepreneurs ont eu des difficultés pendant des mois ou des années, avant de rebondir grâce à un changement de stratégie, de marché, de produit, de qualité, de modèle économique… Ta peur de ne pas gagner d'argent est légitime car oui, ce scénario est possible ! Pourquoi se mentir ? Mais il y a des solutions pour développer ton activité. Si tu aimes ton métier, tes clients, et que tu t'entoures des bonnes personnes pour te conseiller, tu sauras trouver les solutions adaptées.

Mais le but n'est pas de souffrir ou de se mettre dans une situation périlleuse. C'est à toi de fixer ta rémunération plancher en dessous de laquelle tu refuses de descendre. Celle-ci se calcule à partir de tes charges fixes et dépenses courantes, ainsi que de tes envies et besoins. Nous avons tous des conditions financières différentes. Inutile d'envier ceux qui ont plus « d'avantages » au lancement : chômage, économies… Fais de ton mieux avec ce que tu as. On a tous notre propre chemin.

Et sache que parfois, le fait d'avoir le couteau sous la gorge s'avère une force. D'expérience, j'ai remarqué que les personnes ne bénéficiant pas du chômage lors de la création de leur activité réussissaient en moyenne à se rémunérer plus rapidement que celles ayant cette sécurité. Lorsqu'on n'a pas le choix, notre instinct de survie se réveille !

La peur du regard des autres : l'enfer c'est pas les autres, c'est toi !

La peur du regard des autres est un paralyseur du changement quand on cherche à se reconvertir. On les entend déjà nous dire : « Tu vas tout laisser derrière toi ? C'est pas un peu risqué ? », « Et si ça ne fonctionne pas ? », ou encore : « Comment tu vas faire pour payer tes factures ? »

Les proches ont souvent un regard teinté de peur et d'inquiétude à notre égard, car ils veulent avant tout notre sécurité. Sauf que notre sécurité n'équivaut pas toujours à notre bonheur ! S'épanouir, c'est bien souvent sortir de sa zone de confort à un moment donné, et prendre des risques. En émettant un jugement, nos proches partent d'une bonne intention, celle de nous protéger. Mais en faisant ça, ils projettent leur peurs sur nous en nous avertissant de leurs propres scénarios catastrophes (ce qui renforce les nôtres, comme un cercle vicieux !). L'énergie va là où se porte l'attention. En apprenant à voir les remarques de nos proches avec gratitude et bienveillance, on met à distance leurs doutes et on peut alors décider de ce qui est le mieux pour nous.

Mais parfois, ce ne sont pas les proches qui nous inquiètent le plus : ce sont « les autres » au sens large. « Les autres », cette espèce de masse floue et informe qui nous juge sévèrement… dans notre tête ! Mais elle n'a pas d'existence réelle. L'enfer ce n'est pas les autres, c'est plutôt l'idée que tu t'en fais !

Par exemple, si tu te dis : « Que vont penser mes collègues ? », rappelle-toi que les collègues ne sont pas une entité ! Ce sont des individus ayant chacun leur expérience et leur personnalité. Or, ceux qui critiquent sont souvent ceux qui ne font rien ! Qui n'ont pas osé franchir le cap eux-mêmes ! Le seul juge à qui tu dois rendre des comptes, c'est toi-même. Personne ne fait l'expérience à ta place. La reconversion, c'est une question d'intégrité : tant que tu restes aligné avec ton « pourquoi », la raison profonde pour laquelle tu veux réaliser ce changement, les autres ne pourront que constater tes avancées. Comme le dit si bien

René Char : « Impose ta chance, serre ton bonheur et va vers ton risque. À te regarder, ils s'habitueront. »

Exercice

CES « AUTRES » QUI TE FONT PEUR

Fais la liste des personnes dont tu crains le jugement. Écris les noms, personne ne lira !

Pour chaque personne, es-tu vraiment sûr de son jugement négatif ? Que pourrait-elle dire ou penser de pire ?

Et si c'est le cas… Est-ce grave au point de renoncer à ton projet ?

En faisant cet exercice, il y a de fortes chances que tu t'aperçoives que « les autres » que tu crains ne sont pas grand-chose en réalité. Et si tu identifies une personne dont le jugement porterait réellement atteinte à ton projet… Alors au lieu de te laisser abattre, occupe-toi de préparer la meilleure manière de communiquer avec elle sur ton projet ! Le seul moyen de dépasser une peur, c'est de l'affronter.

La peur de ne pas être à la hauteur : souviens-toi du forgeron qui forgeait

Enfin, nous avons peur de ne pas être à la hauteur. De ne pas y arriver. La reconversion fait apparaître au grand jour notre manque de confiance en nous, car nous sortons de notre fameuse zone de confort. Et nous avons naturellement tendance à nous focaliser sur nos failles.

Lors de ton entretien annuel d'évaluation, ton manager te fait neuf beaux compliments et te propose un axe d'amélioration. Que retiens-tu ? Je te laisse deviner !

Notre cerveau est influencé par un biais de négativité. Nous sommes plus affectés par les critiques que par les compliments, et sommes davantage touchés par les mauvaises nouvelles que par les bonnes. C'est pourquoi nous ne nous sentons pas toujours à la hauteur.

J'étais étudiante lorsque j'ai découvert le « syndrome de l'imposteur ». Le professeur a mis des mots sur ce que je ressentais depuis des années : lorsque je réussissais quelque chose, c'est parce que c'était facile ou parce que j'avais eu de la chance. En revanche, lorsque je n'obtenais pas de bons résultats, c'était la preuve évidente de mon incompétence. J'ai obtenu ce concours ? J'ai eu de la chance, c'est tombé sur un sujet que j'aime ! J'ai décroché ce poste ? Je sais bien me vendre en entretien, mais ils vont se rendre compte que je ne suis pas à la hauteur !

Me viendrait-il à l'idée de dire cela à quelqu'un d'autre ? Si un ami m'annonce sa promotion récente, je ne vais pas lui rétorquer : « C'est juste parce que tu as bien su te placer en interne et qu'ils avaient besoin de quelqu'un d'urgence, ce n'est pas pour tes compétences. » Alors pourquoi me le dire à moi-même ?

Si toi aussi, tu te sens illégitime malgré ta réussite et minable lorsque tu échoues, il est temps de tordre le cou à l'imposteur en toi ! S'il existe déjà dans ton activité actuelle, il risque de surgir puissance 1 000 si tu te lances dans une nouvelle voie.

Comment convaincre un recruteur, alors que j'ai un profil atypique ? Comment entreprendre, alors que je n'ai pas fait d'école de commerce ? Comment trouver des clients, alors que les autres freelances sont meilleurs que moi ? Autant de questions qui viennent saper ta confiance en toi, ton sentiment de légitimité et ta foi dans ta capacité à réussir.

Témoignage

Gaëlle Maheu, 39 ans : « Je passe à l'action même si ce n'est pas parfait. »

Quand as-tu ressenti ce fameux syndrome de l'imposteur ?

Je me suis souvent sentie concernée par le syndrome de l'imposteur car j'ai « pivoté » plusieurs fois durant ma carrière. Je n'avais donc pas forcément le « bon » diplôme ou une grande expérience dans le domaine dans lequel je me lançais. J'ai longtemps manqué de confiance en moi, car j'avais l'impression que ce que je réussissais était lié à de la chance ou à mes aptitudes relationnelles et non pas à mes compétences.

Aujourd'hui, j'ai lancé mon entreprise de coaching en développement personnel après avoir suivi le programme Side Project de Pose ta Dem' et avoir été accompagnée par Charlotte. J'en retire deux grands enseignements :

- On est très nombreux à ressentir ce syndrome de l'imposteur. Il est important d'en parler pour le dédramatiser et avoir un regard extérieur qui nous permet de travailler dessus de façon plus constructive que seul.
- Le perfectionnisme nous amène à nous comparer à des personnes bien plus expérimentées que nous dans le domaine où nous souhaitons nous développer. Or, ces personnes ne sont pas notre cible. Nous avons tous déjà des connaissances et des compétences qui nous permettent d'aider et d'accompagner d'autres personnes moins avancées que nous sur notre thématique. Passer à l'action est le meilleur moyen d'en avoir la preuve.

Ce syndrome de l'imposteur réapparaît sporadiquement, mais il ne me paralyse plus. Je fais preuve de plus de bienveillance envers moi-même. J'accepte de passer à l'action en me donnant les moyens de faire de mon mieux sans viser la perfection. Ce qui m'a le plus aidée a été de bien m'entourer et de poursuivre mon travail de développement personnel pour dépasser ma difficulté à demander de l'aide.

Quel conseil donnerais-tu au lecteur qui se reconnaît dans le syndrome de l'imposteur ?

Contacter des personnes ou des groupes bienveillants pour pouvoir en parler, que ce soit sur les réseaux sociaux ou idéalement dans la « vraie vie » grâce à des événements de networking ou des ateliers de développement personnel. C'est le début de l'acceptation et donc le premier pas vers le changement et l'évolution de la situation !

Pour que ce démon de l'imposture ne te paralyse pas, j'ai trois choses à te dire.

La première, c'est que tu ne pourras pas être parfaitement prêt avant de commencer. C'est en faisant que l'on apprend. La confiance s'acquiert par l'activité et l'expérience, comme un enfant qui apprend à marcher. Si l'enfant se disait « j'ai peur de tomber », il y aurait de fortes chances pour qu'il n'essaie même pas de se mettre debout ! Heureusement, les jeunes enfants n'ont pas les saboteurs intérieurs que nous développons à l'âge adulte : ils font confiance à leur intuition qui les pousse à marcher, à tomber, à se relever et à recommencer encore et encore. N'attends pas de validation extérieure pour te donner le droit de passer à l'action. La légitimité vient avant tout de toi !

Le deuxième point que je veux partager, c'est qu'il y a toujours des personnes qui s'y connaissent moins que toi et qui vont avoir besoin de tes compétences à l'instant T.

Voici une échelle qui illustre ton niveau de maîtrise de 0 à 10. Si tu penses que tu as besoin d'être à 10/10 pour faire quelque chose, je t'invite à voir les choses différemment. Sauf si ton projet est de devenir chirurgien !

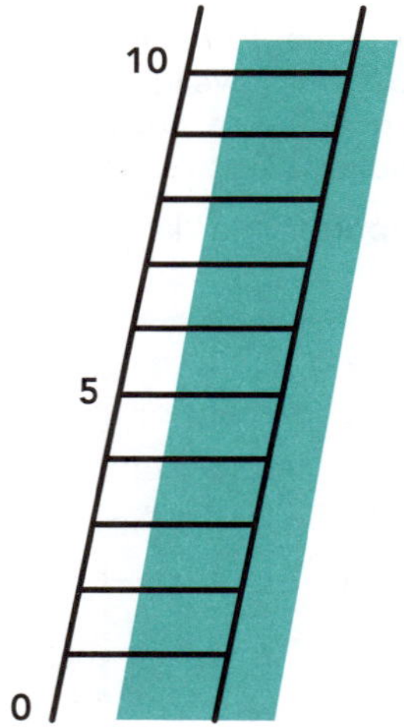

L'échelle de compétences

Si tu t'imagines être sur la première marche aujourd'hui, tu peux apporter de la valeur ajoutée aux gens qui n'ont même pas encore posé le pied sur l'échelle. Si tu estimes être au troisième barreau, tu peux déjà aider les personnes des niveaux 0 à 2. En aidant ces personnes, tu vas progressivement monter au niveau 4, puis 5… Car tu apprendras sur le terrain plutôt que dans les livres sans mise en pratique. Dans son ouvrage *Fais-toi confiance*[17], la psychologue Isabelle Filliozat insiste : « On ne se lance pas quand on est compétent. On se lance et on devient compétent jour après jour. » N'oublie pas : c'est en forgeant qu'on devient forgeron !

17. JC Lattès, 2005.

Pour t'aider à mettre les choses en perspective, demande-toi : par rapport à ton champ de connaissances actuel, que peux-tu proposer ? Qui peux-tu déjà aider ?

Exercice

LE BARREAU DE L'ÉCHELLE

Choisis un domaine de compétence qui t'attire.

À partir du barreau sur lequel tu te situes aujourd'hui, à qui peux-tu être utile ? Qui se situe à un niveau de maîtrise inférieur au tien ? Quelles sont les questions que se pose quelqu'un qui en sait moins que toi sur le sujet, et auxquelles tu saurais répondre ?

Comment peux-tu apporter de la valeur à ces personnes ou organisations ?

Si c'est un domaine dans lequel tu veux te reconvertir, il y a des chances pour que tu te renseignes déjà depuis quelque temps, sans même t'en rendre compte. Tu vas peut-être me dire : « Oui mais j'ai l'impression de ne rien savoir du tout sur le sujet ! » (Bonjour croyance limitante !) Est-ce vraiment le cas ?

Imagine ne vraiment rien connaître (et je te mets au défi de ne rien savoir sur un sujet qui t'intéresse : c'est peu probable !) : eh bien, c'est un point de départ ! Socrate disait : « Le premier savoir est le savoir de mon ignorance : c'est le début de l'intelligence. » Avoir conscience qu'on ne sait pas tout est une force : ça permet de ne pas se lancer aveuglément, au risque d'être de mauvaise influence. Cependant, on a vite fait de croire qu'on ne sait rien du tout, plutôt que de noter ce que l'on sait déjà ! Te remettre en question est un signe de sagesse et d'humilité. Mais ne tombe pas dans l'excès d'humilité qui t'empêcherait de passer à l'action alors même que tu as des choses pertinentes à apporter !

Pour renforcer ta confiance, fais la liste de tes fiertés et victoires et prends conscience de tes atouts avec l'exercice suivant :

Exercice

LISTE TES SUCCÈS ET CE DONT TU ES FIER

Fais la liste de trois expériences de vie dont tu es fier et qui ont été un succès grâce à toi.

Quelles compétences, connaissances et qualités cela fait-il ressortir chez toi ?

En quoi ces atouts peuvent-ils être mobilisés pour te servir dans le nouveau domaine qui t'intéresse ?

La troisième chose à avoir en tête, c'est qu'il est normal de se former et de pratiquer pour progresser. La légitimité vient de notre état d'esprit, mais aussi bien sûr des actions que nous mettons en œuvre. Crée ta stratégie de montée en compétence sur ton sujet, à ton rythme ! Cela passe par cinq pratiques :

- lire les livres de référence sur ton sujet ;
- échanger avec des professionnels de ton secteur pour découvrir leur expérience et leurs bonnes pratiques ;
- t'entourer de personnes en reconversion dans le même domaine pour vous entraider et partager vos compétences et prises de conscience ;
- te former sur ta thématique grâce aux séminaires qui existent aujourd'hui en ligne et en présentiel ;
- créer du contenu sur ton sujet d'intérêt (articles, vidéos, notes, synthèses, podcast…) car c'est en transmettant qu'on apprend !

Cela te permettra de faire un premier pas sur le terrain et d'enclencher le changement.

LE MOT DE MARION

« J'ai arrêté de me demander "Est-ce que j'en suis capable ?" : si ça m'attire et ça m'amuse, ça me suffit pour me lancer. »

Quand j'ai découvert le coaching, c'est comme si j'avais posé un mot sur une façon d'être, quelque chose que je faisais naturellement depuis des années sans vraiment réaliser que cela pouvait être un métier. J'ai toujours aimé écouter, redonner courage et aider les gens à résoudre des dilemmes d'ordre personnel ou professionnel. Depuis longtemps, j'attire des personnes qui vivent des difficultés, qui ont besoin de se confier et d'être rassurées avec douceur. J'ai à cœur de leur apporter une perspective optimiste, orientée « solution » plutôt que « problème ». J'ai aussi appliqué cela à ma propre vie, et étant passionnée de développement personnel et spirituel, j'ai des ressources et des outils que j'adore transmettre pour en avoir moi-même expérimenté les bienfaits.

Devenir coach a été comme une évidence pour moi. Je crois que c'est ça que signifie « la légitimité vient de soi ». Certes, on peut se questionner sur ce qu'on a encore à apprendre pour se développer, mais à aucun moment, on ne doute de notre envie de le faire. C'est ce qui s'est passé pour moi. J'avais conscience que je ne savais pas tout, et en même temps, que je ne démarrais pas de nulle part non plus. Je savais que j'étais au début d'un long chemin d'apprentissage, mais j'étais tellement excitée de le faire !

Mon conseil : n'attends pas que quelqu'un te dise : « C'est bon, tu peux le faire. » Donne-toi le droit. Suis ce qui te donne de la joie. Être légitime, c'est se donner soi-même l'autorisation de poursuivre ses rêves. Cela ne veut pas dire qu'on fonce tête baissée, sans avoir conscience de ce qui nous reste à apprendre. Au contraire : c'est savoir exactement d'où on démarre, et ce qui nous manque pour être là où nous aimerions être. Personnellement, j'ai arrêté de me demander « Est-ce que j'en suis capable ? » : si ça m'attire et ça m'amuse, ça me suffit pour me lancer. Et j'apprends sur le tas. Il n'y a rien de plus efficace que l'expérience pour se former !

On ne se débarrasse pas du syndrome de l'imposteur en un claquement de doigts ; on prend confiance petit à petit. Il va te falloir du temps et des expériences positives pour te prouver que oui, tu as le droit de faire ce que tu fais et que oui, tu mérites de réussir. Apprends aussi à te parler comme à un ami, avec bienveillance. Depuis que j'ai pris conscience de la brutalité de mes propos envers moi-même, je ne tolère plus d'être si dure, et la fréquence et l'intensité de mes propres attaques personnelles se sont largement réduites.

En adoptant ces bonnes habitudes aujourd'hui, tu fais ton premier petit pas !

CONCLUSION

La première étape pour transformer ta vie professionnelle, c'est d'oser te reconnecter à tes rêves et à qui tu es. Contrairement aux idées reçues, le travail n'a pas à être difficile ou épuisant pour être reconnu comme honorable ou réussi. Réussir sa carrière, c'est surtout y prendre du plaisir et y trouver du sens.

Pour cela, il est indispensable d'écouter nos envies profondes, et d'identifier ce qui nous remplit de joie. Puis de reconnaître et d'affronter les peurs qui font surface. C'est normal et sain ! Quand on envisage un changement, notre mental veut nous protéger pour éviter les déceptions et nous garder bien en sécurité dans ce que nous connaissons (même si on ne s'y plaît plus !). La reconversion n'est pas un long fleuve tranquille !

Alors, maintenant qu'on a fait le tour des peurs les plus courantes, et que tu as commencé à les déconstruire… Je t'emmène vers la prochaine étape de l'aventure : découvrir ce que tu aimes et ce qui te fait vibrer !

CHAPITRE 5

CE QUE TU AIMES PASSIONNÉMENT, À LA FOLIE OU PAS DU TOUT

« *Vouloir être quelqu'un d'autre, c'est gâcher ce que vous êtes.* »
Kurt Cobain

Maintenant que tu as réfléchi au sens à donner à ton travail, et que tu as commencé à dégommer tes peurs, entrons dans le vif du sujet : reconnecter avec ce qui te plaît !

SUIVRE OU NON TA PASSION, TELLE EST LA QUESTION

Tu as sûrement lu ces histoires de personnes inspirantes qui ont fait de leur passion leur métier. Tu connais sans doute au moins un animal de cette espèce autour de toi. Steve Jobs l'a recommandé dans son discours à Harvard : « *Follow your passion* ! » (« Suivez votre passion »). C'est effectivement une merveilleuse piste d'épanouissement… quand on en a une. Alors si ce conseil t'exaspère, c'est soit parce que tu n'as aucune passion, soit parce que tu en as une mais que tu ne vois pas comment cela va payer ton loyer.

Le mot « passion » m'a toujours angoissée. À chaque rentrée scolaire, je devais remplir une petite fiche indiquant la profession de mes parents ainsi que des informations sur moi, dont… mes fameuses *passions*. Pour me donner un peu de contenance, j'écrivais : dessin, lecture, piano. J'avais peur que quelqu'un vienne vérifier et s'aperçoive de la supercherie : je ne dessinais que deux heures par semaine sur un bout de nappe, je n'avais pas touché à un livre depuis trois semaines et je haïssais les cours de piano sans oser l'avouer. J'avais honte de ne pas avoir de passion dévorante comme les gens normaux. C'est en devenant chargée de recrutement quelques années plus tard que j'ai découvert le pot aux roses : statistiquement, sur 100 CV reçus, au moins 80 contiennent les mots « lecture, cinéma, musique, voyage » comme « centres d'intérêt ». Je n'étais pas seule !

Peu de personnes ont une vraie passion. Tu as le sentiment inverse en raison d'un biais simple : ceux qui en ont une en parlent. Ceux qui n'en ont pas… n'en parlent pas. Tu n'entends donc que ceux qui en ont une, te poussant à croire que tout le monde en a une !

Nous mettons beaucoup de pression sur la notion de « passion », ce qui nous conduit à dévaloriser tout ce qui n'entre pas dans cette case. Or, il y a des degrés différents d'intérêt. Un intérêt naissant ; un fort intérêt mais une pratique limitée ; ou encore une pratique assidue par habitude plus que par passion. En considérant que seule ta passion peut te permettre de t'épanouir, tu mets la barre trop haut et tu te prives d'opportunités enrichissantes. De plus, le problème avec le conseil « suis ta passion » est que cela sous-entend qu'on n'aurait qu'une seule passion pour toute notre vie. Au contraire, construire sa carrière sur une passion unique peut être risqué : cela manque de flexibilité.

En réalité, une passion se construit. C'est à force de lectures, de rencontres, de flâneries que tu te découvres une attirance pour un sujet. Tu n'as peut-être pas de passion mais tu as des envies, des centres d'intérêt, des sujets, expériences, objets qui t'intriguent, te restent dans la tête, te mettent en joie ! Et c'est ce sur quoi tu dois te concentrer en premier lieu, car ce sont des indices sur ce qui te fait vibrer. Pour te faciliter la tâche, remplace le mot « passion » par « fort intérêt » !

À partir d'aujourd'hui, note tout ce qui t'inspire. Par exemple, quand tu te retrouves dans un kiosque-librairie en attendant ton train, vers quelle section vas-tu naturellement ? Quels contenus (lectures, écoutes, vidéos…) consommes-tu avec plaisir ? Ton activité sur les réseaux sociaux est aussi révélatrice : y a-t-il des sujets, des pages, des groupes que tu regardes de manière presque automatique, parfois même sans t'en rendre compte ?

Exercice

TES SUJETS D'INTÉRÊT

Écris la liste de tes centres d'intérêt en trois catégories :

- tes passions et intérêts de longue date, qui sont dans ton cœur depuis des années ;
- tes sujets de curiosité du moment, qui pourront durer ou n'être que passagers ;
- tes autres sujets d'intérêt plus modérés mais qui méritent de figurer sur la liste, juste au cas où.

« Suivre sa passion » et « être passionné par son métier » sont deux choses différentes. Revenons à Steve Jobs. Il était passionné par le bouddhisme zen, mais il a bâti son empire sur… la technologie ! Ce qui lui a laissé plus de temps pour s'adonner à sa passion à côté de son entreprise. Ça ne l'a sûrement pas empêché d'être passionné par son travail ; mais il n'a pas suivi à la lettre le conseil de suivre sa passion, sinon il serait devenu un célèbre enseignant de mysticisme oriental.

Enfin, la passion n'est pas le seul critère pour s'épanouir. Si tu es passionné, mais que le contexte dans lequel tu exerces ton métier ne te satisfait pas (mauvaise ambiance de travail, processus absurdes, manque de reconnaissance…), tu ne seras pas épanoui.

Ta quête d'épanouissement doit donc se concentrer sur ce qui te procurera des émotions similaires à une passion. Suivre sa passion est l'une des manières de « vibrer », mais ce n'est pas la seule. Voici le témoignage de Maëlle, qui a remis ses centres d'intérêt au cœur de son projet de reconversion.

Témoignage

Maëlle Richard, 32 ans : « Se rapprocher de ses centres d'intérêt et des rêves qu'on avait quand on était plus jeune. »

Que fais-tu actuellement et que faisais-tu avant ?

Je suis traductrice freelance depuis un an. Avant, j'étais travailleuse sociale. J'ai principalement travaillé dans l'accompagnement social auprès d'étrangers (demandeurs d'asile ou réfugiés comme des familles roms) et j'ai toujours maintenu le lien avec les langues et le côté interculturel.

Comment as-tu fait pour changer ?

Dans mon dernier emploi, qui m'a passionnée au début, j'ai peu à peu fait face à la déception et à l'amertume : manque de moyens, augmentation de la charge de travail au détriment de la qualité, management compliqué, rapports parfois difficiles avec les gens, et le salaire que je trouvais très faible au regard de l'investissement et de l'énergie que ça me prenait. Tous ces éléments mis bout à bout m'ont complètement épuisée, mentalement et physiquement. Je me sentais perdue sur la suite de ma vie professionnelle.

Après mûre réflexion, j'ai décidé de partir voyager seule plusieurs mois en Amérique latine et en Asie. J'ai démissionné de mon poste, quitté mon appartement et la région parisienne. Ce voyage a été une expérience très riche et j'ai énormément appris sur ce que je voulais et ne voulais plus dans ma vie. J'ai fait plusieurs volontariats, notamment une mission de traduction en Bolivie où j'ai traduit un site internet et une partie d'un livre. C'est à ce moment que le goût de traduire a refait surface.

De retour de voyage, j'étais beaucoup plus sereine, mais je ne savais toujours pas vers quoi me tourner. Je me suis fait accompagner pour faire le point et dégager des pistes. La traduction est revenue dans les idées à explorer. J'ai décidé de faire un master de traduction à distance, ce qui me permettait de continuer à travailler à temps plein à côté. Après mon master, je suis partie quatre mois en Irlande pour faire un stage dans une agence de traduction, acquérir de l'expérience et commencer à me constituer un réseau.

À mon retour, j'ai entamé les démarches pour me mettre à mon compte en tant que traductrice. Aujourd'hui, je suis freelance et je me plais vraiment dans ce que je fais.

Quelle est ta recommandation à quelqu'un qui cherche une idée de projet ?

Se rapprocher de ses centres d'intérêt et passions, et des rêves qu'on avait quand on était plus jeune. Ne pas hésiter à exercer différentes activités (l'intérim est vraiment bien pour ça), faire du bénévolat pour développer de nouvelles compétences et se tester. La méthode de l'*ikigai*[18] est intéressante à suivre. Se faire accompagner est aussi d'une grande aide pour y voir plus clair et être reboosté quand on est perdu !

Alors, ne désespère pas parce que tu n'as pas encore trouvé *la* passion qui va te guider toute ta vie. Car si tu attends que cette passion dévorante tombe du ciel et t'enchante pour le restant de tes jours, tu n'es pas près de changer de job !

SURFE SUR TON FLOW

Le « flow » est un concept élaboré par le psychologue Mihály Csíkszentmihályi. C'est l'état mental dans lequel nous sommes lorsque nous sommes complètement absorbés par une activité. Tu es dans le flow lorsque tu es tellement concentré sur ce que tu fais que tu ne vois pas le temps passer ! Mais attention, le flow n'est pas que synonyme de concentration ; c'est aussi la satisfaction et le plaisir pris dans cette tâche. Quand tu es dans le flow, c'est fluide, c'est épanouissant, et tu as une sensation d'accomplissement.

Lorsque je fais ma comptabilité, je suis complètement absorbée, car je dois me concentrer pour ne pas faire d'erreur. Mais je ne ressens pas de joie ni de motivation intrinsèque. À l'inverse, selon Csíkszentmihályi, le flow est une immersion positive totale, émotions comprises. Nos émotions et notre performance sont liées : ce lien nous conduit à l'apprentissage et à l'épanouissement suprême !

Motivation, plaisir, concentration, accomplissement, fluidité : ces sensations ne sont-elles pas celles que tu recherches aujourd'hui pour t'épanouir dans ton activité ? C'est pourquoi, plutôt que de chercher ta passion, cherche à être dans le flow. Et cela commence par décortiquer les moments présents et passés dans lesquels tu as ressenti cela !

18. Voir le chapitre 8.

Exercice

POSE TON FLOW

Fais l'exercice suivant en deux étapes :

1. Tout d'abord, utilise tes souvenirs : à quels moments as-tu ressenti cet état de flow ? Pense à toutes les situations, présentes et passées, de ta vie professionnelle mais aussi personnelle. Je t'invite à connecter ces deux mondes car tu n'as qu'une vie, pas deux ! Note tes réponses dans ton carnet.
2. Puis, à partir d'aujourd'hui, tiens ton journal de bord du *flow* : dès que tu te trouves en état de flow, note-le : qu'es-tu en train de faire ? Dans quel contexte ? Qu'est-ce qui génère ce sentiment de flow ?

Petit à petit, tu vas identifier tes moments de flow, leur origine et leurs points communs. On ne cherche pas à les analyser ici, juste à en faire la liste !

Si jamais tu ne trouves pas de moment de flow, ne t'inquiète pas. Cela prouve que tu as délaissé ce qui te fait vibrer et qu'il est temps de changer la donne ! La bonne nouvelle, c'est qu'à partir du moment où tu le décides, tu pourras vivre en conscience de nouveaux moments de flow.

Ne sois pas trop exigeant avec ce que tu mets dans le flow. Si une activité te fait te sentir bien et que tu n'es pas sûr qu'elle entre précisément sous la définition du flow, ce n'est pas grave ! Écris-la, car c'est une excellente matière première. Fais avec ce que tu as.

Enfin, il est possible que ton flow fluctue. Ce qui nous mettait dans le flow il y a cinq ans peut ne plus nous faire d'effet aujourd'hui. Accepte l'évolution, le mouvement perpétuel des choses, et sois honnête avec toi-même. Ce qui compte, c'est de t'écouter !

Le témoignage de Charlotte

« Lister mes moments de flow m'a beaucoup aidée à définir mon projet professionnel. »

Voici les trois principaux moments de flow que j'avais identifiés lorsque je voulais quitter mon job de consultante pour faire autre chose : enseigner à des étudiants, créer un contenu de formation en partant de zéro et parler en public. C'est grâce à cela que j'ai mis au cœur de mon projet la formation, à la fois sur le plan de la conception pédagogique et de l'animation.

Depuis, j'ai découvert de nouvelles sources de flow : définir la stratégie de développement de mon entreprise, animer un live auprès de ma communauté, organiser un séminaire, former mon équipe, écrire mes chroniques… Lorsque j'ai une décision à prendre dans mon entreprise, je choisis ce qui me met dans le flow. Car sans cela, je ne prendrais pas autant plaisir à développer mon activité !

Toi aussi, choisis ce qui te met dans le flow !

QUE FAIRE SI TU T'INTÉRESSES À TOUT ?

Emily a passé sa vie à changer de centres d'intérêt. Elle s'intéresse à un sujet et y met toute son énergie (et parfois, tout son argent) pendant un certain temps en pensant avoir trouvé son « truc »… Jusqu'à ce qu'elle s'ennuie et laisse à nouveau tomber… avant de se lancer dans un autre sujet. Petite, son problème n'était pas de ne rien aimer, mais au contraire, de se passionner pour tout. Elle vivait très mal ces rebondissements. D'une, parce qu'elle ne voyait pas comment transformer tous ces intérêts en une carrière unique et stable ; de deux, parce qu'elle pensait devoir renoncer à cela pour se résigner à ne suivre qu'une seule voie. Et puis, elle a fini par se dire que cela pourrait être une force plutôt qu'une faille. Elle a donné un nom à ce fonctionnement : être « multipotentiel ».

Emily Wapnick a popularisé cette appellation dans son discours TED « Pourquoi certains d'entre nous n'ont pas de vocation[19] » (2015) qui caractérise ceux qui n'arrivent pas à se « fixer » sur une activité.

En quoi est-ce un problème ? Pour beaucoup, nous avons assimilé que nous devions avoir une seule activité, passion, vocation. Faire un grand nombre de choses différentes est mal vu : on s'éparpille, on ne persévère pas, on change tout le temps. On enseigne aux enfants qu'ils doivent « choisir une voie » et

19. Emily Wapnick, *Pourquoi certains d'entre nous n'ont pas de vocation,* TED, https://www.ted.com/talks/emilie_wapnick_why_some_of_us_don_t_have_one_true_calling/transcript?language=fr

les modèles qu'on leur montre ont une vocation unique. Emily cite Bob Childs qui est à la fois luthier et psychothérapeute... et dont on ne parle jamais ! À l'inverse de la figure du spécialiste se trouve le « multipotentiel » : curieux de nombreux sujets, capable de développer des projets différents et de mener des carrières variées. Albert Einstein lui-même se décrivait ainsi : « Je n'ai pas de talent particulier. Je suis seulement passionnément curieux. »

Ici, je te partage les caractéristiques du multipotentiel. Te retrouves-tu (ou non) dans ce portrait ?

- Tu es curieux de tout, tes envies et idées évoluent sans cesse. Tu t'intéresses donc à des sujets très variés et tu es toujours partant pour ajouter des cordes à ton arc. Ta bibliothèque en est la preuve : il n'y a pas deux ouvrages qui se ressemblent !
- Tu ne te satisfais jamais d'une tâche répétitive ou d'une mono-activité.
- Tu as le sentiment de n'entrer dans aucune case préétablie.
- Tu t'ennuies facilement dans un environnement stable et répétitif. Tu fais très vite le tour d'une activité et tu te poses des questions. Tu as le sentiment que les autres se satisfont très bien du statu quo, tandis que tu es déjà en train de chercher de nouvelles idées et sources de découverte et d'épanouissement. Rester dans le même emploi toute ta vie t'angoisse au plus haut point.
- Tu es dans une quête de sens perpétuelle, et ne pas voir l'impact de tes actions te frustre terriblement.
- Tu es guidé par la recherche de nouveauté, de challenge. Chaque nouveau projet est une opportunité d'explorer, d'apprendre, de grandir.

En conclusion ? Ton potentiel est immense, parce qu'il est multiple ! Tu es une boîte à idées sur pattes. Si ta créativité est bridée, tu sais immédiatement que tu n'es pas à ta place. La créativité n'est pas qu'artistique : on est créatif lorsqu'on trouve des idées et solutions innovantes pour régler un problème. La créativité peut donc s'exercer dans de nombreux domaines, pas uniquement artistiques.

Si ce portrait te correspond, choisis de faire de ta personnalité un atout !

Témoignage

Corinne Lescampille, 36 ans : « Ose te lancer avec TA manière de fonctionner, et accepte-la ! »

Peux-tu nous résumer ton parcours ?

Durant mes études, je n'ai jamais réussi à trouver une spécialité dans laquelle j'excellais. J'ai toujours choisi par défaut ou au hasard, car j'étais bonne dans toutes les matières et tout m'intéressait. J'ai donc été professeur des écoles pendant douze ans pour enseigner dans tout le département, toutes les matières et à tous les niveaux : parfait pour ne jamais se lasser !

Aujourd'hui, je suis social media manager en office de tourisme et j'ai créé ma micro-entreprise en parallèle : blogueuse voyage, rédactrice web SEO, et content manager dans le secteur du tourisme et du voyage. Peu de temps après, j'ai également initié la création d'un collectif régional de blogueuses (Visages du Sud) afin d'aider les prestataires touristiques locaux à se faire connaître de leur public. Ce nouveau projet a décollé si rapidement que, moins d'un an plus tard, nous nous fédérions en association.

Je continue de développer toutes mes activités d'entrepreneur sur mes temps libres et j'ai encore changé de métier principal : je travaille dans l'administration de l'Éducation nationale sur deux postes auxquels je ne connaissais rien initialement ! Pour combien de temps ? Ah ah, seul l'avenir me le dira… Mais il y a fort à parier que ce ne sera pas ma dernière carrière non plus !

Comment vis-tu le fait d'être multipotentielle ?

Être multipotentiel est une force car on est curieux de tout et de tous. La créativité bouillonne sans cesse et on a mille projets, certains pertinents et d'autres plus farfelus. On est autonomes pour s'auto-former, de vrais autodidactes professionnels, ce qui est pratique dans le cas d'une reconversion. Mais c'est aussi un challenge car on peut facilement s'épuiser entre nos multiples tâches et idées. On peut zapper très vite d'une activité à l'autre. L'entourage a parfois du mal à suivre notre façon de fonctionner.

Quelle est ta recommandation à quelqu'un qui se reconnaît dans le terme « multipotentiel » et qui se sent frustré dans sa vie professionnelle ?

Crois en toi et en tes capacités. Je parie que ça n'a jamais été catastrophique jusqu'à présent. Il n'y a pas de raison que ça change. Ose te lancer avec ta manière de fonctionner, et accepte-la !

Ma conviction est que nous avons tous la capacité et la liberté de créer notre vie professionnelle sur-mesure. Alors, pars en quête du fil rouge entre tes centres d'intérêt. Quels sont les points communs ? Comment créer une activité qui cumule ces intérêts et ces talents ? Utilise ta créativité innée pour créer ton projet sur-mesure !

Exercice

EXPLORE TA MULTIPOTENTIALITÉ

1. Fais la liste des activités, tâches et défis qui te stimulent dans ta vie personnelle et professionnelle.
2. Essaie d'identifier des points communs entre ces activités :
   – Elles te font ressentir les mêmes émotions (exemple : cela stimule ma créativité, je me sens utile aux autres…).
   – Elles ont un certain type d'impact (exemple : rendre la vie plus belle, aider les gens à se sentir mieux, rendre un environnement ou des objets plus esthétiques…).
   – Elles reposent sur le même verbe d'action (exemple : organiser, créer, gérer, écrire, transmettre…).
   – Elles se pratiquent dans le même type d'environnement (exemple : auprès des jeunes, dans la nature, dans un écosystème d'entrepreneurs…).

Répondre à l'exercice précédent t'aidera à trouver une cohérence entre tes envies et à définir ton projet avec plus de facilité. Je précise qu'il est difficile de trouver soi-même la réponse (et que ça prend du temps !). C'est pour cette raison qu'il est capital d'être bien entouré : coach, entourage, membres d'une communauté dont tu fais partie… Dont la communauté Pose ta Dem' ! Demande des avis, partage tes réflexions auprès de personnes bienveillantes qui te tirent vers le haut ! Flashe le QR code pour rejoindre la communauté.

CONCLUSION

Trouver ce qui nous fait vraiment vibrer est une aventure : celle d'explorer des parties de nous-même que nous avons oubliées, et de nous confronter à des réponses difficiles à admettre… car on nous a rabâché toute notre vie qu'être heureux au travail, c'est une lubie !

Maintenant, tu sais quelles sont les questions essentielles à te poser pour remettre le plaisir et le sens au cœur de ton projet de carrière. En t'ouvrant à la variété de tes centres d'intérêt, à tes moments de *flow* et aux choses qui te procurent des émotions positives et légères, tu vas mettre le doigt sur ce qui est vraiment important pour toi.

Prochaine étape de l'aventure ? Partir à la découverte de tes forces et de tes talents d'or, ce que tu sais bien faire et qui te distingue des autres pour continuer à avancer sur le chemin de l'épanouissement !

CHAPITRE 6

CE QUE TU SAIS FAIRE DE TES DIX DOIGTS ET DE TON CERVEAU

« *Ce qui s'étend derrière nous,*
et ce qui s'étend devant nous
n'est pas important en comparaison
avec ce qui se trouve en nous. »
Ralph Waldo Emerson

Lorsqu'on songe à changer de domaine, on s'imagine tout de suite le pire : devoir tout recommencer de zéro. On a construit un CV, suivi des formations, multiplié les expériences… Et il faudrait tout effacer ?

Aurélie était très inquiète de « tirer un trait » sur tout ce qu'elle avait construit. Elle avait travaillé dur pour entrer dans une prestigieuse école de commerce et obtenir son diplôme. Une fois sur le marché du travail, elle avait intégré avec fierté une grande entreprise du secteur du luxe. Cinq ans plus tard, elle avait rejoint l'entreprise concurrente en qualité de responsable. Elle s'était beaucoup investie pour « mériter » ce poste et faire ses preuves. Challenge relevé haut la main ! Mais, un soir, invitée chez des amis pour dîner, elle a fait une rencontre qui a changé sa perception de son travail. Un ancien élève de son école était présent, et il a raconté son changement de vie : il avait posé sa dem' dans la banque qui l'employait pour se consacrer à un projet alliant pédagogie et écologie. Son visage était si rayonnant qu'elle s'est trouvée bien terne à côté, rongée par des préoccupations qu'elle considérait tout à coup comme superficielles : quelle tenue porter pour le rendez-vous client le lendemain ? Que préparer pour la réunion interminable de vendredi ?

En rentrant chez elle, elle a cherché des témoignages de reconversion. C'est ainsi qu'elle a atterri sur Pose ta Dem' et qu'elle m'a contactée dans la foulée !

Lors de la première séance, elle avait eu le temps de digérer l'électrochoc du dîner et l'empressement avait laissé la place à l'angoisse. Je te laisse deviner sa plus grande peur ?

Tirer un trait sur la carrière qu'elle avait construite depuis tant d'années !

Repartir à zéro est exaltant pour certaines personnes. L'idée de « refaire sa vie » peut être séduisante. Pour d'autres, c'est terrorisant, car elles ont besoin de s'accrocher à leurs acquis issus de leurs expériences et apprentissages.

Que cela nous plaise ou non, on ne repart jamais complètement de zéro. On n'a qu'une vie ! Et même si l'on recrée tout notre environnement (emploi, lieu de vie, entourage…), on utilise forcément ce que l'on a acquis auparavant. Alors, autant tirer parti de ton passé et de ton présent pour construire ton futur !

QUE TES FORCES SOIENT AVEC TOI

Durant nos études et notre carrière, nous avons été habitués à nous évaluer à partir de « grilles de compétences ». Mais les compétences ne sont qu'une facette d'un prisme bien plus large.

Quelle est la différence entre compétence et talent ? La compétence, c'est ce que tu sais faire. Cela regroupe les savoirs, savoir-faire et savoir-être que tu es capable de mobiliser pour atteindre un résultat. Le talent est une disposition naturelle : c'est ce que tu fais naturellement mieux, et plus facilement que la moyenne. Une compétence, elle, s'acquiert par la formation ou par l'expérience. Un talent ne s'apprend pas : c'est présent en nous à l'origine. En revanche, le talent peut être cultivé pour se déployer et s'améliorer encore plus grâce au travail et à la motivation.

Une compétence est plus facile à identifier qu'un talent. On peut la répertorier dans une grille, tandis qu'un talent est une combinaison de forces et de spécificités naturelles.

La compétence peut être transférée à un autre individu, là où le talent est intrinsèque.

Dans les compétences, il y a deux catégories : les *hard skills* et les *soft skills*, ou en français, les compétences dures et les compétences douces. Les compétences dures sont les compétences techniques : maîtrise d'une langue, utilisation d'un logiciel, savoir-faire d'un métier… Les compétences douces sont comportementales et relationnelles : écoute, empathie, capacité à travailler en équipe, gestion du stress… Si les soft skills sont moins tangibles et mesurables que les hard skills, elles n'en sont pas moins importantes !

Je recense trois catégories de forces :

- les actions : ton « savoir-faire », ce que tu sais faire, sous forme de verbe (exemples : analyser, synthétiser, organiser, communiquer, enseigner…) ;
- les qualités : « comment » tu le fais, ta manière de faire, ta personnalité (exemples : le sens du détail, l'écoute, la minutie….) ;
- les connaissances : ton « savoir », sous forme de sujet (exemples : l'aéronautique, le zéro déchet, la gestion des ressources humaines…).

Exercice

CE QUI FAIT TA FORCE

Voici les questions à te poser pour identifier tes forces.

1. Dans la catégorie « actions » : que sais-tu particulièrement bien faire ? Que fais-tu mieux, plus vite, plus facilement que la moyenne ? Qu'est-ce que tu aides les autres à faire ? Pour quoi es-tu remercié, félicité ?
2. Dans la catégorie « qualités » : quels compliments te fait-on souvent ? Quels traits positifs de personnalité te permettent de bien réaliser les actions ci-dessus ?

3. Dans la catégorie « connaissances » : quels domaines et sujets maîtrises-tu le plus ? Sur quels sujets apportes-tu des connaissances aux autres ?

Parce que nous sommes de mauvais juges de nous-mêmes, en complément de cet exercice sur tes forces, je te recommande d'écouter l'avis des personnes qui te connaissent. L'exercice du feedback consiste à poser trois questions à plusieurs personnes de ton entourage. Dans l'idéal, au moins trois personnes (plus étant le mieux) issues de sphères différentes : conjoint(e), famille, amis, collègues, anciens collègues, partenaires de hobbies, membres d'une association commune. Le seul critère est que ces personnes doivent te connaître suffisamment, et puissent te donner des regards différents.

Exercice

LE FEEDBACK DE TON ENTOURAGE

Les trois questions à poser à ton entourage :

1. Quelles qualités apprécies-tu chez moi ?
2. Quels sont mes talents (ce que je fais particulièrement bien, mieux que la moyenne, plus rapidement, plus facilement...) ?
3. Sur quel(s) sujet(s) me demanderais-tu de l'aide ou des conseils ?

Je te conseille de récupérer leurs réponses par écrit plutôt qu'à l'oral, pour ne rien oublier et garder une trace.

En connaissant tes forces, tu peux identifier tes talents à mettre au cœur de ton futur métier.

Plus précisément, voici comment spécifier un talent : action + qualité + sujet.

Voici quelques exemples de talents :

- trouver des idées avec créativité pour une campagne marketing ;
- organiser, planifier et budgéter un voyage en autonomie ;
- réaliser des vidéos dynamiques et au scénario original ;
- mettre en valeur les qualités d'une personne à travers un support écrit attractif ;

- concevoir des outils simples qui permettent de gagner du temps dans la gestion de son activité ;
- analyser un dossier juridique complexe rapidement…

Exercice

À TOI D'ÉCRIRE TES TALENTS !

Grâce à l'exercice sur les forces et au feedback de ton entourage, identifie les mots clés qui reviennent. Choisis ceux qui te font vibrer, qui ont du sens pour toi, qui te font te sentir utile et à ta place. Et écris le top 3 des talents à mettre au cœur de ta future activité !

REVENIR SUR TES PAS POUR DÉNICHER DES PÉPITES

Prêt pour une rétrospective express ? L'exercice que je vais te présenter a trois objectifs. Le premier est de faire le bilan de ton parcours pour en tirer des leçons. Le deuxième est d'établir la liste des compétences que tu as développées. Le troisième est de prendre du recul sur ce que tu as aimé et moins aimé, et surtout, pourquoi. Cela t'aidera aussi bien pour ta réflexion actuelle que pour le moment où tu prépareras des entretiens d'embauche, ou encore pour développer ton projet d'entrepreneuriat. Alors, c'est parti !

Exercice

TON BILAN PROFESSIONNEL EXPRESS

Fais la liste de tes trois expériences professionnelles les plus marquantes. Aide-toi de ton CV si besoin. Puis, pour chaque expérience, note dans un tableau :

– les missions clés ;

– les *hard skills* et les *soft skills* développées ;

– ce que tu as aimé dans cette expérience et pourquoi ;

– ce que tu n'as pas aimé et pourquoi ;

– la principale leçon que tu tires de cette expérience.

Pour t'aider à réaliser cet exercice, voici la réponse de Marjorie avec qui j'ai fait cet exercice en coaching. Elle travaillait dans un cabinet de conseil et son métier consistait à « staffer » les consultants : lorsqu'une mission était lancée chez un client, elle devait trouver le bon consultant, disponible, et avec les compétences adéquates pour réaliser la mission. Elle devait donc être organisée, avoir une excellente mémoire, un bon relationnel, de l'autorité, et connaître les CV des consultants sur le bout des doigts.

La difficulté qu'elle rencontrait était un important taux de rotation des salariés, dit *turn-over*. L'ancienneté moyenne était de seulement trois ans. Elle passait son temps à courir dans les couloirs pour avoir les informations à jour et tout reposait sur ses épaules. Alors, elle a trouvé une solution : créer un outil sur mesure avec Excel. Elle l'a mis en place en collaboration avec un consultant informatique. Résultat ? L'affectation a été bien meilleure et les consultants étaient satisfaits d'être écoutés et envoyés sur les bonnes missions. Un peu plus tard, l'entreprise a consenti à investir dans un logiciel professionnel.

À ce poste, elle a développé ses compétences « dures » de gestion de projets, de synthèse d'informations et d'aisance informatique, ainsi que ses compétences « douces » d'autonomie, de coordination, de sens relationnel et de mémorisation.

Elle a aimé le contact avec les consultants et le sentiment d'être utile. Mais dans une certaine limite, car cette responsabilité était trop lourde. Elle en avait assez de travailler dans une entreprise mal organisée et d'assister, impuissante, au départ de consultants qualifiés à cause d'une mauvaise gestion RH. Le bilan qu'elle en a tiré est qu'elle aimait le challenge, gérer l'urgence, mais dans un environnement sain. Elle ne voulait plus avoir à lutter pour mettre en œuvre ses idées. Ses compétences d'organisation et de gestion seront mobilisables et précieuses dans de nombreux autres domaines !

Tout est source d'apprentissage. T'occuper de l'organisation de la réunion familiale annuelle va te challenger, t'apprendre à organiser un grand événement, à communiquer et à gérer la logistique. Te fixer le challenge de lire un livre par semaine va te faire découvrir des auteurs, des idées, des théories, enrichir ta réflexion et te donner une solide base théorique. Partir en voyage seul pour la première fois va te faire pratiquer une langue étrangère, gérer un budget, et apprendre à passer du temps avec toi-même pour mieux te connaître. T'ouvrir aux expériences et aux apprentissages théoriques et pratiques dans ta vie personnelle te donne de nouvelles pistes de forces et compétences. Et c'est ce dont tu as besoin pour t'aventurer sur le chemin d'une nouvelle vie professionnelle !

CONCLUSION

Ce chapitre était une virée dans la phase de l'introspection. C'est la première étape de l'aventure, et elle secoue !

Tu as appris à te questionner sur tes envies et tes rêves. Tu as mis des mots sur tes peurs et tes blocages pour mieux les dépasser. Tu t'es connecté à ce qui te fait vibrer et à ce qui a du sens pour toi. Tu as osé affirmer tes compétences et tes talents.

Et après… ? Si tu as envie de me répondre « C'est bien joli tout ça, mais qu'est-ce que j'en fais ? », c'est normal ! Après l'introspection, le défi est de matérialiser les réponses obtenues en un projet professionnel. C'est ce que l'on va voir dans la partie suivante. En route !

PARTIE 3

L'ART DE RASSEMBLER LES PIÈCES DU PUZZLE POUR CRÉER TON PROJET PROFESSIONNEL SUR MESURE

« Une vocation
ne se trouve pas,
elle se cultive. »

ROMAN KRZNARIC

Le passage de la phase d'introspection à la liste de nos idées est comme l'assemblage d'un puzzle. On dispose d'un tas de petites pièces en vrac dans un sac qui, prises indépendamment, ne semblent pas servir à grand-chose. Pour pimenter le tout, contrairement aux boîtes de puzzle, on n'a pas la grande image finale pour servir de modèle !

Lorsque j'ai compris que ma place n'était pas dans l'open space où je passais dix heures par jour, j'ai entamé cette phase d'introspection toute seule. J'ai compris que mes pièces de puzzle étaient réparties en deux catégories : l'éducation et l'entrepreneuriat. À force d'imbrications hasardeuses et de recherches sur le terrain, j'ai fini par trouver mon projet : rejoindre une jeune start-up dans l'éducation.

Plus tard, lorsque j'ai créé Pose ta Dem', mes pièces de puzzle étaient la formation et le coaching, l'entrepreneuriat, le développement personnel, la reconversion et l'écriture. C'est comme cela que j'ai créé un média, une communauté et des programmes d'accompagnement.

Cela semble logique et fluide raconté comme ça ; mais je te garantis que ce n'était pas aussi limpide durant la construction ! Lorsque tu lis des témoignages de reconvertis, leur histoire est claire comme de l'eau de roche, et même s'ils ont sauté du coq à l'âne, le storytelling bien huilé donne une cohérence à leur parcours. Pendant que toi, tu te prends la tête jour et nuit pour trouver un semblant de fil rouge, en ayant l'impression d'être incapable de donner du sens à ce joyeux bazar. Parole de reconvertie ayant échangé avec des milliers d'autres reconvertis : le fil rouge n'apparaît que plus tard. Pas *pendant* la phase de recherche !

À ce moment-là, ton fil, plutôt que d'être un joli fil rouge délicat et virevoltant dans les airs, est une espèce de bobine emmêlée que l'on hésite à mettre à la poubelle. Ne la mets pas à la poubelle ! Ce fil, même s'il est plein de nœuds aujourd'hui, se démêlera petit à petit.

Dans cette partie, je vais t'aider à assembler les pièces du puzzle pour que tu construises efficacement la grande image plutôt que de t'épuiser à essayer des assemblages douteux sans méthode.

CHAPITRE 7

LA TECHNIQUE POUR TE METTRE TOI-MÊME DES BÂTONS DANS LES ROUES

« *Une idée fixe est une folie commencée.* »
VICTOR CHERBULIEZ

Je me souviens du désarroi d'un membre de la communauté qui venait de faire quelques exercices d'introspection pour démarrer : « J'ai compris que j'aimais cuisiner et que je savais bien organiser un événement festif. C'est bien. Et maintenant ? J'en fais quoi pour payer mes factures ? » Il était temps de passer à l'étape suivante !

Si aujourd'hui tu n'as pas de projet défini, il y a trois scénarios possibles :

- cas n° 1 : même en cherchant bien, tu n'as *aucune* idée de projet ;
- cas n° 2 : tu dis que tu n'as pas de projet, mais en réalité tu as des envies, des rêves, que tu n'oses pas affirmer car tu te dis que c'est impossible et tu as honte d'en parler ;
- cas n° 3 : au contraire, tu as trop d'idées et tu n'arrives pas à choisir.

Dans les trois cas, le résultat est le même : tu n'avances pas ! Comment faire ? Commençons par les deux premiers cas. Le troisième fera l'objet de la partie 4 sur la prise de décision.

SI TA LISTE D'IDÉES EST UNE PAGE BLANCHE

Même en cherchant bien, tu n'as *aucune* idée de projet. Et ça t'angoisse profondément.

C'est sans doute pour l'une de ces raisons :

- tu n'as pas vraiment approfondi la phase d'introspection, tu es resté en surface ;
- tu ne sais pas comment passer de tes envies et compétences à un projet viable ;
- tu as des idées sur le papier mais aucune ne te stimule vraiment ;
- tu n'as pas encore fait le deuil de ton activité actuelle et ne parviens pas à te projeter.

D'expérience, je te confirme que oui, le problème se résout (même si tu n'y crois pas encore !) et peut déboucher sur de beaux projets !

Un jour, un lecteur nommé Christian m'a écrit, désemparé, qu'il n'avait pas d'idée. Il avait le sentiment d'avoir déjà tout essayé : commercial dans l'informatique, gérant d'un camion à pizzas, vendeur dans le prêt-à-porter… Rien ne retenait son intérêt longtemps et il craignait de sombrer. On a alors commencé à travailler ensemble, et dès notre première séance, il a compris trois choses :

- Sans s'en rendre compte, il se mettait la pression à cause d'une croyance limitante selon laquelle nous sommes censés rester passionnés toute notre vie par notre métier, sans quoi ce n'est pas le « bon ». Alors, il s'empêchait de se lancer dans une nouvelle aventure qui ne serait pas celle de sa vie.
- Il cherchait l'idée parfaite, innovante, avec une garantie absolue de succès. Il avait au fond de lui très peur d'affronter un échec. Alors, toute idée au potentiel incertain ne passait pas auprès de son tribunal intérieur. Le souci, c'est que l'on n'est jamais à 100 % certain de sa réussite. Ce qui compte pour se lancer, c'est de ne pas être à 100 % certain de son échec.
- Il n'osait plus rêver. Les contraintes du quotidien, les désillusions, la « réalité de la vie », avaient, selon lui, eu raison de ses rêves d'enfant. Il s'obligeait à entrer dans des cases et ne trouvait goût à rien car plus rien n'était magique à ses yeux.

Avoir mis des mots sur ces trois blocages l'a aidé à se libérer. Il est arrivé à la séance suivante avec des idées et de la matière sur laquelle travailler !

Chaque situation est différente, et il m'est impossible de toutes les lister ici, mais si tu ressens toi aussi l'absence totale d'idées, commence par faire une virée dans le monde fascinant de tes croyances limitantes.

Si tu crois que tu n'en as pas… c'est faux.

Si tu crois être le vilain petit canard qui traîne ce type de blocages dans ses bagages… C'est faux aussi.

Nous en avons *tous* ! Nous construisons notre vie, notre réalité, nos décisions et notre regard sur notre passé à partir de nos croyances. Ne reste plus qu'à trouver les tiennes qui coincent la roue en ce moment.

Exercice

LES BÂTONS DANS TES ROUES

Comme Christian, fais la liste des pensées, idées, croyances qui te freinent aujourd'hui :

- Qu'est-ce qui t'empêche d'avoir des idées ?
- De quoi as-tu peur ?
- Quelle est ta perception du monde et de toi-même qui freine ta créativité ?

Ensuite, pose-toi ces questions :

- Qu'est-ce qui t'aiderait à trouver plus d'idées ?
- De quoi précisément as-tu besoin pour relancer la machine à idées ?
- Si tu n'avais pas peur, que ferais-tu pour trouver des idées ?

Si tu sens que la machine à idées est vraiment bloquée, j'ai une astuce pour remettre de l'huile. Il s'agit de trouver des idées de projets pour les autres, et pas pour toi. Ainsi, tu n'es pas parasité par tes blocages.

Propose à une personne de ton entourage d'imaginer de nouvelles idées de métiers ou de projets pour elle. Demande-lui des indices sur ce qu'elle aime et sur ses compétences. Puis, amuse-toi à lister ce qu'elle pourrait en faire. Peu importe que ces idées la séduisent ou non ! Ce qui compte, c'est que tu muscles ta créativité et que tu remettes en état de marche ta machine à idées.

SI TU JOUES À CACHE-CACHE AVEC TES IDÉES

Dans le deuxième cas, tu *dis* que tu n'as pas de projet car tu n'assumes pas tes envies.

Tu penses que tu ne sais pas quoi faire d'autre que ton métier actuel, mais en réalité, tu ne laisses pas de place à tes rêves qui s'agitent dans ton for intérieur. Tu as des envies cachées que tu n'oses dévoiler ni au monde ni à toi-même, et tu trouves des excuses pour les mettre au placard. Dès que ta petite voix te glisse une idée dans l'oreille, tu la fais taire immédiatement :

- ce n'est pas possible ;
- ce n'est pas un métier ;
- c'est trop tard maintenant ;
- ça marche peut-être pour les autres, mais par pour moi ;
- personne ne comprendrait autour de moi…

Tu cherches une porte de sortie, mais tu bloques toutes les issues possibles. Tu n'as qu'un mot à la bouche : « mais ».

Un ami t'envoie un article à lire racontant l'histoire d'un homme parti au soleil donner des cours de plongée, en te disant : « Tiens, une idée pour toi qui te plains de ta vie parisienne : pars au soleil donner des cours de plongée ! »

Spontanément, tu réponds : « Oui c'est une idée, mais j'en aurais vite marre de répéter les mêmes consignes toute la journée.

– Bon, ben pas de la plongée alors, mais au moins partir au soleil. »

Et c'est reparti : « Oui, mais je ferais quoi là-bas ? Le marché de l'emploi n'est pas le même et les salaires sont plus bas.

– Bon ben reste ici alors, mais change de job.

– Oui , mais j'en ai marre de Paris. »

Et te revoilà à la case départ ! Te reconnais-tu dans cette conversation ?

À partir de maintenant, remplace systématiquement la formule « oui mais » par « oui, et si ? ». « Partir au soleil donner des cours de plongée ? Oui, et si… j'y allais un week-end pour essayer ? » Fais-le pendant plusieurs jours pour en prendre l'habitude et observe la transformation de tes idées et de ton énergie. Tu seras plus créatif et plus ouvert aux opportunités, et le chemin s'éclaircira. Même s'il ne s'éclaircit que sur trois mètres, c'est déjà un grand pas par rapport à l'immobilisme ! Le brouillard ne se dissipera pas d'un coup. C'est à force de petits changements que tu verras la lumière.

Si tu te reconnais dans ce cas n° 2, voici un exercice en trois étapes pour t'aider.

Exercice

LA PROJECTION MENTALE

1. Écris ton rêve caché (rien que de l'écrire noir sur blanc peut être difficile si tu bloques depuis longtemps) : quelle envie est-ce que tu laisses au placard depuis trop longtemps ?
2. Fais un bond de cinq ans dans le futur. Je te garantis que ce rêve est exaucé. C'est vraiment ton métier, ton quotidien. Pour de vrai. Ferme les yeux pour l'imaginer. Qu'est-ce que ça te fait ? Écris-le.
3. Continue de te projeter. Imagine que je suis en face de toi, que nous prenons un café et que je te dise : « Impressionnant ! Comment as-tu fait pour en arriver là ? » Que me réponds-tu ?

Cette pratique de visualisation créative devrait te permettre de te reconnecter à ton cœur et à ce que tu veux vraiment dans la vie.

Tes émotions sont ton GPS intérieur : si tu ressens de l'enthousiasme, de l'excitation et de la joie lorsque tu te projettes dans ce rêve exaucé, c'est que tu tiens une sacrée piste pour le futur ! En revanche, si ça ne te parle pas plus que ça, c'est que cette idée manque de quelque chose à ce stade. Le cerveau ne fait pas la distinction entre une situation vécue dans l'imaginaire ou dans la réalité : il va t'envoyer les émotions associées comme si tu y étais. Connecte-toi à tes ressentis pour comprendre ce qui allume la flamme en toi !

CONCLUSION

Que tu n'aies pas d'idée ou un début d'idée, l'important est de te rendre compte que c'est possible d'avancer et de venir à bout de tes blocages. Seules tes pensées limitantes t'empêchent d'envisager des pistes. Il y a toujours une solution, à partir du moment où tu décides d'en trouver une ! Comme disait Albert Einstein : « Un problème sans solution est un problème mal posé. »

Alors dans le chapitre qui suit, on va voir ensemble les méthodes pour t'aider à générer des idées de projets plus précises !

CHAPITRE 8

5 MÉTHODES POUR TROUVER DES IDÉES DE PROJETS QUAND TU NE SAIS PAS QUOI FAIRE DE TA VIE

« *Ce n'est pas parce que les choses sont difficiles que nous n'osons pas. C'est parce que nous n'osons pas qu'elles sont difficiles.* »

Sénèque

À partir de maintenant, je vais partager avec toi les points clés pour trouver des idées de projets épanouissants. Il est l'heure de rassembler tes petites pièces de puzzle identifiées dans les premiers chapitres : tes moments de flow, tes centres d'intérêt, tes talents et ton « pourquoi ».

L'ikigai signifie « raison d'être » en japonais. Autrement dit, c'est ce qui nous donne envie de nous lever le matin ! L'ikigai est la rencontre entre la passion, la mission, la profession et la vocation. Concrètement, il repose sur ces quatre éléments :

- ce que tu aimes faire ;
- ce pour quoi tu as du talent ;

- ce dont le monde a besoin ;
- ce pour quoi tu peux être payé.

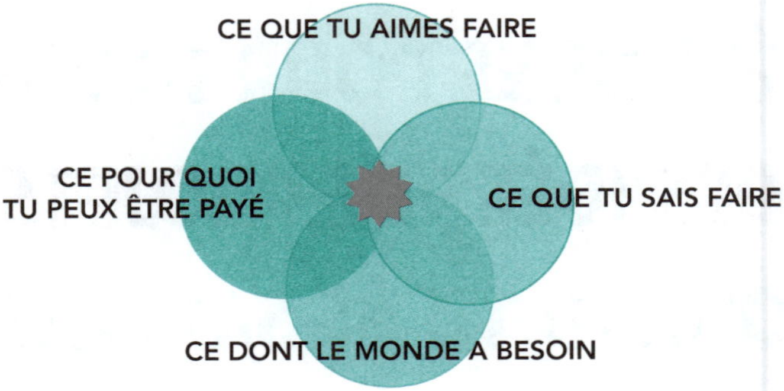

Schéma de l'ikigai

L'objectif ultime est de trouver une activité qui lie ces quatre éléments. Je te rassure tout de suite : personne n'a de réponse immédiate lorsqu'il cherche son ikigai. Chacun de ces quatre éléments est un mystère à élucider, entre introspection et enquête sur le terrain !

DIS-MOI CE QUE TU AIMES, JE TE DIRAI QUOI FAIRE

À l'école, nous avons appris à répartir nos activités en deux catégories : d'un côté, les matières scolaires « sérieuses » qui débouchent sur un bon métier ; de l'autre, les loisirs qui se pratiquent le mercredi après-midi (activités sportives, artistiques…). Résultat, devenus adultes, nous continuons de classer les activités entre « vrais métiers » et « loisirs du dimanche ». Quel dommage !

Or, pour rechigner le moins possible à te mettre au travail – que dis-je, y aller en chantonnant ! –, la première solution consiste à bâtir ton projet sur ce qui te fait le plus vibrer. Peu importe que cela appartienne à la catégorie « sérieuse » ou non. Nous en avons parlé dans la partie 2 en nous demandant s'il fallait ou non suivre sa passion, et tu as fait l'exercice pour trouver tes centres d'intérêt. Ici, tu vas pouvoir les utiliser !

Alors, comment allier ce qui nous passionne, nous fait vibrer, et un potentiel métier ?

Admettons que ta passion soit de manger des crêpes au chocolat. Il sera compliqué d'être payé pour manger des crêpes au chocolat, à moins qu'un concours du mangeur de crêpes le plus rapide existe et que tu empoches le pactole en finissant vainqueur. En revanche, tu peux monétiser un blog sur les crêpes au chocolat en nouant des partenariats avec les crêperies de ta région, devenir consultant marketing pour aider des entreprises de crêpes à accroître leur chiffre d'affaires, fabriquer ton propre chocolat artisanal et le vendre sur le marché le samedi, ouvrir une boutique en ligne de crêpières ou encore vendre des fiches recettes de crêpes… Les horizons sont vastes lorsqu'on s'autorise à rêver et à y croire !

Ta compétence ou passion seule ne fait pas automatiquement l'objet d'une rémunération. Pour cela, elle doit être utilisée pour créer de la valeur économique. Créer de la valeur consiste à apporter une solution en réponse à un besoin ou un désir.

Pour trouver des idées viables, combine tes centres d'intérêt avec tes talents et les besoins du marché. Prenons l'exemple du consultant marketing spécialisé dans le secteur des crêpes au chocolat : il a une compétence à apporter (son expertise en marketing) et il répond à un besoin sur le marché pour lequel la cible est prête à payer (les entreprises fabricantes de crêpes qui cherchent à développer leur activité).

Dans l'exemple ci-dessous, Isaure nous montre comment elle a lié sa passion pour le piano et le tango pour développer sa propre idée d'activité.

Témoignage

Isaure Cathelineau, 36 ans : « Mon idée est venue naturellement de ma pratique et de mon savoir-faire. »

Comment as-tu fait évoluer ta situation professionnelle à partir de tes centres d'intérêt ?

J'avais un travail administratif dans une grande entreprise qui était devenu rébarbatif. Je l'ai quitté car mes boss m'ont fait miroiter un temps partiel que je n'ai pas eu.

> J'ai deux passions, le piano et le tango. Je donne des cours de tango depuis plusieurs années, alors j'ai décidé d'en faire mon activité professionnelle. Cette idée est venue naturellement de ma pratique et de mon savoir-faire.
>
> Il n'y a aucun diplôme ni institution qui donne le titre de professeur de tango. Les professeurs se font connaître par la publicité (pour les débutants) et beaucoup par la réputation et le bouche-à-oreille (pour les danseurs plus avancés). Je suis auto-entrepreneure, je donne les cours et je m'occupe aussi de la publicité, de la logistique, de la communication par mail et de la comptabilité.
>
> En parallèle, je souhaite développer un autre projet. J'ai eu l'idée d'ouvrir un studio de répétition de piano à Paris car j'ai constaté un manque : studios inadaptés, environnement désagréable (acoustique qui n'est pas favorable aux pianos, mauvaise insonorisation...), prix élevés des lieux proposant des pianos de qualité, difficultés pour dénicher les studios et les réserver...
>
> ***Où en es-tu aujourd'hui ?***
>
> Je voudrais offrir ma propre solution : un lieu convivial et insonorisé avec un piano de qualité, réservable et payable en ligne et accessible de la rue par un simple code. À ce jour, je me suis renseignée sur la concurrence et j'ai fait une ébauche de business plan, mais je dois encore m'assurer que ce projet trouvera son public.

Grâce à ces différents exemples, tu peux réfléchir à tes propres envies. Voici un exercice pour t'entraîner à générer des idées.

Exercice

IDÉES EN VRAC

À partir de ton centre d'intérêt favori, imagine dix activités professionnelles *minimum* liées à ce sujet (comme je l'ai fait pour l'idée des crêpes au chocolat !).

Qu'elles te semblent loufoques, impossibles, banales ou ennuyeuses, peu importe : le but est de libérer ta créativité !

Un conseil : plus une idée te semble folle, plus je t'invite à la noter. Tu ne peux pas imaginer combien de grands projets sont nés de petits grains de folie !

Tu peux faire cet exercice pour tous les sujets qui t'attirent. Et pour aller encore plus loin, je t'invite à trouver des ponts entre ces idées. Lier deux idées séparées peut déboucher sur de nouvelles possibilités. Ne te restreins pas !

Témoignage

Julie Jendrzezak, 28 ans : « Je ne sais pas encore où tout cela va me mener, mais je sais que ça va être passionnant ! »

Qu'est-ce qui t'a poussée à te reconvertir ?

J'étais chargée d'études marketing dans un grand groupe international de distribution alimentaire pendant cinq ans. Mais je rencontrais un conflit de valeurs : à mes yeux, l'entreprise se contentait de distribuer toujours plus de produits toujours moins chers au détriment des besoins des personnes et de la planète. Me sentant en décalage avec cela, j'ai entamé une démarche de développement personnel au travers de lectures, ateliers et conférences, et j'ai réalisé un bilan de compétences.

En parallèle, moi qui aime rassembler des gens et partager des choses, j'ai mis en place des sessions de sport santé pour les collaborateurs dans mon entreprise. Grâce au bouche-à-oreille, le nombre de participants a augmenté et je me sentais stimulée par cet engouement que je créais ! J'ai compris le besoin : s'activer et prendre du plaisir en groupe sans être dans la performance ou la compétition. Pendant un an et demi j'ai animé des groupes de trente personnes chaque semaine et c'était génial ! Le sport est un incroyable outil favorable au bien-être, à la réduction du stress et à la prise de conscience de soi et de son corps.

J'ai donc décidé de quitter mon job le 31 janvier 2020 et me suis formée pour devenir éducatrice sportive sport santé. L'idée est d'intervenir en entreprise afin de favoriser le bien-être des collaborateurs par le sport.

Comment gères-tu la peur de l'inconnu ?

Je ne sais pas encore où tout cela va me mener, mais je sais que ça va être passionnant ! Peu importe mon futur statut (salarié ou freelance), je vais créer ma propre identité professionnelle. J'ai l'impression d'avoir ouvert le champ des possibles (ce que je ne m'autorisais pas avant) et que je contribue à un monde meilleur à mon échelle et surtout à ma façon, en étant pleinement celle que je suis.

TU AS DÉJÀ LES CLÉS EN MAIN

Tu peux faire le choix de baser ton activité sur les talents et compétences que tu possèdes déjà. Tu peux proposer tes services en étant à ton compte ou auprès d'un nouvel employeur. En transposant tes compétences dans une nouvelle activité, tu peux démarrer ce projet plus facilement. Tu pourras le faire évoluer ensuite si tu te lasses ou si tu aspires à plus de nouveauté dans ton métier.

Une cliente, Anne-Catherine, travaillait depuis cinq ans au service communication d'une PME. Grâce à elle, la marque avait retrouvé une image plus jeune et dynamique sur Internet. Cependant, au bout de cinq ans au même poste et sans perspective d'évolution intéressante, elle a eu envie de changer. Elle venait d'avoir sa fille, et elle ne voulait pas du mode de vie métro-boulot-bébé-demi-dodo.

N'ayant pas d'idée particulière de création d'entreprise, elle a décidé de mobiliser ses compétences en communication pour devenir indépendante et proposer ses services aux entreprises ayant besoin de revaloriser leur marque. Elle a réussi à obtenir une rupture conventionnelle, et son premier client a été… son ex-employeur ! Puis, elle a trouvé ses clients suivants par bouche-à-oreille. Elle organise son temps de travail à sa manière pour s'occuper de sa fille et a le choix des clients avec lesquels travailler. Tout n'est pas rose tous les jours : certains clients sont difficiles à gérer, elle connaît parfois des pics d'activité où elle travaille tard le soir après que sa fille est couchée, et d'autres moments où l'activité se fait plus rare. Ce sont les cycles du métier. Mais à aucun moment, elle ne troquerait ce mode de vie pour ce qu'elle appelle désormais sa « vie d'avant ».

Exercice

L'IMPACT DE TES COMPÉTENCES

Reprends l'exercice de la partie 2 et note tes compétences et tes talents principaux (exemples : organiser efficacement un projet, comprendre les émotions des autres, proposer des idées insolites pour un événement).

À qui ces compétences seraient-elles utiles – que ce soit un employeur ou un client ? (Exemple : des futurs mariés.)

Quels résultats tes compétences permettent-elles d'obtenir ? (Exemple : un mariage réussi et sans stress.)

Que tu sois salarié ou indépendant, tu échanges tes compétences contre une rémunération. Et si tu as du mal à estimer la valeur de celles-ci, tu dois savoir qu'une entreprise ou un client cherche de la facilité et du gain de temps ou d'argent. Il fait appel à un employé ou un prestataire pour trois raisons principales :

- pour ne pas avoir à s'en occuper lui-même ;
- parce qu'il manque de temps ou de volume de ressources humaines ;
- parce qu'il n'a pas la compétence en interne.

Ton rôle est d'apporter tes compétences pour résoudre un problème *précis*, pas de sauver le monde dans son intégralité ! Nathalie, une cliente que j'ai accompagnée dans la création de son activité de rédactrice web, s'est imposé une pression terrible pour être capable d'aider ses futurs clients sur le processus complet. Elle s'est dit que certains auraient besoin d'assistance technique pour créer leur site internet. Résultat, lorsque nous avons démarré le coaching, elle suivait une formation au développement web… Ce qui n'avait rien à voir avec son cœur de métier, la rédaction ! Cela lui faisait perdre du temps, de l'argent, de l'énergie, et rendait son offre peu lisible pour ses prospects.

Cela partait d'un bon sentiment, mais cette approche est contre-productive. Si tu as envie d'une bonne pizza ce soir, vas-tu te rendre dans la brasserie de la place centrale qui sert des pâtes, des salades, des burgers, des fruits de mer et accessoirement, des pizzas ? Ou plutôt à la pizzeria italienne dans le coin de la rue ?

En cherchant à parler à tout le monde, tu ne parles à personne. Alors, choisis ton cœur de métier et *la* compétence à mettre au centre de ton activité, salariée ou indépendante.

Enfin, choisis les compétences que tu aimes mobiliser. On peut avoir des compétences mais ne pas aimer s'en servir ! C'est à toi de choisir et de construire l'identité que tu affiches (sur ton CV comme sur ton site internet). Ne reste pas cantonné à ton ancienne identité. Fuis à tout prix les étiquettes ! Surtout que souvent, c'est nous-mêmes qui nous les collons sur le front.

POURQUOI TU DEVRAIS AIMER LES PROBLÈMES

Ce cas te concerne en priorité si tu as pour projet d'entreprendre (ou pour une candidature spontanée à un emploi, mais c'est plus rare).

L'entrepreneuriat consiste à apporter une solution à un problème ou à un désir qui n'est pas résolu ou mal résolu par les solutions actuelles.

Pour trouver une idée de projet, je t'invite à te transformer en détecteur à idées à partir d'aujourd'hui ! Pour cela, tu as besoin de sonder tout ce qui se passe autour de toi : articles de journaux, discussions, communautés en ligne… Sois attentif aux problèmes rencontrés par les autres et par toi-même : à quels problèmes fais-tu face aujourd'hui sans trouver de solution ? Et surtout, quels sont ceux qui t'inspirent, qui te donnent envie d'agir ?

Au cours d'une même journée au bureau, tu pourrais tout à fait entendre ces phrases :

« Ma fille ne fait toujours pas ses nuits, je suis épuisé ! »

« Catherine ramène toujours ses propres plats, ça lui évite de dépenser 15 € au resto le midi… Tant mieux si elle peut se le permettre mais moi, je n'ai pas le temps pour ça ! »

« C'est pénible, depuis le déménagement des bureaux, mon cours de sport est à une heure d'ici, je n'arrive plus à y aller… »

En trois phrases, trois problèmes identifiés, qui peuvent être résolus par de nombreuses idées de produits ou services.

Nous, consommateurs, recherchons des solutions simples et rapides à nos problèmes.

Si j'ai faim, là maintenant, je vais me tourner vers le restaurant ou la livraison la plus rapide sans avoir à me fatiguer.

Si je veux manger plus sainement, mais que je n'ai pas des heures à passer aux fourneaux, je vais me tourner vers les recettes « simples et rapides » pour cuisiner un bon plat santé.

Une agence de voyages va nous faire miroiter des vacances au bord de l'eau. Si son marketing est réussi, elle rendra cette solution… simple ! Imagine l'inverse : « Partez en vacances au bord de l'eau ! Rendez-vous sur vacancescompliquees.com, faites le tri vous-même parmi 487 destinations, appelez chacun des hôtels et comparez les vols avec votre fichier Excel. »

On peut aussi apporter une solution à des désirs, pas uniquement à des problèmes : être reconnu socialement, faire des rencontres, se divertir… Si tu n'as pas d'idée, creuse les quatre domaines intemporels dont on aura toujours besoin : le temps, l'amour, le bonheur et la santé. Tout le monde veut plus de temps, trouver l'amour, vivre plus heureux et en meilleure santé ! Lequel de ces sujets t'intéresse ou te touche particulièrement ? Quels sont les problèmes auxquels les gens font face dans ces domaines ? Fais la liste et vois ceux auxquels tu aimerais apporter une solution !

Ce n'est pas un souci si d'autres solutions existent. Bien sûr qu'il existe déjà des salles de sport, mais peut-être pas dans ce quartier, ou avec du matériel de mauvaise qualité. Bien sûr qu'il existe déjà des livres de cuisine, mais peut-être des recettes trop complexes, trop longues à préparer, qui ne se conservent pas pour la semaine.

Exercice

LE CHALLENGE DE 30 JOURS : FAIS MARCHER TON DÉTECTEUR À IDÉES

Pendant 30 jours, sois à l'affût des besoins et désirs que tu entends, lis et vois autour de toi. Note-les chaque soir dans ton carnet. Tu auras ainsi une longue liste de problématiques à résoudre, soit autant d'opportunités de création d'entreprise.

Prêt à relever le défi ?

Néanmoins, ce n'est pas parce que tu identifies un problème que tu auras *envie* de le résoudre. Dans mon approche, je privilégie l'épanouissement. Choisis un problème que tu as envie de résoudre, même s'il semble être moins rentable de prime abord. Avec la flamme intérieure et une bonne stratégie, tu pourras transformer cette idée en une entreprise viable.

Témoignage

Annaguilène, 33 ans, fondatrice de Love Mentor : « Écoute-toi et sois attentif aux moments de kif que tu vis : la question de l'argent viendra après. »

D'où t'est venue l'idée de créer Love Mentor ?

Je suis ingénieure dans le nucléaire. Il y a deux ans, avec mon mari, nous parlions des couples autour de nous qui se déchiraient. Je lui ai dit : « Les couples se séparent trop facilement ! Ce serait génial de créer quelque chose pour leur apprendre à mieux entretenir leur relation, et de le faire à deux. D'ailleurs, on aurait pu finir comme eux si on n'avait pas travaillé sur nous. »

Mon mari a trouvé l'idée géniale. Après une étude de marché ultra-rapide et un griffonnage de toutes nos idées sur un papier, j'ai lancé en quelques semaines un site internet avec deux articles de blog. Mais j'ai repris le travail après mon congé maternité et j'ai mis le projet de côté. En plus, je ne l'assumais pas vraiment : j'avais peur que l'on me juge, que l'on se dise : « Mais pour qui elle se prend pour faire ça ? »

C'est alors qu'une newsletter de Charlotte a résonné en moi. Je lui ai envoyé un mail et sa réponse a débloqué quelque chose : et si ce projet pouvait aider beaucoup de couples ? Je me suis rendue à l'apéro Pose ta Dem' et j'en ai parlé à d'autres participants. Leurs réactions étaient si positives et encourageantes que la peur, la honte, et toutes sortes d'excuses avaient laissé place à l'envie d'essayer !

J'ai alors participé au programme Side Project, qui m'a aidée à structurer mon projet et à définir un plan d'action pour développer Love Mentor. J'ai testé ma première offre gratuitement avec une cliente, puis mes clients sont arrivés par le biais de notre newsletter et des réseaux sociaux.

Quelle est ta recommandation à quelqu'un qui cherche une idée de projet ?

Prends le temps d'être attentif à ce qui te passionne sans te censurer avec des croyances limitantes comme « Je ne pourrai pas vivre de ça. » Écoute-toi et sois attentif aux moments de flow, de « *kif* » que tu vis. La question « Comment gagner de l'argent avec cela ? » viendra après. Partir de soi permet de créer des choses uniques parce qu'on peut croiser ses passions, ses talents, ses envies, ses compétences. Et surtout, ose parler de ton idée, et teste-la rapidement sans chercher la perfection, et sans attendre que les conditions soient réunies.

Et si tu t'aperçois que l'idée que tu as eue existe déjà mille fois ailleurs ? Sache qu'il est très, très rare d'avoir une idée que personne d'autre n'ait déjà eue ! C'est ce que j'appelle le « syndrome Google ».

Tu as eu une idée géniale. Tu gribouilles des pages entières dans un carnet. Tu en parles à tes proches en leur annonçant que ça y est, tu as trouvé *le* projet. L'un d'eux te dit : « C'est bien, mais tu es sûr que ça n'existe pas déjà ? » Tu cherches sur Internet. Et là, c'est le drame ! Tu découvres avec effroi que ton idée révolutionnaire existe déjà ailleurs. Exactement comme tu l'avais imaginée. Pire : ça existe déjà en mieux !

Si tu as déjà vécu ce scénario, sache que tu n'es pas seul ! Il faut bien comprendre qu'il y a une différence entre l'idée et son exécution. Même si un acteur du marché ressemble fortement à ton idée, il ne la réalise pas parfaitement à tous points de vue. Chaque concurrent a une spécificité, une valeur ajoutée particulière, mais aucun ne cumule tous les avantages.

Il y a sans doute de la place pour tout le monde. Même si tu ne détiens que 1 % des parts de marché, sur un vaste marché, tu as largement de quoi vivre de ton activité ! Alors, ne cherche pas à être unique sur ton marché, cherche à être différent : grâce aux caractéristiques du produit, à la qualité, aux délais, à la communication…

Et simplement en étant toi, tu innoves. Ta personnalité, ta vision, tes valeurs, font ta singularité. Et ta singularité est incarnée dans ton entreprise : dans son « pourquoi », son « quoi » et son « comment ». Si tu crées tes propres bougies à partir de ta singularité, elles seront forcément différentes d'autres bougies sur le marché !

C'est tout aussi vrai si tu comptes proposer tes services : coaching, formation, naturopathie, sophrologie, marketing… Tes clients viendront à toi parce que c'est avec toi qu'ils ont envie de travailler, et pas quelqu'un d'autre. Tout comme tu es fidèle à un ostéopathe de ta ville, plutôt qu'à un autre. Pourquoi es-tu en train de me lire ? Certainement parce que mon ton, mon approche, mon univers, mes valeurs te parlent. Parce que tu reconnais ce que tu traverses et parce que les réponses que je t'apporte t'aident dans ton cheminement.

Ou alors parce qu'on t'a offert ce livre et que tu le lis en diagonale pour pouvoir dire : « Eh, merci pour ton cadeau, j'ai appris plein de trucs ! »

Dans tous les cas, souviens-toi qu'être soi-même est un positionnement à part entière. Il y a des centaines de blogs de développement personnel, de coachs en reconversion… Si je m'étais laissé déstabiliser par la concurrence, je ne me serais pas lancée ! Mais je me suis fait ma place. À toi de te faire la tienne !

En conclusion, mieux vaut mieux te lancer dans un projet qui te passionne mais qui existe déjà ailleurs, que de lancer un projet innovant qui a du potentiel mais qui ne t'attire pas plus que ça.

TON GPS INTÉRIEUR : SUIVRE TON « POURQUOI » POUR TROUVER DU SENS

Si tu perçois aujourd'hui un manque de sens dans ton activité professionnelle, tu peux être tenté de placer ce critère comme priorité dans ta quête de ton futur projet. Et c'est une excellente piste !

Cette piste commence avec ton « *why* », ton « pourquoi », la raison profonde qui te pousse à faire quelque chose comme décrit par Simon Sinek dans le schéma du cercle d'or (voir le chapitre 4). Pourquoi as-tu envie de passer à l'action aujourd'hui ? Sur quel(s) sujet(s) as-tu envie de te battre, d'apporter un souffle nouveau car la façon dont c'est pris en charge actuellement t'exaspère ? Qu'est-ce qui te met en colère ?

La colère a un objectif : elle est le moteur de l'action. Si tu es en colère après ton entreprise, cela te pousse à vouloir la quitter. Si tu es en colère parce que tu as l'impression de perdre ton temps dans ton job, cela te pousse à créer un nouveau projet. C'est pourquoi la colère est une émotion capitale à prendre en compte pour définir ta nouvelle orientation professionnelle. Le sens naît de l'émotion, pas de la raison.

Dans mon cas, ce qui me rend dingue, c'est de voir des personnes perdre leur temps de vie dans un job qui ne leur convient pas. Un job qui prend leur énergie, qui ne donne pas de sens à leur vie, et qui ne leur permet pas d'exploiter leurs vrais talents et compétences. Quand j'ai compris que cette cause avait un sens profond pour moi, l'idée de Pose ta Dem' a commencé à germer. J'ai bien fait d'être en colère ! C'est ce qui m'a donné la force de créer ce projet.

Exercice

CE QUI TE MET EN COLÈRE

Réfléchis un moment aux choses qui te frustrent ou te mettent en colère. La maltraitance des animaux te fait sortir de tes gonds ? Tu ne supportes pas la mauvaise ambiance entre collègues au bureau ? Tu détestes voir quelqu'un jeter son papier de chewing-gum par terre dans la rue ? Tu es frustré que la majorité des sites internet que tu consultes soient mal conçus ? Liste tous les sujets qui de près ou de loin déclenchent quelque chose en toi, que ce soit dans ta vie personnelle ou professionnelle.

Lequel de ces sujets te touche le plus ? Quel est celui qui te donne vraiment envie de passer à l'action et de changer les choses ?

L'émotion se traduit comme « e-motion » : c'est ce qui met l'énergie en mouvement. Plus l'émotion à la base de l'idée est forte, et plus c'est un moteur puissant à long terme pour développer un projet de sens. Ce qui te met en colère, mais aussi ce qui te paraît profondément injuste ou exaspérant, est riche de matière pour inspirer une idée de projet qui va te stimuler sur la durée. Et ainsi apporter du sens à ta vie en te permettant d'aider une cause qui te tient à cœur, et d'y apporter quelque chose de bien, que ce soit à petite ou grande échelle. Si c'est ce que tu souhaites, bien sûr !

Les causes auxquelles te consacrer sont nombreuses. Il y a bien sûr les causes humanitaires, sociales, environnementales auxquelles on pense en premier : la faim dans le monde, les droits de l'enfant, la protection de l'environnement, la défense des animaux…

Mais une cause peut aussi se situer à d'autres niveaux : s'épanouir dans son couple, réaliser ses rêves, garantir le bien-être des salariés, manger sainement, etc.

Attention : ne t'oblige pas à te consacrer à une cause qui te semble plus noble, si au fond de toi elle ne te fait pas vraiment vibrer ! Tu apporteras bien plus au monde en travaillant avec passion pour une cause qui a du sens pour toi, plutôt qu'en te forçant à changer quelque chose qui ne te touche pas.

Enfin, pour répondre à ton « pourquoi », tu as le choix entre créer ton propre projet pour servir cette cause ou rejoindre une organisation qui travaille déjà sur le sujet. Concentre-toi sur les valeurs et sur la mission de l'entreprise que tu rejoins ou que tu crées.

Témoignage

Élodie Curo, 33 ans, fondatrice d'une école de secourisme pour les parents et les enfants : « Vis tes passions intensément, et un jour une idée émergera. »

Quelle est l'histoire de la création de ton école de secourisme ?

J'ai commencé mon projet en parallèle de mon ancien job. Afin de trouver un sens à ma vie et à mon travail, je forme depuis cinq ans les parents, futurs parents et grands-parents à la prévention et au secourisme. Pourquoi ? Parce que je trouve impensable de perdre son enfant. Et que des gestes tout simples peuvent facilement sauver des vies. Encore faut-il les connaître et s'entraîner. Le secourisme, c'est comme le sport. Seul l'entraînement permet d'être performant.

L'idée de formation en prévention et secourisme en famille m'a paru évidente. Les parents peuvent également être formés chez eux. On travaille sur des situations concrètes pour être prêt. Les parents se forment dans la bonne humeur et ressortent rassurés. Comment j'en suis arrivée là ? Par passion. Je suis diplômée d'une licence Staps, j'ai beaucoup enseigné (formatrice des futurs animateurs Bafa), poste de secouriste au sein de la Croix-Rouge et de la protection civile, formatrice PSC1 et SST puis d'une école de commerce. Cette dernière formation m'a propulsée vers le métier de contrôleur de gestion.

Ce métier me plaît, mais je souhaitais avoir un sens plus important dans ma vie. L'arrivée de mon premier enfant a été le déclic. J'ai décidé de compiler toutes mes expériences pour concevoir mes formations. Virginie, ma sage-femme, qui m'a permis de mettre au monde mes enfants dans des conditions idéales, a adhéré à mon projet immédiatement et m'a prêté sa salle. L'école de secourisme est née !

Depuis, j'ai vécu beaucoup de problématiques que rencontrent les femmes entrepreneures. J'ai repris un poste en intérim en contrôle de gestion pour pouvoir développer mon activité plus sereinement. Pose ta Dem', que je connais depuis maintenant un an, est une véritable aide grâce à tous ses conseils et témoignages.

> ***Quelle est ta recommandation à quelqu'un qui cherche une idée de projet ?***
>
> Je recommande à toute personne qui souhaite développer ses projets de vivre ses passions intensément. Un jour, une idée émergera. Il suffira de la concrétiser, puis de la faire évoluer.

POURQUOI CE N'EST PAS UN PROJET QUE TU DOIS CRÉER… MAIS UN QUOTIDIEN !

Un projet tout beau tout propre sur le papier, c'est bien… en théorie. Ce qui compte, c'est le quotidien que cela implique. Avoir une bonne idée, mais dont l'exécution est déplaisante ne te rendra pas plus heureux que dans ton emploi précédent. C'est pourquoi je te conseille de choisir un quotidien plutôt qu'un projet !

Lorsque j'ai créé Pose ta Dem', je n'ai pas cherché à créer un projet mais un quotidien. Car un projet c'est bien beau, mais au quotidien, c'est à nous de le développer avec nos petites mains. Il faut que les tâches « opérationnelles » nous passionnent pour que le projet tienne la route ! J'ai donc préféré réfléchir en termes de verbes d'action et de mode de vie. J'avais envie d'écrire, d'être face à de vrais gens pour leur parler et les inspirer. Je voulais voir dans leurs yeux et lire dans leurs messages que, grâce à mon travail, ils allaient changer de vie. Au quotidien, je voulais donc écrire des contenus inspirants, accompagner mes clients, organiser des événements, et créer des programmes de formation.

J'ai eu d'autres idées de projets qui auraient eu du potentiel, mais je n'aurais pas pris plaisir à les concrétiser. Je ne serais donc pas allée bien loin !

Ne culpabilise pas d'abandonner une idée parce que tu n'as pas envie de la réaliser. C'est toi qui décides de ce qui te fait vibrer ! Il ne sert à rien de te mentir à toi-même car tôt ou tard, tu devras faire face à la réalité : tu es le maître à bord de ton projet.

Un changement de voie peut être un réel changement de vie. Autant profiter de cette période de remise en question et de transition pour être plus aligné avec ta vie dans son ensemble !

Réfléchis à tes critères de vie : lieu de vie, aspirations personnelles, rythme de travail, niveau de vie, environnement, entourage…

- Tu veux vivre à la montagne ? Crée ton activité autour des sports de montagne (moniteur de ski, guide de montagne…), trouve un emploi dans le secteur du tourisme local, ou dans un restaurant de raclette (et envoie-moi l'adresse !).
- Tu veux voyager toute l'année ? Crée ton activité en ligne pour ne pas dépendre d'un lieu géographique fixe.
- Tu veux travailler seulement l'été ? Crée une activité saisonnière dont l'essentiel du chiffre d'affaires est réalisé durant les vacances.
- Tu veux t'entourer d'autres mamans solo ? Crée un produit ou un service qui leur est destiné.

En bref : c'est toi qui décides ! Si tu ne t'autorises pas à prendre en compte tes critères de vie idéale, tu n'as aucune chance de vivre cette vie un jour. Alors, commence par cela et construis ton projet autour de tes envies.

Le témoignage de Charlotte

Comment j'ai trouvé l'idée de Pose ta Dem'

J'ai créé mon puzzle à partir de nombreuses pièces qui étaient en vrac au départ.

Mes passions et centres d'intérêt : le développement personnel, l'entrepreneuriat, la reconversion, l'écriture.

Mes compétences : écrire, enseigner, transmettre, accompagner, créer des contenus pédagogiques, organiser.

Mon « pourquoi »

Je sais à quel point il est difficile de se questionner sur son avenir professionnel sans trouver de réponse, douloureux de n'avoir aucune raison de se lever le matin pour aller travailler, épuisant de passer sa journée à réaliser des tâches qui ne nous procurent aucun plaisir, désespérant d'attendre le week-end et les prochaines vacances. Je suis moi-même passée par là, alors je ne supportais pas d'entendre mes amis et collègues subir un quotidien qui les détruisait à petit feu. J'avais le sentiment qu'ils passaient à côté de leur vie, et je ne pouvais pas me contenter d'assister à ça sans rien faire.

Un besoin sur le marché

J'étais bien placée pour savoir que lorsque j'en ai eu besoin, je n'ai trouvé aucune solution adaptée pour m'aider : bilans de compétences poussiéreux, coachs en reconversion nombreux mais peu visibles, articles sur Internet vantant des success stories plus que la vraie vie...

C'est pour cela que j'ai créé mon projet comme j'aurais aimé en bénéficier lorsque j'étais dans cette situation : un média avec des articles réalistes et concrets, une communauté pour se soutenir en ligne et dans la vraie vie, des programmes dynamiques, efficaces et réalisables en parallèle d'un emploi à temps plein.

En créant mon entreprise, j'ai développé de nouveaux intérêts inattendus pour le marketing et l'animation d'une communauté, ainsi que des compétences insoupçonnées : coordonner des événements, réussir un lancement de produit, manager une équipe de freelances, etc.

Voilà comment l'idée de Pose ta Dem' est née : un mélange d'intuitions, de besoins, d'envies et de compétences !

CONCLUSION

Tu l'auras compris, changer de voie, ce n'est pas t'épuiser à trouver une idée de projet révolutionnaire. C'est construire un quotidien qui te ressemble et qui te permet de donner corps à tes envies, d'exploiter tes talents et de contribuer à une mission qui a du sens pour toi.

Choisir une vie plus qu'un projet est le meilleur moyen d'entretenir la flamme et de faire face aux moments difficiles. Je t'invite donc à nouveau à prendre le temps d'explorer tes centres d'intérêt, à faire le point sur tes compétences et à réfléchir aux causes pour lesquelles tu serais prêt à t'investir. En ayant toujours en tête ce à quoi ressemblerait ton nouveau quotidien. Et pour t'aider à imaginer ce quotidien, je t'emmène découvrir le champ des possibles !

CHAPITRE 9

PANORAMA DES OPTIONS : QUAND LE CHAMP DES POSSIBLES S'OUVRE DEVANT TOI

« *En chinois, le mot "crise" est formé de deux caractères. L'un représente le danger. L'autre, l'opportunité.* »
J. F. Kennedy

Le champ des possibles est bien plus vaste que tu ne le crois. On n'a pas appris à voir plus loin que le bout de notre nez. Et c'est bien normal : le monde est si vaste ! En fermant la porte de ta réalité actuelle, tu te tournes vers une porte lumineuse qui ouvre à d'immenses horizons ! Plus vastes, plus riches que tu ne l'aurais imaginé !

Il me serait impossible de lister toutes les possibilités qui s'offrent à toi. D'une part, parce qu'il y en a trop. D'autre part, parce que c'est *toi* qui va créer ta nouvelle vie sur mesure. Ta trajectoire professionnelle ne sera semblable à aucune autre. Personne d'autre que toi ne vivra exactement la même vie que la tienne. Personne d'autre n'a le même parcours que le tien, la même mosaïque de compétences, les mêmes rêves, les mêmes idées, les mêmes forces. Tout cela forme ta singularité.

Alors ici, je vais humblement partager avec toi les principales options qui s'offrent à toi. Chacune est riche en possibilités. Tu vas même voir que tu peux en cumuler plusieurs !

Changer d'emploi, devenir indépendant, créer ton entreprise, voyager en travaillant, créer de tes mains… Quelle forme prendra ta prochaine aventure professionnelle ? Allez, c'est parti, poursuivons notre voyage en terre de reconversion !

CHANGER D'EMPLOI : L'HERBE EST-ELLE PLUS VERTE AILLEURS ?

La première option pour toi est de chercher un nouvel emploi. Un emploi se définit par différents éléments :

- un intitulé de fonction,
- des missions,
- les conditions d'exercice,
- une entreprise,
- un rattachement hiérarchique.

La phase de diagnostic a permis d'identifier lequel ou lesquels de ces éléments pose problème. Les tâches incluses dans ta mission ? Les conditions ? L'entreprise dans laquelle tu es salarié ?

Si l'indépendance ne t'attire pas et que tu veux exercer ton travail à un poste salarié, cette partie est particulièrement importante pour toi !

Pour changer d'emploi, on peut opérer un changement radical ou partiel en ne faisant jouer qu'une partie des variables précédentes :

- changer d'entreprise au sein du même secteur d'activité ou dans un autre, et garder sa fonction ;
- changer de fonction au sein de ton entreprise actuelle ;
- tout changer : la fonction et l'entreprise.

Commençons par la première solution : changer d'entreprise. Si au sein de ton entreprise, tu sens que tu ne te retrouves plus dans… :

- les valeurs,
- l'organisation,
- la stratégie,
- le management,
- l'ambiance de travail,
- l'environnement de travail,

… mais que tu aimes ton métier, alors choisis une autre entreprise ou organisation dans laquelle l'exercer ! Sois précis sur ce qui te manque dans ton environnement actuel et lance les recherches en sous-marin : dans quelle organisation te sentirais-tu mieux ? Où as-tu envie de travailler ? Pour quel employeur ? Dans quel secteur d'activité ? Dans quel contexte ? Ne te limite ni à ton expérience passée ni à ta peur de ne pas réussir à être embauché. Vois grand, ouvre les horizons, et fais la liste de tes employeurs idéaux. Tout est permis ici !

Une crainte souvent partagée par mes clients déçus par leur entreprise est que la prochaine ne soit pas mieux. Ils ont peur d'être victime du syndrome de « l'herbe est plus verte ailleurs ». Comment t'assurer que cette nouvelle entreprise tiendra ses promesses et te correspondra réellement ?

Pour réduire au mieux l'incertitude, j'ai trois recommandations :

- Échange avec des salariés actuels et anciens salariés de l'entreprise. Attention : veille à avoir plusieurs sons de cloche, sous peine de baser ta décision sur un seul avis subjectif et peu représentatif. Ce n'est pas parce qu'une personne s'entendait mal avec son manager que toute la ligne managériale est à fuir et que ce manager ne te conviendrait pas à toi. Chacun est différent, alors diversifie tes sources d'information. En revanche, si les échos sont toujours les mêmes, qu'ils soient positifs ou négatifs : là, tu tiens une tendance !
- Postule pour te faire ta propre idée. Rends-toi dans les locaux, rencontre le manager et échange avec la personne en charge du recrutement. Tu sauras comment tu te sens : à l'aise ? Inconfortable ? Jugé ? Bien Accueilli ? Écouté ?

- Prépare ton entretien pour séduire le recruteur, mais aussi pour obtenir de précieuses informations. De quoi veux-tu t'assurer avant d'y travailler ? Si tu crains de retrouver les mêmes travers que dans ta précédente entreprise, trouve une manière diplomate, pertinente et si besoin détournée d'obtenir les réponses à tes questions.

Tu mets ainsi toutes les chances de ton côté pour savoir si l'herbe est vraiment plus verte ailleurs ou non. Mais malgré ces précautions, tu n'en seras jamais certain tant que tu n'y es pas au quotidien. Alors, prends le temps de la réflexion, des rencontres, fais confiance à ton ressenti et n'oublie pas qu'aucune décision n'est irréversible : si l'expérience n'est pas concluante, tu pourras rompre ta période d'essai pour un autre emploi, ou le quitter plus tard… en posant ta dem' à nouveau !

En attendant, il est inutile d'imaginer le scénario catastrophe. Accepte d'essayer, car très souvent… le résultat est concluant !

Témoignage

Anaëlle A., 29 ans : « Il ne faut pas nécessairement changer radicalement de vie pour trouver son bonheur. »

Comment as-tu recréé du sens dans ta vie professionnelle ?

J'occupais un poste en CDI dans les ressources humaines au sein d'une multinationale. À la naissance de mon fils, j'ai vécu une grande remise en question sur le sens même de mon métier, ma contribution, mon rôle. J'ai pris un break de trois mois pour réfléchir à mes envies, mes forces et mes limites. J'envisageais de me lancer en tant que psychologue du travail indépendante. Et alors que je réfléchissais à ce projet, un beau jour, une offre d'emploi en RH au sein de l'hôpital où mon fils a vu le jour a été publiée. CDD de six mois, même métier, mais dans un contexte différent. J'ai tout de suite accroché !

J'ai obtenu le poste puis transformé le CDD en CDI. Je réalise aujourd'hui le même métier mais différemment, au contact du terrain, sur des métiers humains, de soins, au service des patients et de la société. Je retrouve plaisir et bonheur. C'est ce qui me manquait dans mon poste précédent.

J'en conclus qu'il ne faut pas nécessairement changer radicalement de vie pour trouver son bonheur. Parfois, il faut seulement changer de milieu professionnel !

Quelle est ta recommandation à quelqu'un qui souhaite changer d'emploi ?

Je suis chargée des projets RH, des mobilités et des recrutements au sein de l'hôpital. Je préconise de toujours faire les choix avec cohérence et avec cœur. D'abord, analyser pourquoi on souhaite une mobilité ou un changement de poste. Ensuite, identifier si ces changements seront vraiment sources d'un mieux-être ou si ce sont d'autres éléments spécifiques qui peuvent être modifiés : horaires, salaire, communication, formation, changement de tâches...

Enfin, si vous en êtes certain, foncez ! Nous sommes nos propres limites. J'encourage à se faire confiance et à sortir de cette zone de confort inconfortable pour être heureux. Nous devons être acteurs de nos vies !

La deuxième option consiste à changer d'emploi au sein de ton entreprise : c'est la mobilité interne. Si tu ne te retrouves plus dans ton travail parce que... :

- tu as le sentiment d'avoir fait le tour de ton job,
- tu n'es pas enthousiaste à l'idée de retrouver ton équipe le matin,
- tes tâches quotidiennes sont rébarbatives,
- tu ne trouves pas de sens et d'utilité à ton poste,
- tu n'es pas assez ou tu es trop au contact des clients et du terrain,

... mais que tu te sens bien dans ton entreprise, alors commence par étudier l'option de la mobilité interne avant de chercher ailleurs.

Sache que l'employeur a tout intérêt à favoriser la mobilité interne ! Cela lui revient moins cher qu'un recrutement extérieur, car il limite les coûts et les délais d'embauche et fidélise les salariés. Le *turn-over* coûte cher et les erreurs de casting aussi. C'est donc tout bénéf' ! Le seul souci, c'est que la plupart des entreprises sont très mal organisées pour cela. Dépourvues d'une stratégie et d'outils adéquats, elles ne sont pas capables d'identifier et donc de proposer des opportunités internes aux salariés. Est-ce un problème pour toi ? Non ! Car c'est toi qui vas mettre le sujet sur le tapis. Selon une étude menée par RH Online en 2017[20], 70 % des mobilités internes se font à l'initiative du collaborateur. Alors, autant passer à l'action plutôt que d'attendre que l'entreprise le fasse !

Mais comment peux-tu faire concrètement pour obtenir une mobilité ?

---

20. https://www.myrhline.com/actualite-rh/infographie-rh-mobilite-interne-2017.html

Tout d'abord, c'est à toi d'identifier ce dont tu as envie et les compétences que tu souhaites proposer en interne. Sois attentif à l'organisation et aux opportunités, prends le temps de rencontrer des personnes en dehors de ton service grâce aux pauses-café, déjeuners et activités et séminaires. Apprends à connaître l'ensemble de l'organisation et à sortir de ton cadre actuel pour aller à la pêche aux informations. Où as-tu envie d'aller et pourquoi ? Qu'est-ce qui t'attire dans ce challenge ? Que pourrais-tu apporter à ce nouveau poste ?

Une fois décidé, tu dois obtenir la confiance de ta hiérarchie en étant investi et performant à ton poste actuel. Te désengager ne t'aidera pas à obtenir une mobilité, au contraire.

Mais être bon ne te suffira pas : il faut le faire savoir ! Le jeu politique interne et la communication comptent tout autant. Prépare tes arguments : tes compétences, les résultats que tu as obtenus, la valeur que tu apportes à l'entreprise. L'objectif est que ton manager réalise que la palette de tes talents s'étend au-delà de tes fonctions actuelles.

De plus, il sera rassuré si ton projet est construit et cohérent. Vouloir bouger pour bouger, sans projet solide, ne sera pas perçu comme fiable. Inutile de griller tes cartes. Tout comme pour un entretien d'embauche, arrive préparé.

Si tu n'arrives pas à identifier seul le type de poste à viser, ce n'est pas grave. Prépare ton discours concernant tes attentes, tes compétences, et mets le RH et/ou le manager à contribution en expliquant que tu as besoin de sa connaissance précise de l'entreprise et des métiers pour peaufiner ton projet.

Témoignage

Harold B., 33 ans, de responsable de la vie scolaire à responsable communication au sein du même établissement scolaire : « Ne pense pas forcément si vite à changer d'entreprise. La tienne peut avoir une place à t'offrir à laquelle tu ne t'attends pas. »

Comment as-tu fait pour changer de poste en interne ?

J'ai été responsable de la vie scolaire d'élèves de sixième et cinquième (environ 550 élèves) dans un collège privé de Paris pendant sept ans. J'ai adoré ce métier, qui me manque parfois aujourd'hui. Être en contact avec des élèves et leur famille au quotidien est passionnant.

Cependant, au bout de sept ans, j'ai eu envie de changer ma routine et mes habitudes. De plus, c'est un métier très éprouvant psychologiquement et émotionnellement.

Le directeur de mon établissement m'a proposé le poste de responsable de la communication puisqu'un de nos collègues allait prendre sa retraite. Passionné par Internet et par l'informatique, j'ai accepté !

J'avais aussi besoin de changer de place dans mon établissement. Je suis passé sous l'autorité directe du directeur et j'ai intégré le conseil de direction. Après sept ans dans la même école, cela me paraissait logique et mérité.

C'est une expérience très riche mais surtout très motivante ! Il faut faire ses preuves, se challenger, d'autant plus dans mon cas puisque je n'avais aucune formation en communication.

Quelle est ta recommandation à quelqu'un qui souhaite obtenir une mobilité interne ?

Si tu cherches à faire autre chose, avance par étapes et ne pense pas forcément si vite à changer d'entreprise. La tienne peut avoir une place à t'offrir à laquelle tu ne t'attends pas. Commence par le faire savoir en interne, dans l'idéal en en parlant directement à ton N+1. Le rôle du manager est d'écouter cela et de savoir faire évoluer les employés en fonction de leurs compétences. Et il aura peut-être des idées que tu n'as pas, comme pour moi ! Dans mon cas, je suis allé voir directement mon directeur car j'ai toujours eu une très bonne relation avec lui.

Troisième option : allez hop, on change tout ! Nouveau métier, nouvelle entreprise : on fait peau neuve !

Pour cela, tes questionnements doivent porter sur deux niveaux. Tout d'abord, le métier :

- Quelles compétences veux-tu mobiliser ?
- Quelles nouvelles compétences souhaites-tu acquérir ?
- Quel serait ton quotidien idéal ?
- Avec quels interlocuteurs veux-tu travailler ?

Ensuite, l'entreprise :

- Quelle taille d'entreprise ?
- Quel niveau de maturité ?
- Quelle organisation interne ?

- Quelles valeurs ?
- Quelle mission ?

Quitte à réinventer ta carrière en entreprise, autant ouvrir le champ des possibles en sachant ce que tu voudrais idéalement. Ne commence pas cette quête en érigeant tes propres barrières !

La phase d'introspection t'aide à définir tes critères. Mais cela ne suffit pas, car il faut tenir compte de la réalité du marché du travail. Inspire-toi des offres d'emploi pour trouver des métiers et entreprises auxquels tu n'aurais pas pensé ; rencontres de nouvelles personnes aux métiers variés pour découvrir leur parcours et leur quotidien ; lis et écoute des témoignages de professionnels issus de fonctions différentes. Le chapitre sur l'exploration t'aidera à savoir comment creuser plus loin, ainsi que celui sur la recherche d'emploi où je vais t'expliquer précisément comment t'y prendre.

Et n'oublie pas que tu as un joker à ta disposition : la candidature spontanée ! Cette botte secrète est la solution ultime pour tenter de créer ton job sur mesure au sein d'une entreprise.

LE MOT DE CHARLOTTE

« Mon métier et mon environnement de travail n'avaient plus rien à voir avec ma vie d'avant. »

Lorsque j'ai décidé de quitter mon emploi, j'étais consultante en ressources humaines et conduite du changement. Mon métier consistait à réaliser des missions RH pour de grandes entreprises : projets de déploiement d'outils RH, dispositifs de formation pour les salariés, programmes de mobilité interne…

Mes compétences principales étaient les ressources humaines, la gestion de projet, l'animation de réunions et de formations et… la rédaction de présentations PowerPoint ! J'étais un bon couteau-suisse mais je n'étais spécialiste de rien.

Le changement devait être total car je ne voulais plus être consultante, ni RH, ni travailler dans de grandes entreprises auxquelles j'étais devenue allergique. Je savais seulement que j'étais attirée par le monde des start-up, par le secteur de l'éducation et que j'avais envie d'un métier utile et concret… Mais lequel ?

J'ai épluché des dizaines d'offres d'emploi. Et un beau jour, j'ai vu une annonce pour un poste de *business developer* dans une start-up EdTech (technologies de l'éducation). L'idée d'être commerciale m'attirait, car c'était un nouveau challenge concret : les résultats se mesurent et la satisfaction des clients est visible ! Je voulais aussi apprendre la vente pour le jour où, peut-être, je créerais ma propre entreprise.

J'ai tenté ma chance en écrivant un message sur LinkedIn au fondateur de l'entreprise, et suite à l'entretien j'ai obtenu le poste, en le réadaptant avec l'aide de mon employeur pour qu'il soit sur mesure pour moi : 80 % de mon travail consistait à développer le chiffre d'affaires comme indiqué dans l'annonce, et compte tenu de mon profil, 20 % de mon temps était dédié aux projets de formation – création du catalogue de formations RH, création d'un MOOC sur le recrutement, animation de formations en entreprise. Ce mélange était idéal pour moi !

Ainsi, mon métier et mon environnement de travail n'avaient plus rien à voir avec ma vie d'avant. J'ai découvert la flexibilité d'une start-up de quatre personnes, les enjeux d'une entreprise en démarrage, et j'ai développé de nouvelles compétences passionnantes.

I WANT TO BREAK FREE(LANCE) !

Après mûre réflexion, le salariat, tu n'en veux pas (plus). Tu ne supportes plus d'avoir un patron, tu préfères voler de tes propres ailes. Que ce soit de manière transitoire pour tester de nouvelles activités et acquérir de nouvelles compétences, ou bien de manière définitive… l'indépendance t'attire ! Si c'est ton cas, je vais te parler ici de l'option freelance.

C'est celle que j'ai moi-même choisie avant de démarrer l'aventure Pose ta Dem', pour gagner mes premiers milliers d'euros par moi-même et pouvoir me consacrer à la création de ma propre entreprise. Je réalisais des prestations d'ingénierie pédagogique et j'animais des formations pour des entreprises, start-up comme grandes entreprises.

Freelance est le terme anglais pour dire « indépendant » : c'est un travailleur indépendant qui propose ses services aux entreprises. Mais alors, quelle différence avec l'entrepreneur ?

Le freelance vend ses services à des clients. L'entrepreneur crée un système qui dépasse la prestation de services : il crée une entreprise qui ne dépend pas directement et uniquement de son travail. Tandis que le freelance est rémunéré pour ses services et donc son temps passé directement sur l'exécution opérationnelle de la mission.

Le freelance se concentre sur un domaine de compétences précis et s'attache à devenir excellent dans celui-ci afin de délivrer le meilleur service possible à ses clients.

De son côté, l'entrepreneur développe une entreprise qui le dépasse et s'occupe de la stratégie, de la gestion, du produit, du marketing, de la vente… À mesure que l'entreprise grandit, son rôle n'est plus opérationnel mais concentré sur la stratégie et le management : son but est de recruter les meilleurs spécialistes et de les manager pour accomplir la vision qu'il a de son entreprise.

Bien sûr, le freelance doit aussi s'occuper de vendre ses services et de gérer son entreprise !

Mais la proportion est différente. Le cœur de métier du freelance est d'exercer sa compétence au profit de ses clients. Le cœur de métier de l'entrepreneur est de développer l'entreprise.

C'est plus clair pour toi ?

Maintenant, je vais te parler du freelance spécifiquement. Et le moins que l'on puisse dire, c'est que ce type de travailleur, pourtant loin d'être nouveau, chamboule grandement le marché du travail ces dernières années ! Eurostat explique ainsi que le nombre de freelances (ou « iPros » selon la définition de l'European Forum of Independent Professionals) a progressé de 145 % entre 2008 et 2018 en France. Ils étaient 700 000 en 2013 et 930 000 en 2019. Soit 50 000 nouveaux freelances par an ! Aujourd'hui, la part de ces travailleurs indépendants d'un nouveau genre dans la population active française tourne autour de 10 %.

Et aux États-Unis, il y a 38 millions d'indépendants, soit plus de la moitié de la population active ! Leur revenu total dépasse les 427 milliards de dollars et 20 % d'entre eux génèrent entre 100 000 et 500 000 $ par an.

Et si tu as encore besoin d'une statistique pour comprendre l'ampleur du phénomène, en France, 90 % d'entre eux l'ont choisi ! Non, il ne s'agit pas d'un choix par défaut… Alors comment expliquer cette tendance de fond ?

La spécialiste française de cette question du travail de demain est Laëtitia Vitaud. Elle a notamment écrit *Du labeur à l'ouvrage. L'artisanat est l'avenir du travail*, paru en 2019[21]. Elle y montre que le freelancing n'a rien de nouveau, mais qu'il est devenu très puissant. En France, c'est le fameux statut d'auto-entrepreneur (devenu micro-entrepreneur) qui l'a fait décoller grâce à sa simplicité administrative ! Sans oublier le développement de nouveaux outils numériques qui permettent de travailler de partout et n'importe quand.

Laëtitia Vitaud souligne aussi un changement progressif de considération du sacro-saint CDI : « Si notre imaginaire collectif associe encore salariat à sécurité, la réalité est bien différente pour les nouveaux entrants. » À ce sujet, le prix Nobel d'économie Jean Tirole rappelait en 2019 que 90 % des emplois créés en France sont des CDD ! De quoi méditer sur cette fameuse sécurité promise par le salariat.

Mais qui sont tous ces freelances ? Selon l'étude de Malt[22], une place de marché virtuelle qui met en relation travailleurs indépendants et entreprises, 89 % d'entre eux ont été salariés auparavant. La majorité a suivi un cursus classique en entreprise avant de choisir la voie de l'indépendance. Eh oui, très souvent, on devient freelance dans un domaine que l'on connaît bien, comme celui de notre job salarié !

---

21. Éditions Calmann-Lévy.
22. Se transformer avec les freelances, une étude réalisée par Laëtita Vitaud pour Malt : https://news.malt.com/wp-content/uploads/2018/03/Se-transformer-avec-les-freelances-%C3%A9tude-Malt.pdf

Et d'après une étude de Creads[23], une plateforme dédiée aux freelances experts en conception graphique, l'âge moyen du freelance est de 37 ans. Un chiffre qui prouve que les freelances ne sont pas tous fraîchement sortis d'école.

Les métiers qui se prêtent au freelancing sont nombreux : développeurs, graphistes, designers, rédacteurs, traducteurs, consultants, chefs de projets, community managers… En faisant un petit tour sur Malt, tu pourras découvrir des coachs Agile, des développeurs front-end, des motion designers, des UX designers, des consultants en communication ou en marketing, des commerciaux, des illustrateurs, des data analysts, des photographes, ou encore des game designers spécialisés en jeux vidéo !

Et si tu ne comprends pas tous ces intitulés, je te rassure… Moi non plus ! Chacun sa spécialité, chacun son métier, chacun sa cible de clientèle. Tu n'as pas besoin de connaître tous les métiers existants pour exercer le tien ! Mais cette petite promenade sur les plateformes de freelances peut grandement t'inspirer et te montrer l'éventail des possibilités.

Par contre, je te préviens. En te baladant sur ces plateformes, tu risques de te poser cette question : si les freelances sont toujours plus nombreux sur le marché du travail, est-il encore judicieux de se lancer ? Le marché n'est-il pas saturé ? En un mot, quel est l'avenir des freelances ?

En réalité, si l'offre des freelances croît, celle des besoins des entreprises en matière de freelancing augmente également. Le monde du travail évolue très rapidement, la crise sanitaire en 2020 l'a montré de façon flagrante. Les modes de travail deviennent ainsi de plus en plus flexibles. Les entreprises sont de plus en plus nombreuses à faire appel à des freelances. Recruter un freelance permet un gain financier intéressant (elles n'ont pas à payer de charges sociales, c'est le freelance qui les paie), une plus grande flexibilité et un allégement administratif. De plus, les freelances sont des spécialistes de leur métier qui apportent un regard extérieur et neuf sur l'entreprise ! Et cela concerne les petites comme les grandes entreprises.

Enfin, il ne faut pas croire que tout le monde veut devenir indépendant. Même si le nombre de freelances augmente, ils sont loin de représenter la totalité des

23. Étude de Creads : https://www.creads.fr/blog/actualite/infographie-freelances-creatifs-france

travailleurs en France. La preuve ? Les statistiques de l'Insee montrent que les salariés des secteurs privé et public représentaient, en 2019, environ 25,5 millions de travailleurs… contre seulement 1,3 million de micro-entrepreneurs. Bien que tous les freelances ne soient pas micro-entrepreneurs (micro-entrepreneur est un régime social et fiscal, pas un statut !), cela donne quand même une indication sur la proportion entre salariés et freelances.

Enfin, qu'est-ce qui attire tant de travailleurs vers l'option freelance ? Très souvent, l'envie de liberté, d'autonomie et d'indépendance dans son travail. Mais aussi le désir d'organiser librement son emploi du temps et de choisir son lieu de travail sans contraintes imposées par un employeur. C'est l'argument choc qui a conquis Manon, mentor et coach de mon équipe !

LE MOT DE MANON

« Devenir freelance a été une évidence pour moi. »

C'était il y a plus de deux ans. Comme tous les jours quand j'étais 100 % salariée, je m'apprête à monter dans le métro pour rejoindre la gare Saint-Lazare, à Paris, et rentrer chez moi. Il est 18 h passées, il fait déjà nuit dehors. Je lève le nez de mon téléphone et je regarde autour de moi. Toutes les personnes sont absorbées par leur écran ou ont le regard dans le vague. Tout le monde a l'air morne et fatigué. Et je réalise que j'affiche probablement la même mine défaite. Ça me déprime. Je me promets qu'un jour, je travaillerai comme je le décide et j'arrêterai de m'infliger ces trajets qui me lessivent le moral.

Cette scène me rappelle pourquoi devenir freelance a été une évidence pour moi.

Plus besoin de me déplacer à plus d'une heure de chez moi, une bien meilleure gestion de mon temps au quotidien, et le kif absolu de pouvoir sortir de mon bureau, fermer la porte… et être chez moi. Ou dans une maison de campagne. Ou ailleurs. C'est ce que j'adore dans le freelancing : cette liberté de lieu et d'organisation. Cela m'a permis de partir en week-end en décalé, de répondre à des mails entre deux séances de bronzette au bord d'une piscine, ou encore de m'accorder un bain avec une playlist jazzy en fond sonore – des choses simples qui ont remplacé mes trajets épuisants !

Bien sûr, être freelance, ce n'est pas se la couler douce ! Quelques bonnes habitudes me permettent de garder le rythme et de remplir mes missions à temps :

– Je travaille du lundi au vendredi (et parfois, le samedi). J'ai ajusté le rythme « classique » de travail à mes envies, comme celles de faire du sport et de méditer chaque matin.
– Je prépare mon planning hebdomadaire le dimanche soir ou le lundi matin.
– Je m'accorde des pauses. Quand on est freelance (et passionné par ce qu'on fait !), on peut avoir tendance à ne pas se couper de son ordinateur et de son téléphone. C'est mon cas. Je me suis instauré des rituels pour recharger mes batteries : regarder un film que j'adore ou encore passer une soirée autour d'un bon repas.

La vie de freelance n'est pas de tout repos ! On fait aussi des choses pas agréables comme relancer pour la 35e fois un client qui a « oublié » de te payer, ou calculer ses charges. Mais avec beaucoup de passion et un peu d'organisation, on peut clairement mettre des paillettes dans nos vies. À toi de décider !

Devenir freelance repose aussi sur l'envie de choisir ses missions, projets et clients selon ses aspirations et compétences. D'autres motifs peuvent expliquer ce choix comme augmenter sa rémunération, ou encore tester l'entrepreneuriat en commençant par le freelancing. Certains te diront même que leur objectif est de travailler de chez eux en pyjama, mais ça c'est toi qui vois ! ;-)

Pyjama ou pas, comment ça se passe exactement ? En photo, sur les réseaux sociaux, on voit le freelance attablé avec son ordinateur et un café avec un petit cœur en crème, dans un café ou un coworking. Avec une jolie plante verte pas loin. Mais ce n'est pas cela qui fait l'essence d'un freelance ! Concrètement, que fait un freelance de ses journées ?

Parole d'expert

Alexis Minchella, fondateur du podcast Tribu Indé : « Mon quotidien n'est pas plus sexy que celui d'un salarié ! Mais je suis bien plus libre et flexible. »

Peux-tu nous résumer ton parcours ?

Mes premières missions en freelance remontent à 2017, lorsque j'étais encore en école. À la fin de mes études, j'ai travaillé pour une start-up parisienne, mais très vite, ça ne collait pas. En parallèle de mon job, je n'ai jamais arrêté de prendre quelques missions en freelance, le soir et le week-end. En janvier 2019, j'ai décidé de me lancer à temps plein en freelance. J'accompagne désormais des start-up B2B en copywriting. J'ai aussi créé Tribu Indé en avril 2019. C'est un podcast pour les freelances avec des conseils actionnables pour développer son aventure en freelance. Je jongle donc entre Tribu Indé (un podcast, un livre et des contenus un peu partout sur internet) et mes missions clients.

Quelles sont les qualités d'un freelance selon toi ?

Il y a quatre grands piliers essentiels : des compétences rares et utiles pour se démarquer et résoudre les problèmes de nos clients, notre crédibilité sur le marché, un réseau et des partenaires stratégiques et une maîtrise des codes de la vente. Je développe largement ces sujets dans mon livre *Freelance : l'aventure dont vous êtes le héros*[24].

À quoi ressemble ton quotidien de freelance ?

J'adore cette question, parce qu'on s'attend toujours à quelque chose d'incroyable, rempli de liberté, de cocktails et de vacances. Mon quotidien n'est pas plus sexy que celui d'un salarié ! Mais je suis bien plus libre et flexible dans ma façon d'organiser ce que j'ai à faire.

Je commence généralement à travailler un peu avant 9 h et je termine mes journées vers 19 h 30. Quand je le peux, je pars quelques semaines à l'étranger pour bosser. Par exemple, en 2020, je suis parti vivre deux mois à Bali. Et même là-bas, j'avais pris un *coworking* pour travailler dans de bonnes conditions. Le sable entre les touches du clavier, c'est rarement un bon plan !

Un freelance doit agir comme un sportif et instaurer des routines, un rythme de travail et des objectifs précis pour tenir à long terme. Je planifie mon année et je fonctionne en plan de 90 jours et chaque semaine est minutieusement préparée le dimanche soir.

---

24. Eyrolles, 2021.

Quels conseils donnerais-tu à un futur freelance ?

Ne vous lancez pas trop tôt. Prenez le temps de planifier et de préparer votre lancement. Si vous vous lancez en freelance sur un coup de tête, vous ne tiendrez pas plus de quelques mois. Réactivez votre réseau, faites le point sur vos compétences et construisez un plan d'action pour anticiper vos premières semaines et viser le long terme pour cette nouvelle aventure !

Dans la vie du freelance, toutes les journées ne sont donc pas occupées par la clientèle. Le freelance a également besoin de temps pour élargir sa clientèle, gérer son entreprise et développer ses compétences !

Aussi, en fonction de sa stratégie commerciale, son temps sera partagé entre différentes tâches. Par exemple, s'il a une stratégie de contenu, il devra passer du temps à créer ce contenu : articles, emails, podcast, vidéos...

S'il attire ses clients essentiellement par son réseau et le bouche-à-oreille, il prévoira du temps pour des déjeuners réseau par exemple. S'il démarche ses clients, il prendra du temps pour identifier des prospects, analyser leurs besoins et leur envoyer des propositions personnalisées.

La gestion de son entreprise est également un aspect essentiel puisqu'il devra veiller à éditer ses devis et ses factures, à suivre ses entrées et sorties d'argent sur son compte professionnel, à déclarer son chiffre d'affaires chaque mois ou chaque trimestre...

Enfin, pour progresser dans son métier, se démarquer de la concurrence et apporter toujours plus de valeur à ses clients, le freelance consciencieux (et passionné) passera du temps à monter en compétence en étant coaché ou encore en se formant par le biais de livres et de formations.

Le freelance est donc un indépendant polyvalent, capable de mener plusieurs projets de front, de dialoguer et de travailler avec des personnes aux fonctionnements différents. Il devra assurer sa propre publicité pour trouver de nouveaux clients. Et si tu n'es pas très fan de prospection commerciale, bonne nouvelle, tu peux miser sur ta marque personnelle. Je t'en parle dans la partie 5 !

Mais d'abord, je t'invite à faire le point sur ton désir d'indépendance avant de poursuivre la lecture.

Exercice

INDÉPENDANT *OR NOT* INDÉPENDANT ?

Note tout ce qui t'attire dans l'indépendance. Qu'en attends-tu ? Quelles sont les raisons qui pourraient te pousser à devenir freelance ?

À l'inverse, qu'est-ce qui te déplaît dans l'idée d'être freelance ? Quels sont tes freins ?

Fais la liste pour être au clair avec toi-même !

LA VOIE DE L'ENTREPRENEURIAT

L'entrepreneuriat a le vent en poupe ces temps-ci. Il attire autant qu'il effraie ! Pour commencer, dis-moi si tu te poses la question suivante : « Suis-je fait pour l'entrepreneuriat ? »

Cette question, je l'ai entendue des centaines de fois ! Avant chaque séminaire, coaching, formation, je demande aux participants leurs craintes et questionnements. Et la question « Suis-je fait pour l'entrepreneuriat ? » ou « L'entrepreneuriat est-il fait pour moi ? » arrive souvent en tête de liste.

La nuance est intéressante d'ailleurs ! Dans le premier cas, on considère l'entrepreneuriat comme une case à laquelle il faudrait arriver à se conformer. Admettons que l'entrepreneuriat soit un losange, suis-je un losange ? Et si je ne le suis pas, puis-je quand même entrer dans le moule ?

Cette question me fait sourire (jaune) car à mes yeux, elle est symbolique de notre héritage culturel. Nous sommes formatés par le système scolaire puis hiérarchique, qui nous demande d'entrer dans des cases. Et l'on pense que l'on a le profil ou qu'on ne l'a pas. Que l'on est bon ou que l'on est mauvais. Que l'on est capable ou qu'on ne l'est pas. Qui n'a jamais entendu : « Tu es bon en maths, tu as ta place en S » ? Chercher à entrer dans une case nous dépouille de notre originalité, de nos spécificités… de notre identité !

Il faut donc arrêter de te poser cette question pour deux raisons.

La première est qu'il n'y a pas de profil type parmi les entrepreneurs. J'en connais des centaines personnellement par mon réseau et mes clients, et de nombreux autres virtuellement par leurs livres, vidéos et conférences. Chaque entrepreneur a son parcours, son projet, sa personnalité, ses forces et ses faiblesses. Mais bien sûr, comme on aime se comparer et se dévaloriser, on se focalise sur ce qui nous manque pour correspondre au standard de « l'entrepreneur type » ! Et comme par hasard, notre identité est l'exact opposé de celle que l'on fantasme.

Les plus de 40 ans imaginent le start-upper de 25 ans et s'estiment trop vieux pour ça. Les étudiants de 25 ans déplorent leur manque d'expérience. Les autodidactes mettent sur un piédestal les entrepreneurs qui ont un CV estampillé Harvard ou Sciences Po pour la France, et se disent qu'ils n'ont pas le diplôme suffisant… voire pire, qu'ils ne sont pas assez « intelligents » ! Les surdiplômés regardent tristement les entrepreneurs autodidactes qui ont monté leur boîte au lieu d'aller à l'école, et les admirent pour leur débrouillardise tandis qu'eux ont suivi la voie toute tracée.

En bref : chacun est différent ! Et c'est ce qui fait la beauté de l'entrepreneuriat.

Maintenant, laisse-moi te présenter des entrepreneurs de la communauté Pose ta Dem' ! J'ai choisi de te parler d'Élodie, Morgane et François. Ils sont tous les trois passés par les bancs de ma formation Side Project. Avec des histoires, des parcours et des projets différents, tu vas ainsi découvrir la richesse de l'entrepreneuriat !

Témoignage

Élodie, 39 ans, experte en marketing digital : « Je veux devenir LA référence dans le digital pour rendre les entrepreneurs autonomes sur les réseaux sociaux. »

Peux-tu nous raconter ton parcours ?

Cela fait quinze ans que je travaille dans le marketing digital. J'ai monté différentes stratégies digitales sur les réseaux sociaux, notamment dans l'automobile. En B2B et en B2C, ces stratégies ont été des succès avec une croissance de la notoriété de la marque et des ventes. Afin d'aller plus loin dans mon expertise, j'ai suivi une VAE (validation des acquis par l'expérience) avec l'obtention d'un master en stratégie digitale à l'Inseec.

Pourquoi ce choix de l'entrepreneuriat ?

J'ai été en arrêt de travail pendant de longs mois suite à un burn-out. Avoir touché le fond m'a permis de remonter et de me poser les bonnes questions. La seule certitude que j'avais est que je ne pouvais pas retourner dans le salariat. En naviguant sur Internet, je suis tombée sur Pose ta Dem' et le nom m'a immédiatement plu. Je me suis inscrite sur le groupe Facebook et j'ai suivi les mini-cours du programme Nouveau Départ. Chaque jour pendant une semaine, les questions que j'ai reçues ont changé ma vie. C'était la première fois que je prenais le temps de me poser ces questions.

J'ai voulu aller plus loin dans mon envie de monter un projet. Je me suis inscrite à la formation Side Project. Elle m'a beaucoup apporté, tant en confiance en moi qu'en apprentissage pour monter mon entreprise. J'ai décidé de tenter l'aventure à temps plein en créant mon entreprise, DigitalFeeling.

Que t'apporte l'entrepreneuriat ?

L'entrepreneuriat m'apporte la gestion de mon temps, le télétravail, le choix de mes clients, la possibilité d'apprendre de chacune de mes rencontres. Ce qui me motive tous les matins pour me lever, c'est de transmettre mes connaissances en digital et de me dire que cela pourra aider les autres.

Où tu en es aujourd'hui ?

J'aide les entrepreneurs à définir leur stratégie digitale, notamment sur les réseaux sociaux, pour booster leur business. D'ailleurs, mon premier client était un élève de Side Project. Il a signé lors de la formation ! Depuis, j'ai des clients réguliers.

J'accompagne les entrepreneurs *via* du coaching et de la formation : je construis une stratégie digitale sur mesure en fonction de leurs projets et attentes, et nous la déroulons ensemble dans le temps. Je leur explique pourquoi aller sur les réseaux sociaux, comment choisir le bon canal pour donner de la visibilité à leur entreprise. J'accompagne aussi les salariés qui souhaitent monter en compétences sur les réseaux sociaux pour leur travail.

Et des projets, j'en ai plein ! Je me forme aussi en *legal design* incluant les réseaux sociaux.

À long terme ? Je veux devenir la référence dans le digital pour rendre les entrepreneurs autonomes sur les réseaux sociaux !

Morgane, elle, a lancé son projet en tant qu'indépendante dans l'industrie agroalimentaire plus de dix ans après en avoir eu l'idée la première fois, pendant ses études.

Témoignage

Morgane, 31 ans, consultante indépendante dans l'agroalimentaire : « Grâce à l'entrepreneuriat, je fais les choses avec ma vision du monde. »

Peux-tu nous raconter ton parcours ?

Je suis une passionnée de cuisine depuis mon enfance. Mais je ne me voyais pas être restauratrice, on peut difficilement avoir une vie de famille. J'ai suivi des études en génie biologique, en recherche et développement agroalimentaire et en innovation alimentaire. J'y ai appris plein d'outils pour développer des nouveaux produits, comprendre la propriété intellectuelle, les stratégies d'innovation de rupture. J'ai aussi réalisé mon rêve en faisant une école de cuisine. Ensuite, pour faire simple, j'ai choisi un métier où il faut réussir à transformer une idée qui vient de mon client ou du marketing en un produit concret, industrialisable et commercialisable. Pour cela, je dois trouver une recette, établir son prix, étudier sa composition et aussi la manière dont nous allons le fabriquer dans une usine.

Pourquoi ce choix de l'entrepreneuriat ?

J'ai travaillé dans plusieurs domaines de l'industrie agroalimentaire. Après dix ans d'expérience, j'ai pété les plombs. L'année de mes 30 ans, mon corps a dit stop ! Après avoir tenu des mois, sonné l'alarme auprès de ma hiérarchie, il y a eu la goutte d'eau de trop. J'ai alors repris une idée que j'avais eue au cours de mes études : apporter mon aide technique de développement de produits aux petites entreprises. J'ai travaillé dessus durant des mois, couché sur le papier toutes mes idées, vérifié sa viabilité. C'est ainsi qu'est née Miam Innov' ! Mon entreprise permet aux exploitants agricoles de valoriser leur production et aux TPE agroalimentaires familiales d'innover. Je suis officiellement à mon compte, depuis octobre 2020 !

Que t'apporte l'entrepreneuriat ?

Je fais les choses avec ma vision du monde. Elle n'est pas parfaite, ni irréprochable. Par contre, je fais mon travail avec conviction et surtout avec beaucoup d'amour. Ça me permet aussi de gérer les rendez-vous des enfants différemment, d'anticiper les repas, de passer du temps avec eux en rentrant de la garderie… Bien sûr, cela implique parfois de travailler le soir ou le week-end.

Le mot de la fin ?

Depuis plusieurs mois, j'ai retrouvé ma joie de vivre et je m'épanouis de nouveau. Évidemment que j'ai peur ! J'ai deux enfants, un prêt immobilier, un projet d'extension de ma maison, et je me suis lancée en pleine crise sanitaire ! Mais au mieux ça fonctionne, au pire j'aurais appris beaucoup de choses. Mais, vous n'imaginez pas à quel point cela fait du bien de se sentir en cohérence entre ses valeurs et son job. C'est une belle fierté.

Quant à François, après une expérience décevante dans l'industrie du spectacle, il décide de développer son propre projet pour rendre inoubliables les présentations orales de ses clients.

Témoignage

François, 46 ans, fondateur d'Histoires de Slides. Du cours Florent à l'entrepreneuriat en passant par un cabinet de conseil : « J'aimerais transmettre ce que j'ai reçu et je trouve que c'est une belle façon de le faire. »

Peux-tu nous raconter ton parcours ?

J'ai suivi des études courtes pour entrer au cours Florent et vivre mon rêve : devenir comédien. Déçu par le milieu du spectacle, j'ai commencé à travailler dans la communication, la veille et les études médias. La PME dans laquelle j'avais un job pour payer le cours Florent m'a proposé un poste de manager. J'ai évolué avec elle en devenant directeur de production, puis en m'occupant de la relation client, du marketing et des opérations. J'ai repris mes études au Cnam et décroché un master en sciences de gestion. La PME a été réintégrée au sein de la maison mère ; j'ai piloté les projets transverses, installé le contrôle de gestion et animé une démarche de transformation de cette ETI née au XIXe siècle.

J'ai alors rejoint le cabinet de conseil en transformation qui nous avait accompagnés. Pendant douze ans, j'y ai découvert la sociologie des grandes organisations, vendu et piloté des missions de conseil, conçu et animé des formations en communication, gestion de projet, management, etc.

Pourquoi ce choix de l'entrepreneuriat ?

J'avais tout simplement envie de créer, développer, faire « ce que je voulais comme je le voulais ». J'y pensais comme un mode de vie plus libre et autonome. L'envie était là depuis très longtemps, mais je n'avais jamais trouvé le projet assez motivant pour le faire.

Après avoir suivi la formation Side Project, j'ai créé Histoires de Slides, une agence PowerPoint. Notre métier est de vous aider à maximiser l'impact de vos présentations pour convaincre. Nos clients sont des organisations publiques et privées de toutes tailles, conférenciers, formateurs... Tout le monde utilise PowerPoint et a besoin, un jour ou l'autre, d'une présentation inoubliable.

Notre objectif est que les gens voient le monde différemment après votre présentation, selon le mot de Chris Anderson, administrateur des conférences TED : un message clair qui marque votre auditoire, une histoire intéressante, un design époustouflant. Nous coachons aussi sur la prestation orale si besoin.

Que t'apporte l'entrepreneuriat ?

D'abord du sens et une motivation nouvelle. Je retrouve la capacité de travailler beaucoup... en aimant ça ! J'ai le plaisir d'être dans le flow régulièrement, j'aime ce que je fais.

Il y a un revers à la médaille : je me suis lancé à 45 ans, c'est pas mal de risques, de nouvelles responsabilités, d'angoisses face à l'incertitude. Mais la perspective de structurer une aventure qui pourrait devenir collective me grise beaucoup. J'aimerais transmettre ce que j'ai reçu et je trouve que c'est une belle façon de le faire.

Voilà trois belles histoires sincères d'entrepreneurs aux profils bien différents !

Malgré cela, tu peux encore penser : « Certes, ils n'ont pas le même CV, mais ils sont tous entreprenants, intelligents, audacieux, stratèges. Ils s'y connaissent en finance, en marketing, en gestion, ils savent vendre, négocier des gros contrats. Ce sont des *businessmen* ou *businesswomen* dans l'âme. »

Mais il n'y a pas non plus de personnalité type parmi les entrepreneurs. Tous luttent contre leurs propres démons intérieurs ! Pour certains, c'est la difficulté à se concentrer sur un seul projet ; pour d'autres, c'est celle de mieux gérer leur temps. Il y a des entrepreneurs timides et d'autres qui adorent parler en public ; des entrepreneurs rêveurs et d'autres très terre à terre ; des entrepreneurs impatients et d'autres calmes et sereins. Des hommes et des femmes, des moins de 25 ans et des plus de 50 ans, avec ou sans enfants, en couple ou célibataires, habitant en ville ou à la campagne, ayant déjà entrepris ou non, ayant déjà été salariés ou non, ayant fait de grandes études ou non.

Ensuite, je te rappelle le pouvoir des questions : les questions fermées n'apportent pas de réponse utile ! La question « Suis-je fait pour l'entrepreneuriat » sous-entend que cela est gravé à vie dans notre identité. Et donc ? Si c'est non, terminé, au revoir, rideau ?

Demande-toi plutôt : pourquoi ai-je envie d'entreprendre ? Quel problème ai-je envie d'aider le monde à résoudre ? Que puis-je développer en moi (compétences mais aussi développement personnel) pour réussir et vivre au mieux l'aventure entrepreneuriale ? Quel projet me permettrait d'exploiter au mieux mes compétences ? Voilà des questions qui te feront avancer !

Ne perds pas de temps à te demander si tu as le profil « ou pas » pour entreprendre. Ce qui est sûr, c'est que tu as le profil de quelqu'un qui a le droit de s'épanouir.

Mais alors, s'il n'y a ni parcours type, ni personnalité type de l'entrepreneur, qu'est-ce qui met des personnes radicalement différentes sous une même étiquette ? J'identifie six caractéristiques dans l'esprit du (futur) entrepreneur. Et je te rassure, elles n'ont rien d'inné, elles se travaillent tout au long de ta vie !

- Être (pro)actif : l'entrepreneur prend des initiatives, il n'attend pas qu'on lui demande de faire quelque chose. Puisque c'est lui le chef ! Il se questionne sur les actions pertinentes à lancer… et il y va !
- Réfléchir, mais surtout agir : l'entrepreneur est une personne d'action, qui prend le temps de réfléchir à la stratégie, puis qui agit sur le terrain. Il sait que l'action est le seul déclencheur du changement.
- Adopter la méthode *test and learn* (tester et apprendre) : l'entrepreneur le sait, il faut très souvent essayer, ajuster, recommencer pour enfin réussir. Je ne te dis pas là que tu devras forcément échouer une première fois avant de connaître le succès, mais qu'il est normal de tâtonner ! Le plus important est d'écouter le retour de tes clients et d'identifier ce qui peut être amélioré. C'est en faisant qu'on apprend !
- Faire taire son perfectionnisme : « mieux vaut fait que parfait », telle est la devise de l'entrepreneur débutant ou aguerri. Je t'invite à appliquer cette maxime à toute ta démarche d'introspection personnelle et à ta prochaine aventure professionnelle. Mieux vaut tenter de faire quelque chose, de lancer un produit ou d'envoyer un CV imparfait mais fait avec le cœur… que de ne rien faire du tout !

- Créer un environnement stimulant : l'entrepreneur est loin d'être seul. C'est au contraire une personne qui apprend à bien s'entourer et à adopter des habitudes saines et durables, y compris dans le choix et l'entretien de ses relations. Il fait partie de communautés d'entrepreneurs qui le boostent et l'aident en cas de besoin.
- Investir en soi en priorité : l'entrepreneur sait que son atout numéro un, c'est lui-même ! Il investit en lui par le biais de livres, de formations, de coachings. Il n'a pas peur de dépenser au profit de sa croissance personnelle et de celle de son entreprise.

Ça y est, tu connais les clés de l'état d'esprit entrepreneurial ! Mais tu te dis peut-être « C'est bien beau, mais je ne vais pas devenir comme ça du jour au lendemain. » Évidemment ! Ce qui est magnifique dans l'entrepreneuriat, c'est qu'on devient entrepreneur en faisant. On développe sans cesse son état d'esprit, on apprend le long du chemin !

L'INTRAPRENEURIAT, OU COMMENT AVOIR LE BEURRE ET L'ARGENT DU BEURRE !

L'entrepreneuriat, ok, ça te tente. Mais tu aimerais bien trouver une solution intermédiaire entre ton emploi salarié et l'indépendance totale. Bonne nouvelle, ça existe ! Ton aventure dans l'entrepreneuriat peut démarrer… chez ton employeur actuel. On appelle cela l'intrapreneuriat. Le concept ? Entreprendre au sein de son entreprise. Une véritable tendance qui s'affirme dans les entreprises depuis quelques années seulement.

Développer un nouveau produit ou service, créer un projet RSE (responsabilité sociétale des entreprises), mettre en place une innovation, expérimenter une nouvelle stratégie… De nombreux projets ont vu le jour grâce à des salariés agissant en entrepreneurs, comme le modèle Twingo de Renault. La liberté de créer en dehors du champ habituel du poste s'inspire du modèle Google, connu pour sa politique consistant à allouer 20 % de temps libre aux employés pour développer un projet personnel.

L'avantage de l'intrapreneuriat est que tu peux créer ton projet sans quitter les avantages de ton entreprise : emploi, salaire, conditions de travail, collègues, avantages. Tu bénéficies de la structure de l'entreprise. Tout dépend de la raison pour laquelle tu veux entreprendre et de la politique de l'entreprise. Cela vaut le coup de s'y pencher, comme l'a fait Omar.

Témoignage

Omar L., 30 ans, intrapreneur : « On réalise des projets intéressants en autonomie. »

Quel est ton métier et quel est ton projet en tant qu'intrapreneur ?

Je travaille dans un cabinet de conseil. Mon projet consiste à animer une communauté interne relative à des thématiques innovantes (technologiques, organisationnelles...). L'objectif étant d'identifier des sujets innovants et pertinents pour nos clients ainsi que pour notre équipe. Nous travaillons par exemple sur les nouvelles façons de travailler comme l'utilisation des neurosciences, notamment la connaissance des biais cognitifs, dans l'analyse du risque en entreprise, ou encore sur l'identification de moyens innovants pour motiver les collaborateurs pour prendre part à ces projets internes, etc.

Comment as-tu procédé pour le mettre en place ?

Je suis passé par plusieurs étapes. J'ai d'abord dû faire mes preuves au sein de la société. Puis, j'ai proposé mon idée à mes responsables. Là, j'ai fait l'erreur de proposer un concept en cours de construction et non pas un projet clair et bien cadré. Heureusement, j'ai quand même été suivi ! J'ai ensuite identifié des alliés stratégiques au sein de mon entreprise, c'est-à-dire des personnes à qui j'explique le projet individuellement afin de les « avoir de mon côté ». Ces alliés m'aident également pour le bouche-à-oreille. J'ai ainsi pu lancer le projet et commencer l'animation basée sur des techniques de gestion de la motivation.

Quels sont les avantages de l'intrapreneuriat ?

On réalise des projets intéressants en autonomie ayant pour but de déboucher sur des missions concrètes auprès de nos clients. Ensuite, cela permet de tester plusieurs concepts d'accompagnement du changement, de gestion de l'innovation ou encore de *design thinking*.

Les deux principaux avantages sont l'accomplissement de soi, le fait de sentir que j'ai créé de la valeur est très gratifiant, et l'apprentissage. L'intrapreneuriat c'est un peu l'école de la vie où l'on apprend à s'entourer, à convaincre, à échouer puis à se relever, etc.

Quel conseil donnerais-tu pour se lancer en tant qu'intrapreneur ?

Ne pas hésiter à se lancer. Tout en gardant son sang-froid en se préparant correctement et en étant résiliant dès le début, car il s'agit d'un chemin où les choses se passent rarement comme prévu ! Enfin, un minimum d'appétence au risque est nécessaire pour se lancer.

Si l'intrapreneuriat t'attire, je te conseille de commencer par faire le point sur tes attentes. Pourquoi as-tu envie d'entreprendre ? Dans quelles conditions as-tu envie de te lancer ? Considères-tu l'intrapreneuriat comme une étape ou comme une fin en soi ?

Ensuite, renseigne-toi sur la politique d'intrapreneuriat au sein de ton entreprise. Comme un entrepreneur, tu vas devoir aller chercher l'information au bon endroit : savoir t'entourer, poser les bonnes questions, identifier un besoin et y apporter une solution !

ACTIVE LE MODE DIGITAL NOMAD POUR VOYAGER EN TRAVAILLANT

En 2015, alors que j'étais enfermée dans un bureau sous le ciel gris parisien, je rêvais de voyager à travers l'Europe tout en travaillant. En faisant quelques recherches, j'ai découvert que ce mode de vie portait un nom : le digital nomadisme ! Un *digital nomad* (ou nomade digital en français) est une personne qui voyage très régulièrement tout en travaillant à distance depuis son ordinateur. Cela existait donc ! Un nouveau monde s'ouvrait à moi.

Une fois à mon compte en 2017, j'avais toujours ce rêve en tête et il a guidé mes choix. J'ai créé mon entreprise sur un modèle flexible géographiquement. Et j'ai réalisé mon rêve : avec une amie entrepreneure, nous avons fait un tour d'Europe en train pendant un mois : Paris - Amsterdam - Berlin - Varsovie - Cracovie - Prague - Vienne - Bratislava - Budapest. Le tout en travaillant à distance !

J'ai vécu des moments d'immense gratitude pour ma liberté et ce nouveau mode de vie : prendre un cappuccino à Amsterdam en fin de journée en regardant la ville qui commence à s'agiter pour la soirée. Faire une sieste au soleil dans un parc à Cracovie au bord de la Vistule un mercredi en plein après-midi. À l'heure traditionnelle de la sortie des bureaux et des métros encombrés, enfiler son maillot de bain et entrer dans le bassin d'eau chaude extérieur des thermes Széchenyi à Budapest.

Depuis, j'organise régulièrement des périodes nomades en louant un appartement sur AirBnb, avec comme critère principal un excellent réseau wifi et un bureau confortable. Ce n'est pas forcément à l'autre bout du monde et pas tout le temps. Mais c'est où je veux et quand je veux, et cela n'a pas de prix.

L'aventure te tente ? Aujourd'hui, ce n'est plus un doux fantasme, c'est une réalité accessible !

Le nomadisme peut se vivre de deux façons :

- Tu peux être salarié : avec le télétravail, tu travailles à distance, mais tous les jours – c'est ce que l'on appelle du *remote work* que certaines entreprises acceptent, voire proposent dans leurs offres d'emploi. Tu peux jeter un œil aux sites suivants : Remote.io, Remote Stash, Workew, WeWorkRemotely… et bien d'autres !
- Tu peux être indépendant. C'est la version du nomadisme la plus connue et pratiquée.

Mais en me lisant, tu te dis peut-être que le digital nomadisme, après la crise sanitaire de 2020 et à l'heure du changement climatique… ce n'est plus franchement d'actualité. Au contraire, je suis persuadée que de nouvelles opportunités sont nées de cette période ! D'un côté, les entreprises sont de plus en plus flexibles face au télétravail car ce mode de fonctionnement s'est imposé comme un moyen de laisser les gens en sécurité chez eux. De nombreux salariés se sont retrouvés à travailler à distance du jour au lendemain et bénéficient désormais de plusieurs jours de télétravail par semaine.

De l'autre, la fermeture des frontières et les difficultés à voyager nous incitent tous à reconsidérer notre façon de nous évader, de nous ressourcer et d'être créatifs. Peut-être fais-tu partie de ces Français qui ont redécouvert leur département, leur région, leur pays durant cette période ? Peut-être as-tu identifié des endroits proches de chez toi où tu te sens bien et où tu te vois travailler ? C'est une version locale du digital nomadisme… avant de reprendre la route pour des horizons plus lointains ! Continue de croire en tes envies, tu trouveras toujours un moyen de les réaliser, quelles que soient les circonstances extérieures.

Cet aparté fait, revenons à nos moutons. Pour te lancer dans l'aventure, commence par te poser cette question classique : « Quels métiers sont accessibles en nomadisme ? » La liste est longue : rédaction, traduction, développement web, marketing, consulting, gestion de projet, coaching, graphisme, photographie, e-commerce… Tout métier nécessitant comme seul matériel un ordinateur, une bonne connexion wifi et éventuellement quelques accessoires spécifiques selon ton activité.

Témoignage

Alex Vizeo, 34 ans, coach en *personal branding* : « Le digital nomadisme permet d'avoir une vie d'expériences plutôt qu'une vie de possessions. »

Quel est ton parcours ?

J'ai grandi dans une famille où l'on n'a jamais manqué de rien et où l'on m'a toujours dit que le bonheur, c'était un bon job et une maison. J'ai eu la chance d'atteindre cet objectif à 25 ans. Et c'est le moment où je me suis rendu compte que ça ne me convenait pas. J'ai posé ma dem', j'ai quitté mon appart' et je suis parti faire un tour du monde d'un an. C'était mon rêve. C'est comme ça que j'ai commencé mon blog et mes vidéos, et que j'ai fini par devenir influenceur voyage. Puis j'ai décidé de davantage partager avec les autres, de les aider, en devenant coach en personal branding.

Quelle est ton expérience du digital nomadisme ?

Quand j'étais influenceur voyage, je voyageais de manière frénétique. Mon bureau était avec moi en permanence car je me déplaçais tout le temps. Aujourd'hui, j'ai encore cette envie de bouger mais quand je voyage, je pars plus longtemps. En novembre 2020, je suis parti un mois en Ukraine, par exemple. J'opte maintenant pour des périodes de vie plus que pour des découvertes quotidiennes. Le digital nomadisme permet d'avoir une vie d'expériences plutôt qu'une vie de possessions, car toute ta vie tient dans une valise ou presque. Pour moi, être nomade digital, c'est aller vivre où t'as envie de vivre. Ça peut être un mois, un an, dix ans. C'est ne pas être enchaîné au siège social d'une boîte.

Quels conseils donnerais-tu à un futur digital nomad ?

Si tu ne sais pas trop vers quoi te diriger, je te conseillerais d'abord de définir un métier qui te fera vibrer. Tu peux essayer de répondre à cette question : quel job choisirais-tu si tu pouvais devenir milliardaire, mais qu'en contrepartie tu devais travailler toute ta vie ? Et s'il s'agit de digitaliser une activité que tu as déjà, je te conseillerais de bien compartimenter tes journées, d'établir des process. La discipline octroie de la liberté.

J'espère que l'interview d'Alex Vizeo t'aura donné envie de voir ta future aventure professionnelle en grand, et pourquoi pas, à l'étranger ! Je t'invite maintenant à faire le point.

Exercice

TA PORTE VERS LA LIBERTÉ

Voici les questions à te poser :

– Que penses-tu du digital nomadisme ?

– Qu'est-ce qui te plaît dans ce mode de vie ?

– Si tu étais 100 % indépendant géographiquement, où irais-tu ?

– Quelle activité aimerais-tu exercer dans ces conditions ?

– Si tes idées ne sont pas « nomades », comment peux-tu les rendre nomades ?

Si la profession que tu vises n'est pas compatible actuellement avec ce mode de vie (ouvrir une boutique de produits artisanaux bio par exemple), je t'invite d'abord à te questionner sur ce qui est prioritaire pour toi. Si c'est la liberté géographique, alors tu dois trouver un moyen d'assouvir cette envie en adoptant une autre stratégie pour réaliser ton projet. Tout dépend de ce qui t'anime dans ton projet.

Si ce projet de boutique est basé sur ton envie de proposer des produits de qualité, alors tu peux transformer ton magasin en une boutique e-commerce pour vendre les mêmes produits… depuis ton ordinateur !

Témoignage

Marion Geyres, 28 ans : « L'avantage d'être digital nomad ? On peut voyager sans attendre. »

Quel est ton métier ?

Je suis rédactrice web. Tant que je rends en temps et en heure mes articles à mes clients, je suis libre géographiquement et j'adore ça ! Je continue de développer mon blog Entreprendre et Voyager en parallèle.

Comment as-tu démarré ?

J'ai commencé mon expérience de digital nomad après avoir installé financièrement mon travail en tant que freelance pendant deux ans. Désormais, je m'autorise à voyager plus longtemps plusieurs fois par an. En 2019, j'étais dans le Chiang Mai en Thaïlande pour un mois. Ce qui est génial, c'est qu'en travaillant depuis l'Asie, on est en avance au niveau du décalage horaire : quand mes clients se lèvent, ils sont tous contents de recevoir mes écrits fraîchement faits du jour ! J'ai fait une pause de trois semaines pour découvrir la Thaïlande, puis j'ai travaillé tout en visitant le pays. Le week-end, je partais en excursion, et la semaine je travaillais le matin et je me reposais à la piscine l'après-midi, avant de reboucler quelques mails le soir. J'ai plein d'autres projets de voyages, j'espère continuer ainsi !

Quels sont les avantages et inconvénients d'être digital nomad ?

L'avantage d'être digital nomad est que l'on peut voyager sans attendre, on apprend et découvre sans cesse, on s'organise comme on le souhaite, on choisit les projets sur lesquels on travaille… L'inconvénient est la solitude parfois. Il faut que le décalage horaire ne gêne pas la gestion des rendus et il faut que l'environnement soit confortable pour ne pas être perturbé par des problèmes techniques, des douleurs de dos…

Aujourd'hui, comment envisages-tu le fait d'être digital nomad ?

J'envisage toujours le digital nomadisme, la liberté géographique avec beaucoup de positif et d'intérêt. Bien que j'attende que certaines frontières rouvrent, je pense qu'il est important, plus que jamais, de suivre ses envies, son instinct, de multiplier les expériences, les découvertes… Je (re)découvre certains lieux plus proches et je continue d'améliorer mon activité. Le télétravail est pour moi bien plus qu'un mode de travail, c'est devenu mon mode de vie et je m'y épanouis beaucoup.

Quel conseil donnerais-tu à quelqu'un qui veut devenir digital nomad ?

À ceux qui veulent se lancer, je conseillerais d'avoir tout d'abord une bonne base de clients et une stabilité financière minimale avant de se lancer. Cela permet d'être plus serein mentalement parlant avant de partir et de se confronter à l'étranger !

BYE BYE L'ORDINATEUR AVEC LES MÉTIERS MANUELS ET ARTISANAUX

Être derrière un écran d'ordinateur pour la journée, ce n'est peut-être plus (ou pas) ton truc. Plus du tout. Et tu n'es pas seul : depuis plusieurs années, les médias nous inondent de portraits de cadres blasés des trajets en métro, des bouchons sur le périph' et de leur bullshit job derrière un écran. Leur décision ? Devenir agriculteur, boulanger ou éleveur de chèvres (coucou, le Larzac !).

Plus encore, après l'expérience du confinement de 2020, certains ont fait le choix de se reconvertir dans des métiers plus « écologiques ». Une façon pour eux de redonner véritablement du sens à leur vie professionnelle ! En 2018, une analyse de l'Institut supérieur des métiers (ISM) montrait que les cadres reconvertis représentaient 12 % des créateurs de sociétés artisanales auparavant salariés, soit environ 6 000 personnes. Pas un tsunami, mais une petite vague qui semble dessiner une véritable tendance ! Car un autre chiffre montre que ce n'est que le début : l'enquête de l'ISM montrait aussi que 58 % des Français interrogés seraient prêts à travailler dans l'artisanat s'ils le pouvaient. La tendance pourrait donc bien se renforcer dans les années à venir !

Leur volonté, et peut-être la tienne, est de (re)donner du sens à leurs actions en utilisant leurs mains (et leur tête) pour quelque chose de visible, concret, palpable, et non pas des tableurs Excel à rallonge. La recherche du contact humain et des échanges est aussi régulièrement mentionnée pour expliquer ces virages à 180 degrés !

Mais par où commencer ?

Comme pour n'importe quelle reconversion professionnelle, s'orienter vers un métier artisanal ou manuel exige de faire un bilan de ses envies et de ses besoins. As-tu une attirance inavouée pour la cuisine, la peinture ou les fleurs ? Une passion manuelle dévorante à laquelle tes parents et tes professeurs auraient objecté « Mais voyons, ce n'est pas un métier » ? Souviens-toi, plus l'idée te semble folle, plus ça vaut le coup d'y réfléchir !

Exercice

TON MÉTIER (MANUEL) DE RÊVE

Quand tu étais petit, qu'aimais-tu faire de tes mains (pâte à modeler, constructions, dessin, peinture, musique…) ?

Pourquoi ?

Qu'est-ce qui t'a dissuadé de les exercer (qui ou quoi) ?

Pourquoi ?

Aujourd'hui, quelles activités manuelles, créatives, pratiques-tu sur ton temps libre ?

Imagine que tu crées aujourd'hui un ou des produit(s) de tes mains. Lequel/lesquels est-ce ?

Te vois-tu tenir une boutique, un commerce ? En ligne ou en physique ?

Je te conseille aussi de te poser la question de la vie que tu souhaites mener, dans laquelle s'intégrera ton projet professionnel. Choisir un métier manuel, comme agriculteur ou fleuriste, implique parfois de travailler en horaires décalés. Il est donc indispensable de saisir toutes les contraintes rencontrées par des artisans du domaine visé. La bonne nouvelle, c'est que des plateformes fleurissent depuis plusieurs années pour t'y aider : le site web « Maintenant, j'aime le lundi » publie des vidéos immersives dans un métier précis, Wecandoo te permet (entre autres) de devenir ébéniste le temps d'un week-end, Testunmetier.com et Testmonjob.fr de revêtir les habits d'un couturier de spectacles ou d'un cocher le temps d'un stage court.

Car le principal enjeu d'une reconversion de ce type, c'est souvent l'obtention d'un diplôme à l'issue d'une formation professionnalisante. Pas question de s'inventer brasseur ou céramiste sans avoir appris les bases du métier.

Capitalise aussi sur tes expériences passées, discute avec plusieurs artisans du domaine recherché. L'objectif est de déterminer si faire de ta passion manuelle ton nouveau travail est compatible avec tes attentes et tes envies.

Témoignage

Diane Laroche, 30 ans : « Être artisan, c'est avoir un métier multicasquette. »

Peux-tu retracer ton parcours ?

Après le bac, j'ai hésité à faire un diplôme de décoratrice d'intérieur… avant d'opter pour le commerce, jugé plus sûr. Mais, signe du destin, j'ai travaillé à Londres dans le tissu pour la décoration d'intérieur comme commerciale ! Et je me suis finalement reconvertie en 2020 dans une activité artisanale textile. J'avais cette frustration de travailler avec des gens créatifs mais d'être « de l'autre côté ». J'avais également ce désir d'un jour monter mon entreprise mais je n'avais jamais osé franchir le pas.

Comment as-tu bâti ton projet ?

Monter un projet en rapport avec le tissu est pour moi une façon de répondre à deux problèmes rencontrés dans mon travail. D'abord la question écologique. Une chose qui m'a choquée, c'est le gâchis qui existe : tous les tissus invendus finissent détruits ou brûlés… Pour commencer, je récupère des chutes chez des tapissiers et décorateurs pour en faire des créations uniques, principalement des coussins.

Ensuite, je veux perpétuer ce métier qui tombe complètement dans l'oubli. Il est tellement plus simple d'acheter ses rideaux chez IKEA, plus personne ne fait appel à un décorateur ou même à un tapissier pour refaire un siège… Alors que c'est complètement l'idée de l'*upcycling* de faire du neuf avec de l'ancien ! Les gens ne savent pas à qui s'adresser ni où aller pour avoir une décoration sur mesure. Et il faut l'avouer, c'est un peu cher. Alors moi, je veux rendre tout cela accessible.

As-tu suivi des formations spécifiques ?

J'ai suivi des cours avec des professionnels de la couture et de la restauration de fauteuils. En revanche, je n'ai pas de certification type CAP. Je prépare également un diplôme en ligne dans la décoration d'intérieur.

> ***As-tu des conseils à adresser à des futurs démissionnaires souhaitant devenir artisans ?***
>
> Il faut évidemment bien comprendre le métier dans lequel on se lance et le pratiquer en tant que « hobby » ou à travers des cours ou formations. L'artisanat peut être très physique et il faut s'imaginer qu'au-delà de créer un bel objet, il y a cet effort. Ensuite, il faut pouvoir vivre de ses créations et savoir les vendre, mais aussi gérer son entreprise, sa communication, sa comptabilité. C'est un métier multicasquette, ce qui me plaît énormément !

Cette piste te tente ? Génial ! Il te faut maintenant rechercher la formation adaptée à ton projet. Plusieurs solutions s'offrent à toi si tu vis en France : contacte le groupement d'établissements publics locaux d'enseignement (Greta) le plus proche de chez toi. Il s'agit de collèges ou de lycées qui dispensent des formations pour les adultes[25]. Il y en a au moins un dans chaque département français. Tu peux aussi te rapprocher de l'Afpa, l'Agence nationale pour la formation professionnelle des adultes, qui donne notamment accès à des formations en alternance. Pas mal, non ? Avoir un mentor en présentiel qui pratique le métier depuis longtemps est indispensable à l'apprentissage d'une activité manuelle pour observer la personne en action, acquérir les bons gestes et éviter de se faire mal (en cas de besoin d'utiliser une machine coupante, par exemple) ou de faire mal à l'un de ses clients (dans le cas de l'ostéopathie, par exemple).

Mais qui dit formation, dit souvent dépenses importantes. Investir en soi est le meilleur investissement possible, mais il faut aussi tenir compte de ta situation financière et c'est bien normal ! Je te conseille d'épargner, même une petite somme, chaque mois, en vue de financer ta formation, ou bien de mobiliser ton compte personnel de formation (CPF), si l'organisme de formation l'accepte. Tu peux aussi faire appel aux chambres de commerce et d'industrie et aux chambres des métiers, qui délivrent des accompagnements et des formations gratuits ou à moindres frais.

25. Plus d'informations sur la formation continue pour les adultes sur le site du ministère de l'Éducation nationale : https://www.education.gouv.fr/la-formation-continue-des-adultes-l-education-nationale-3035

Témoignage

Valérie, 50 ans, artisan : « J' ai pris la décision de tout arrêter et de tenter l'expérience d'un métier manuel et artisanal. »

Peux-tu retracer ton parcours ?

Comptable de formation, j'ai vécu ma première expérience en entreprise en tant qu'aide-comptable. Puis j'ai gravi les échelons : comptable, trésorière... Mais après vingt-sept ans d'ancienneté, j'ai fait partie d'un plan de licenciement économique. Ça a été difficile à vivre et à accepter. Très rapidement, j'ai enchaîné deux autres expériences professionnelles, l'une de dix-huit mois, l'autre de neuf mois. Mais j'ai eu du mal à trouver ma place dans ces nouvelles entreprises, malgré l'évolution de carrière promise.

Ces changements professionnels, matériels et humains m'ont fait prendre conscience que j'avais besoin d'autre chose pour m'épanouir. Les responsabilités et la hiérarchie me pesaient trop, j'avais besoin de plus de liberté. À 48 ans, j' ai pris la décision de tout arrêter et de tenter l'expérience d'un métier manuel et artisanal, une passion devenue une activité professionnelle.

Aujourd'hui, je suis créatrice d'objets de décoration en bois, à la fois pour les enfants, les adultes et pour la maison. Mes créations sont en bois naturel ou peint, et peuvent être personnalisées. Je vends mes créations sur différents sites internet et lors de salons artisanaux.

Comment as-tu bâti ton projet ?

J'ai démissionné de mon dernier emploi. J'ai ensuite passé un entretien à Pôle Emploi pour bénéficier d'une aide financière de formation. Je me suis ensuite inscrite à un stage de cinq jours, le stage de préparation à l'installation à la chambre des métiers de l'artisanat de Versailles afin de devenir auto-entrepreneur. Aujourd'hui, je génère en moyenne vingt commandes par mois via Internet et mon réseau, hors salons.

As-tu des conseils à adresser à des futurs démissionnaires souhaitant devenir artisans ?

Profiter d'une rupture conventionnelle ou d'un licenciement économique pour se lancer est plus confortable financièrement et plus rassurant. Par ailleurs, la communication sur les réseaux sociaux dès le départ est très importante. Et même si le stage de préparation à l'installation est devenu facultatif, je le conseille vivement car il est très intéressant et instructif. Enfin, l'auto-entreprise est le statut le plus simple : les démarches administratives sont simplifiées, la tenue de comptabilité est très simple et la déclaration du chiffre d'affaires se fait facilement à l'Urssaf.

CONCLUSION

Tu as désormais toutes les cartes en main pour réfléchir à ta prochaine aventure ! Tu sais maintenant comment générer des idées de projets. Et surtout, tu sais que plusieurs options s'offrent à toi pour concrétiser tes envies, que ce soit au sein d'une entreprise ou en devenant indépendant.

Prends le temps de te poser, d'assimiler les informations de cette partie. Elle est essentielle. Sois à l'écoute de tes ressentis. Tu le sais, ton intuition est toujours de bon conseil. Elle te montrera le chemin vers un alignement plus profond avec tes valeurs et tes aspirations.

Avant de passer à la suite, je te propose de travailler sur la liste de tes idées. Imaginer des projets dans ta tête, c'est bien ; les coucher sur le papier, c'est mieux ! L'écriture est un outil puissant pour matérialiser et ancrer tes idées. Cette première liste, que tu pourras compléter et affiner au fur et à mesure, te donnera un premier cadre pour passer à l'action, et te servira de matière pour la suite de ta lecture.

Exercice

TA LISTE D'IDÉES

Avant de poursuivre la lecture, je t'invite à noter ici toutes les idées que tu as !

Même celles qui te paraissent folles, impossibles ! Même celles dont tu n'oserais pas encore parler autour de toi ! Même celles dont tu n'es pas sûr !

Cette liste sera sans doute brouillonne, avec peut-être seulement quelques mots pour commencer. Ce n'est pas grave : l'essentiel est d'oser poser des mots sur tes envies. Amuse-toi !

PARTIE 4

L'ART DE CHOISIR TON PROJET SANS T'EMMÊLER LES PINCEAUX

« Le seul mauvais choix est l'absence de choix. »

AMÉLIE NOTHOMB

Est-ce que tu perçois ce doux sentiment de malaise et de panique face à toutes ces options et toujours autant d'incertitude ? C'est le revers de la médaille face à tant de possibilités. C'est grisant d'imaginer cette vaste étendue de projets qui s'offrent à nous, mais c'est aussi angoissant : comment choisir ?

Dans sa conférence TEDx « Le paradoxe du choix[26] », Barry Schwartz décrit le dilemme qui s'impose à nous face à trop de choix. « Plus les gens ont de choix, plus ils sont libres, et plus ils sont libres, plus ils ont de bien-être. » Avoir le choix est un gage de liberté : cela nous donne le sentiment que tout est possible. Mais cette liberté vient souvent accompagnée de son acolyte : la paralysie ! Face aux multiples options, on a peur de faire une erreur et on se retrouve incapable de choisir. On a peur de passer à côté de la meilleure alternative. Résultat : on préfère l'immobilisme à la prise de décision.

Ce paradoxe du choix est fréquent dans la reconversion. Face à toutes ces idées, comment choisir ? Comment être certain de ne pas se planter ? Combien de personnes ai-je vu rester bloquées dans leur désir de changement, par peur d'emprunter le mauvais chemin !

Dans cette partie, je vais t'indiquer comment choisir sereinement le projet que tu souhaites poursuivre… Et t'offrir une nouvelle perspective sur la décision que tu vas prendre pour passer à l'action.

26. https://www.ted.com/talks/barry_schwartz_the_paradox_of_choice?language=fr

CHAPITRE 10

DEVIENS UN EXPLORATEUR DES TEMPS (PROFESSIONNELS) MODERNES

« *Pour explorer le champ des possibles, le bricolage est la méthode la plus efficace.* »
HUBERT REEVES

Pendant plus d'un an, j'ai mené une double vie. Employée modèle la journée, je me transformais en oiseau de nuit dès la sortie des bureaux. Mais pas pour danser jusqu'au petit matin ! Mes soirées étaient mon moment privilégié pour explorer un nouveau monde loin de mon milieu habituel : rencontres, conférences, lectures, ateliers… Toute occasion était bonne à prendre pour m'imprégner de ma nouvelle norme : le monde des entrepreneurs, des passionnés, des créateurs et des amateurs de développement personnel. Sans ces épopées, je serais restée au point de départ, sans jamais donner vie à mes envies.

Trouver sa voie ne se fait pas en restant chez soi et dans sa tête. Fantasmer un métier sans vérifier sur le terrain qu'il nous correspond nous expose à un grand risque de déception. Avoir des idées, c'est bien ; avoir des idées concrètes et choisir en connaissance de cause, c'est mieux !

Maintenant que tu as listé tes idées, tu peux enfiler ton costume d'explorateur et mener l'enquête pour chacune de tes idées favorites. Pour te guider, je vais partager avec toi ma méthode d'exploration en six étapes. Parce que oui, un explorateur a besoin du bon matériel et de la bonne carte pour avancer vers son trésor !

Pour tirer profit de ce chapitre, je te recommande d'avoir une idée de projet en tête pour lui appliquer les six étapes de l'exploration. Ce n'est pas ton choix définitif ici : tu choisis juste l'idée qui t'attire le plus, pour laquelle tu ressens une grande curiosité ou qui est la plus mystérieuse pour toi ! C'est bon, tu as choisi ? Allez, en route, moussaillon !

LE MOT DE MARION

« Quand tu te lances dans l'exploration, n'aie pas peur de la réponse : pour vraiment savoir ce que l'on veut, il faut le vivre. »

J'ai toujours adoré chanter et danser. Depuis toute petite, je suis passionnée par les comédies musicales. Mais j'ai grandi avec l'idée que « ce n'était pas un métier » et qu'on n'en vivait pas, ou mal. Pourtant, ne jamais explorer cette piste me rendait très triste. Avec l'aide d'une coach, j'ai remis ce désir artistique au top de mes priorités. Je voulais répondre à la question : est-ce que ce métier est fait pour moi, oui ou non ?

Pour cela, je pouvais continuer la comédie musicale intensément comme loisir, ou passer à la vitesse supérieure et tenter d'auditionner pour des formations semi-professionnelles. Les deux pouvaient se faire en parallèle de mon emploi. J'ai décidé d'auditionner.

Deux mois plus tard, j'étais prise dans une école à Londres. Quel bonheur ! L'impossible devenait possible. Je m'apprêtais à passer six mois entourée d'artistes et d'experts de l'industrie pour apprendre les rudiments du métier d'artiste. Le rêve !

Le premier mois fut riche d'apprentissage. Le deuxième mois a commencé à se faire plus difficile. Arrivée au troisième mois, je ne me sentais plus alignée. J'ai d'abord cru à un coup de fatigue. Pendant les vacances, j'ai réalisé que cette formation me demandait des sacrifices que je n'étais pas prête à faire. J'en avais même perdu le plaisir de chanter ! Ce n'était pas le mode de vie que je voulais à ce stade. J'ai quitté le programme au bout de trois mois, heureuse et fière de l'avoir fait.

Quand tu te lances dans l'exploration, n'aie pas peur de la réponse : pour vraiment savoir ce que l'on veut, il faut le vivre. On hésite à passer à l'action parce qu'on a peur que cela ne nous plaise pas. On préfère vivre dans le rêve que l'on s'en fait, même si ce n'est pas la réalité. Que la réponse nous plaise ou non, les rêves servent à être vécus ! On me demande parfois : « Tu n'es pas trop déçue d'avoir abandonné ? » Ce à quoi je réponds toujours : « Je n'ai pas abandonné : j'ai refermé une porte pour en ouvrir une autre. » Aujourd'hui j'enseigne dans l'école de théâtre où je me suis réorientée lorsque j'ai quitté la comédie musicale. Sans cette histoire, je ne serais sûrement pas devenue prof !

UN LIVRE POUR T'INSPIRER

La première chose que je fais lorsque je m'intéresse à un nouveau sujet est d'identifier les livres de référence. Lorsque j'ai exploré la thématique de l'éducation, j'ai fait l'acquisition de trois ouvrages : *L'Éducation réinventée*[27] de Salman Khan, fondateur de la Khan Academy, *Les Lois naturelles de l'enfant*[28] de Céline Alvarez et *Nos enfants méritent mieux*[29] de Christian Doyhenart. Lorsque je me suis penchée sur le coaching, j'ai dévoré *Cas de coaching commentés*[30] de Sylviane Cannio, *Coacher pour la première fois* et *Le Métier de coach*[31] de François Delivré.

Le livre est l'objet ayant le rapport valeur reçue/prix le plus avantageux. Pour quelques euros, tu découvriras deux choses capitales pour ton projet : les bases du domaine qui t'attire et ton niveau d'intérêt réel pour le sujet.

---

27. JC Lattès, 2013.
28. Les arènes, 2016.
29. Atlante, 2020.
30. Eyrolles, 2020, 3e éd.
31. Tous deux publiés chez Eyrolles, respectivement en 2009 et 2013.

Pour lire, il n'y a pas de démons à affronter : pas besoin de sortir de chez soi et de parler à d'autres humains. Tu peux avancer tout en restant dans ton canapé. C'est un excellent *crash test* pour vérifier que le sujet est capable de retenir ton attention. Si tu t'endors au bout de trois pages, c'est peut-être de la faute de l'auteur. Mais si ce mystérieux phénomène d'assoupissement se produit à chaque nouveau livre sur le même sujet, c'est mauvais signe. Cela te donne en tout cas une indication essentielle sur ton niveau d'intérêt !

Comment trouver les bons livres à lire ? À l'ère des moteurs de recherche, il est facile de trouver une liste de livres longue comme le bras ! Mais si tu as du mal à les départager ou à dénicher de nouvelles références, voici quelques conseils.

Interroge ton entourage et ton réseau. Le bouche-à-oreille est un formidable outil de sélection de lectures. Écoute et lis des interviews de personnes du métier (le site posetadem.com regorge justement de témoignages de reconvertis pour cette raison) ! Flashe le QR code pour consulter les interviews sur le site.

Très souvent, ils citent des ouvrages. Ensuite, l'algorithme d'Amazon est puissant : comme une araignée qui tisse sa toile, si tu consultes un premier livre sur le sujet, Amazon va t'en recommander d'autres automatiquement avec une pertinence défiant toute concurrence. Rien ne t'oblige à commander ensuite chez Amazon, tu peux te les procurer dans la librairie de ton quartier. Enfin, pour avoir des avis de lecteurs, le site Babelio est une mine d'or !

Une fois que tu t'es procuré les livres de référence de ton domaine, il ne manque plus qu'une étape : les *lire*. Il n'y a pas de secret pour cela : si tu réserves la lecture aux moments où tu n'as rien d'autre à faire, alors tu ne liras… jamais. Tu auras seulement la fierté de faire trôner ces livres dans ta bibliothèque. Combien y en a-t-il déjà à l'heure actuelle que tu as entreposés mais jamais ouverts ou lus au-delà de dix pages ? Il vaut mieux lire trois livres dans l'année de manière approfondie qu'en feuilleter trente sans conviction.

Voici ma méthode personnelle : je lis chaque matin, stylo à la main pour souligner et annoter. Cela me permet de lire plus de vingt livres par an efficacement. Si tu prends le temps pour cela, tu le trouveras. Le calcul est simple : si tu lis dix pages par jour chaque jour de l'année, cela représente 3 650 pages à l'année, soit quinze livres pour une longueur moyenne de 250 pages. Faisable, non ? Trouve le moment le plus propice à une lecture attentive, et tu pourras compléter ce temps avec des moments volés dans les transports, pendant la pause-déjeuner (troque ton téléphone contre un livre) ou en version audio lors des trajets en voiture. Les occasions ne manquent pas lorsqu'il ne s'agit que de quelques minutes !

Et si lire t'ennuie ou que tu ne trouves vraiment pas le temps (ça arrive !), de nombreux ouvrages sont disponibles en version résumée (même s'il est préférable de lire le livre en entier car tu n'auras jamais une compréhension aussi précise du message de l'auteur que dans son livre complet !). Koober est une référence en matière de livres résumés et te propose des synthèses de plus de 1 500 ouvrages dans des domaines très variés (mais il existe aussi d'autres plateformes similaires). Cela te donne déjà une idée des grands concepts de l'auteur, et si tu veux aller plus loin, tu peux toujours décider de lire le livre après !

Exercice

TA LISTE DE LECTURE INSPIRANTE

Ne remets pas cela à demain : prends tout de suite un moment pour choisir ton prochain livre à lire (après celui-ci !) pour explorer ton idée de projet. Écris le titre du livre et engage-toi auprès de toi-même ou d'un proche (ou de la communauté Pose ta Dem' !) à le lire sous 30 jours. Pari tenu ? ;-)

UN BON JOURNAL (MIEUX QUE LE JT)

Le deuxième outil à ta disposition est la veille régulière de l'actualité sur le sujet. L'objectif : actualiser ta connaissance et vérifier la durabilité de ton intérêt à l'épreuve du temps et de la régularité.

Et ne compte pas sur les chaînes d'information en continu pour cela ! Ta mission est d'identifier les médias de référence de la thématique que tu explores : sites web, blogs, podcasts, magazines, chaînes YouTube, newsletters, journaux…

La difficulté aujourd'hui n'est pas de trouver des sources d'information, mais de les sélectionner dans l'immensité des contenus disponibles. Sois attentif à la qualité de ce que tu consommes et n'hésite pas à aller voir ailleurs si tes sources actuelles t'apportent peu.

À l'époque de mon enquête secrète pour quitter le monde du conseil, j'effectuais ma veille sur Medium, une plateforme de microblogging sur laquelle des milliers de créateurs de contenu se côtoient : des auteurs très suivis aux centaines de milliers d'abonnés, jusqu'aux petits nouveaux. J'y suivais des publications ayant pour mots-clés entrepreneuriat, développement personnel, *digital nomad*, freelance, éducation. J'étais aussi abonnée aux newsletters de médias spécialisés dans l'écosystème start-up.

Cette pratique quotidienne a eu un impact magique. Elle fait partie de celles qui sont à l'origine de ma transformation. À force de lire le parcours et les problématiques d'entrepreneurs, d'indépendants, de travailleurs nomades et d'auteurs, leur quotidien est devenu ma nouvelle norme. Ce n'était plus mon milieu d'origine : grande école, cabinet de conseil, CDI, costume-cravate dans le métro pour aller à la Défense. Je me sentais de plus en plus en décalage avec le monde dans lequel j'évoluais. Cela a accentué ma souffrance à court terme, mais m'a libérée à long terme. J'avais créé ma nouvelle échelle de référence. L'entrepreneuriat m'est alors apparu comme une évidence, une solution naturelle, et non comme une prise de risque ou une extravagance. Pourtant, cela l'était quelques mois plus tôt.

Et même si je te conseille de lire la presse avec modération (pour ne pas lire des mauvaises nouvelles à longueur de journée !), appuie-toi sur la presse professionnelle spécialisée. Il s'agit de médias spécialistes de certains secteurs, t'apportant une vision métier pointue. C'est un bon moyen de suivre les tendances actuelles et les transformations traversées dans tel ou tel domaine. Par exemple, tu envisages une reconversion dans le tourisme ? Explore les magazines de référence du secteur, comme *Tour Hebdo* et *L'*Écho touristique. Tu y trouveras des classements de formations, des entreprises où il fait bon vivre ou encore des interviews de professionnels. La photographie t'attire ? Procure-toi les derniers numéros de *Chasseurs d'images*. Bref, l'objectif est de t'imprégner des réalités et des enjeux du secteur que tu vises.

Si tu veux diminuer ton aversion au risque, c'est le risque lui-même que tu dois intégrer. Et pour cela, il doit faire partie de ton quotidien. Si tu n'as jamais vu l'océan de ta vie et qu'un beau jour je te mets face à l'océan avec une planche de surf, il y a de grandes chances que tu recules. Mais si tu t'installes dans un appartement avec vue directe sur l'océan, que tu observes les surfeurs à longueur de journée tomber, se relever et rire, tu n'auras qu'une hâte : quitter ton appartement pour les rejoindre. Et au moment où tu mettras les pieds sur la plage avec ta planche, cela te semblera bien plus accessible. La veille quotidienne est ton moment d'observation des autres surfeurs !

En attendant, il est possible que tu te sentes dépassé par la quantité d'informations à ta disposition. Cela s'appelle l'« infobésité », ou encore la surcharge informationnelle. C'est un concept qui désigne l'excès d'information qu'une personne peut ressentir lorsqu'elle est face à de nombreux canaux informationnels, et qui peut nuire à son équilibre personnel et à son activité : fatigue, saturation mentale, difficulté à synthétiser ou à prendre une décision, ou même à savoir ce qui est pertinent parmi tout ce qui est proposé.

C'est pour ça qu'il est important de sélectionner les médias et les livres que tu veux privilégier : tu ne peux pas *tout* lire. Il y aura toujours quelque chose quelque part que tu n'auras pas vu ou lu, et qui pourrait t'être utile. C'est sans fin ! L'idée est de commencer quelque part et de t'imposer toi-même tes limites en choisissant ce qui te parle à toi, et pas parce qu'on t'a conseillé ceci ou cela. Pour t'aider, tu peux utiliser la règle de trois : tu t'imposes un choix de maximum trois contenus par catégorie (trois livres, trois médias en ligne, trois journaux...).

Exercice

TA REVUE DE PRESSE

Écris la liste des médias, blogs, journaux, podcasts, magazines... les plus pertinents pour ton projet. Choisis-en trois que tu veux suivre de manière régulière et qui t'inspirent le plus pour ton exploration !

UNE INVITATION MONDAINE :
QUAND ALLER EN SOIRÉE DEVIENT UTILE !

Les événements ont un double avantage : apprendre et rencontrer. Dans la catégorie événements, j'inclus les conférences, ateliers et événements de réseautage. Tu peux trouver ces événements grâce aux médias et newsletters que tu suis, aux plateformes, aux médias locaux qui relaient les événements, les réseaux sociaux, le bouche-à-oreille…

Chaque personne que tu rencontreras dans ce périple aura quelque chose à t'apprendre. Au début, ne compte pas tes heures. En revanche, une fois que ton projet sera ficelé et sur les rails, tu auras besoin de te concentrer et de limiter ton temps d'échange. Je te conseille de toujours prévoir du temps pour discuter et réseauter. Les conversations font partie de mon agenda.

Lors de mes pérégrinations, j'ai passé un nombre incalculable de soirées dans des événements organisés. J'ai écumé tous les bars parisiens – avec un verre d'eau ! Je terminais le travail vers 20 h et je me rendais à un événement en moyenne deux fois par semaine. Je participais à des conférences, à des soirées de networking, à des projections de documentaires, à des start-up week-ends (ce sont des week-ends intensifs qui consistent à travailler en équipe sur un projet pour présenter un pitch et un prototype le dimanche soir). Cela a été possible car je n'avais pas d'obligations familiales après le travail. Si c'est ton cas, tu devras faire preuve d'organisation pour arriver à caler au minimum trois événements par mois pour explorer le sujet – toujours ce fameux top 3 !

Aujourd'hui, je réduis cela à deux rendez-vous mensuels en moyenne, que je choisis avec soin. Pendant quelques mois, j'étais tellement concentrée que je ne faisais plus aucun rendez-vous de ce type. Je me suis aperçue que l'enrichissement par l'échange me manquait. J'ai donc repris le rythme avec un temps limité. Cela m'a permis de rencontrer des personnes avec qui j'ai partagé des visions, des idées de voyage, des problématiques entrepreneuriales, etc.

Lors de ce type d'événements, un conseil peut tout changer : plutôt que de collectionner les cartes de visite (que tu perdras au fond de ton sac), fixe-toi comme objectif de repartir avec au moins une relation de qualité que tu as prévu de revoir ultérieurement. Mieux vaut une discussion approfondie et qualitative, qui débouche sur un second rendez-vous, qu'une dizaine de conversations superficielles avec des personnes que tu promets d'ajouter sur LinkedIn mais dont tu ne te souviendras plus du nom une heure plus tard.

Selon ta personnalité, te joindre à ce type d'événement et créer des discussions sera plus ou moins ardu. À toi de trouver ton équilibre : t'écouter et te respecter tout en sortant de ta zone de confort progressivement. Trouve des événements en petit comité, ou commence par y aller avec un ami (attention, ne restez pas à deux toute la soirée !). Tu peux aussi démarrer par les foires et salons professionnels qui sont un bon moyen d'entrer dans un secteur pour t'en inspirer et te familiariser, mais aussi échanger avec des gens et des entreprises en direct !

Témoignage

Anna Coutton, 30 ans : « Participer à des événements m'a permis de me créer un réseau de soutien pendant ma reconversion. »

Parle-nous de ta reconversion.

Avant, je travaillais dans le marketing. J'ai décidé de me reconvertir il y a deux ans. J'ai découvert Pose ta Dem' à ce moment-là. Je n'avais pas du tout d'idée de projet et j'ai suivi le programme Nouveau Départ et un coaching individuel avec Charlotte. Aujourd'hui, je suis rédactrice freelance et j'ai écrit le témoignage de ma reconversion dans mon premier livre *Dites non à une voie toute tracée*[32] !

Qu'est-ce que cela t'a apporté de participer à des événements ?

Lors de la phase de développement de mon idée, j'ai participé aux rencontres-apéros que Charlotte organise. Ces événements réunissent des personnes qui ont envie de changer de voie sans oser franchir le cap. Je n'étais plus seule ! C'était inspirant aussi d'écouter des personnes qui se sont déjà reconverties. Si elles ont osé, alors toi aussi tu peux le faire.

J'y ai trouvé des pistes à creuser, des suggestions de livres à lire, des personnes à suivre sur les réseaux, d'autres événements auxquels me rendre… Tout cela a alimenté mon projet et lui a permis de se préciser avec le temps !

32. Éditions Kiwi, 2020.

Si tu es seul dans ta reconversion sans personne qui vit la même chose que toi, même si ton entourage te soutient, c'est dur. Les proches te renvoient souvent leurs propres peurs. Grâce à ces événements, j'ai commencé à créer un nouveau réseau de soutien positif.

Que recommandes-tu à quelqu'un qui souhaite se reconvertir ?

C'est très important de réseauter quand on veut changer de voie. Il n'y a pas de secret, il faut se prendre par la main et parfois cela demande du courage de se rendre à des événements où on ne connaît personne. Mais honnêtement, que risque-t-on d'aller dans une soirée ? Au pire ça ne nous plaît pas, et on s'en va ! Et si on est timide, il faut se dire qu'il y aura toujours quelqu'un d'aussi timide que soi dans la salle. Il y a souvent des jeux mis en place par les organisateurs pour faciliter les échanges. Le tout est de choisir les événements qui nous intéressent. Attention à ne pas entrer dans le marathon des événements non plus. Tu peux commencer par privilégier les événements autour de chez toi, et ceux qu'on te conseille.

UN CARNET D'ADRESSES TRIÉ SUR LE VOLET

Selon Jim Rohn, entrepreneur américain, nous sommes la moyenne des cinq personnes avec lesquelles nous passons le plus de temps. Quand on sait ça, on prend conscience de l'importance de bien s'entourer ! En phase de transition comme lors d'un changement professionnel, maintenir une bonne énergie et un état d'esprit positif est essentiel. C'est en cela que notre entourage nous influence : soit il nous inspire et nous soutient, soit il nous tire vers le bas. Et tu ne veux pas être dans le second cas !

Le schéma ci-contre résume visuellement ce qui se passe dans nos interactions en trois catégories principales.

Afin de compter un maximum de personnes qui te tirent vers le haut, je te recommande de rencontrer des personnes inspirantes dans le cadre de ton projet de reconversion. C'est pour cette raison que le quatrième levier d'exploration est d'enrichir ton répertoire !

Les trois types d'interactions

Ces personnes sont celles qui vont te donner l'envie et la motivation pour avancer. En discutant avec elles, tu vas comprendre leur parcours, découvrir la réalité de leur métier, obtenir des réponses directes et personnalisées à tes questions, ainsi qu'un retour sur ton projet. Tu vas aussi identifier ce que tu n'aimes pas dans leur métier et ce que tu pourrais faire différemment.

Le but de ces rendez-vous n'est pas d'obtenir un emploi ou un contact. Je les appelle des « entretiens à visée informative ». Tu es là pour obtenir des informations qui vont t'aider à clarifier ou développer ton projet. Si une opportunité tombe grâce à cela, banco ! Mais tu n'y vas pas pour cela.

C'est en posant les questions aux personnes concernées que tu obtiendras les réponses. Pas en les posant pour la millième fois à ton cerveau qui n'en sait pas plus que la veille ! Par exemple, lorsque je me suis interrogée sur le processus d'écriture d'un livre pour préparer celui-ci, j'ai rencontré des auteurs.

Et toi, qui dois-tu rencontrer pour avoir les réponses à tes questions ?

Exercice

QUI METTRE DANS TON RÉPERTOIRE ?

Liste ici trois personnes (ou plus !) avec qui tu aimerais échanger parce que cela serait inspirant pour *réfléchir à ta reconversion.*

Aussi bien des personnes dont tu es déjà proche ou qui te sont facilement accessibles, que des personnes que tu admires et qui te semblent encore inaccessibles.

J'ai conscience que développer son réseau fait souvent peur. Tu ne sais peut-être pas comment t'y prendre, ne serait-ce que pour entrer en contact avec quelqu'un ! Sache qu'il y a trois manières de procéder :

- en faisant suite à une première rencontre (qui a eu lieu lors d'un événement par exemple) ;
- par une mise en relation grâce à une connaissance commune ;
- en le demandant directement !

Eh oui, *oser* demander directement de façon simple et sincère est souvent très bien reçu ! Les gens aiment généralement parler d'eux et aider. Si tu as quelqu'un en tête que tu veux contacter, mais que tu ne connais pas personnellement, envoie-lui un e-mail ou contacte-le sur LinkedIn ou un autre réseau social. Au pire, la personne ne te répond pas… et c'est tout ! Ça vaut le coup de tenter au cas où, non ? Je te rappelle que 100 % des gagnants ont tenté leur chance !

Pour contacter quelqu'un que tu ne connais pas, le mieux est d'envoyer un message court et synthétique expliquant qui tu es et pourquoi précisément tu souhaites lui parler. Parle-lui de ton projet de reconversion, explique-lui que son parcours t'inspire (je te conseille de donner des exemples concrets expliquant pourquoi) et dis-lui que tu aimerais lui poser quelques questions au cours d'un bref échange téléphonique pour t'aider à y voir plus clair sur ton projet. Voilà, tu n'as plus qu'à cliquer sur « envoyer » !

Enfin, un blocage récurrent pour contacter des professionnels est de ne pas savoir se « pitcher ». Je connais beaucoup de personnes en pleine réflexion sur leur reconversion qui attendent de savoir parfaitement se présenter (et présenter leur projet !) avant d'oser passer à l'action. C'est normal : lorsqu'on réfléchit à son avenir professionnel, que l'on doute, que l'on explore, il est courant de ne pas se sentir légitime, voire en infériorité par rapport à ses interlocuteurs. Et du coup, de ne pas savoir quoi dire. Mais c'est le serpent qui se mord la queue puisque ces échanges ont pour but de t'aider à définir ton projet ! Alors, comment faire ?

D'abord, ne cherche pas à jouer un rôle, ni à entrer dans un cadre. Tu as le droit d'être dans une période d'exploration et de réseauter pour découvrir de nouveaux horizons sans but précis. N'aie pas honte et affirme-toi ! Une fois que tu as décroché un rendez-vous, il ne faut pas y aller les mains dans les poches. Révise le profil de la personne avant de la rencontrer et prépare quelques sujets et questions à aborder. Entraîne-toi aussi à te présenter. Même si tu es dans une phase d'instabilité, tu as aussi de grandes richesses à apporter à ton interlocuteur ! On a tendance à se sous-estimer face à quelqu'un qui a plus d'expérience dans le métier que l'on vise.

Voici des idées de ce que tu peux lui apporter :

- de bonnes idées,
- un regard neuf et extérieur,
- un contact,
- des recommandations,
- une compétence,
- la connaissance d'un domaine.

Enfin, il est capital de maintenir le lien après le rendez-vous : remercie la personne pour le temps qu'elle t'a accordé, et garde contact en prenant des nouvelles de temps en temps si l'échange t'a été bénéfique. Ma petite astuce ? Le lendemain du rendez-vous, lui envoyer une ressource utile : le lien d'un article intéressant pour elle ou encore la référence d'un livre dont on a parlé.

UNE CONNEXION AU MONDE

Une autre porte d'exploration très efficace à ouvrir, c'est d'infiltrer les réseaux et les communautés en ligne. Selon ta localisation, et pour mieux gérer ton agenda, les réseaux virtuels s'offrent à toi ! Groupes Facebook, groupes LinkedIn et autres communautés en ligne… Pas besoin de se déplacer ! Tu as ainsi accès à des échanges entre membres d'un même groupe sur le sujet qui t'intéresse. Cela peut être des groupes d'entrepreneurs, des professionnels du coaching, des passionnés de naturopathie, de voyages… Aujourd'hui, tout existe ! Et si ce que tu cherches n'existe pas, tu peux le créer (tiens, en voilà une bonne idée !).

Je t'invite à commencer par le groupe privé Pose ta Dem'.

Tu y rencontreras des personnes dans ta situation, en quête de leur reconversion, mais aussi des anciens ayant déjà franchi le cap. Tu peux commencer par observer les échanges et, lorsque tu seras à l'aise, y contribuer en posant tes questions et en commentant les publications des membres et de l'équipe Pose ta Dem' !

Pour trouver des réseaux en ligne, tu peux utiliser la fonction « Groupes » de Facebook avec les mots clés qui t'intéressent. Fais aussi appel au bouche-à-oreille et aux recommandations pour être au courant des communautés les plus pertinentes pour toi !

UNE AVENTURE SUR LE TERRAIN

Maintenant que tu es dans l'aventure, tu peux voir que c'est un cercle vertueux. Chaque étape de l'exploration facilite l'accès aux autres étapes. Une personne que tu rencontres va te parler d'un livre, ou t'inviter à un prochain événement. Écouter un épisode de podcast va te faire découvrir de nouvelles références, de nouvelles personnes à contacter…

Une fois que tu as pris tes marques grâce à tes lectures et tes échanges, tu vas pouvoir passer à l'étape d'après : aller sur le terrain et tester concrètement l'idée que tu explores !

Pour tester le métier qui t'attire, plusieurs options s'offrent à toi :

- observer un professionnel ;
- réaliser un stage court ;
- suivre une formation pratique ;
- participer à un atelier d'initiation ;
- réaliser une journée d'essai ;
- réaliser une mission d'essai ;
- être bénévole.

L'une de mes clientes, Fiona, hésitait entre deux projets radicalement opposés : ouvrir une épicerie en vrac ou suivre une formation en ressources humaines pour devenir assistante RH. Pour tester, elle a trouvé un magasin à trente minutes de chez elle. C'est ainsi qu'elle s'est décidée à suivre une formation pour ouvrir sa propre épicerie ! En revanche, le projet RH n'a pas survécu au *crash-test* : elle a participé à une rencontre de professionnels et a échangé avec quelques personnes, qui lui ont fait réaliser qu'elle n'avait plus du tout envie de travailler dans des bureaux sans contact avec la clientèle et avec le « concret ».

Une autre cliente, Déborah, était très attirée par la décoration d'intérieur. Grâce à une amie, elle est entrée en contact avec une professionnelle bien implantée sur son marché. Celle-ci a accepté de la faire participer à son travail durant trois jours. Cette expérience l'a convaincue de se lancer !

Parole d'expert

Carine Celnik, fondatrice de Testunmétier : « Si vous ne savez pas dans quel métier vous reconvertir, n'hésitez pas à tester. »

Comment est né ton projet d'entreprise Testunmétier ?

Directrice générale dans une entreprise en pleine croissance, j'ai tout quitté pour me reconvertir dans le coaching et créer Testunmétier. Mon but ? Accompagner mes clients dans leur rêve d'une nouvelle vie professionnelle porteuse de sens.

Lors d'une session de formation sur l'estime de soi, une jeune fille m'a expliqué quitter sa boîte à cause d'un plan social pour ouvrir un garage. Interloquée, je lui ai demandé comment elle pouvait mettre toutes ses économies dans un garage sans jamais avoir essayé. Cela me semblait fou ! Mais en même temps, elle ne s'encombrait pas de « Et si ça ne marche pas ? » Après longue réflexion, j'ai estimé qu'une offre manquait sur le marché : la possibilité de tester le métier « pour de vrai » !

Quand je ne sais pas, j'essaie. Par exemple, j'ai appris à masser car j'ai eu envie d'être kiné. Une semaine dans un salon de massage thaï m'en a dissuadée. Expérimenter est indispensable pour savoir ce qui nous plaît ! Testunmétier est donc né de mon expérience de manager, de ma connaissance de l'entreprise, de mon expérience de coach, et de ma croyance que c'est en expérimentant que l'on apprend ce qui nous correspond.

Quels conseils donnerais-tu à quelqu'un qui souhaite se reconvertir ?

Si vous ne savez pas vraiment dans quel métier vous reconvertir, n'hésitez pas à tester. Le but n'est pas de réussir du premier coup, mais de donner du sens, découvrir sa vocation. S'entourer de gens positifs dans le même état d'esprit est essentiel. Et n'ayez pas peur de penser ou faire différemment ou d'avoir un point de vue divergent. C'est votre force.

Et à quelqu'un qui souhaite entreprendre ?

Se faire confiance, s'écouter et croire en soi. On ne peut pas tout contrôler, il faut se faire confiance et lâcher prise. Parfois, le changement réside simplement dans un détail, un petit pas de côté et tout peut être différent. Il est essentiel d'être animé par son projet, c'est une condition sine qua non. La création d'entreprise est un parcours, mais pas un parcours du combattant ! Pour moi, chaque petit caillou est une opportunité pour progresser.

CONCLUSION

Tu sais désormais comment explorer un nouveau monde ! En mobilisant ces six leviers, tu mets toutes les chances de ton côté pour prendre une décision éclairée.

Pour la suite de ton aventure, je te recommande de prévoir un temps d'exploration par idée. En fonction de tes objectifs et contraintes personnelles, fixe une durée adéquate. Dans l'idéal, cette durée est comprise entre un et trois mois. En moins d'un mois, il est difficile d'avoir du recul sur tes découvertes, d'avoir réellement le temps de tester et de rencontrer les bonnes personnes. Au-delà de trois mois, tu vas tomber à coup sûr dans les limbes de la procrastination !

C'est lors de cette phase que de nombreuses personnes se perdent. Sans structure, elles alternent des phases de curiosité insatiable et d'autres de vide intersidéral. Alors pour finir, note ici ton plan d'action pour les trois prochains mois.

Exercice

TON PLAN D'ACTION À TROIS MOIS

L'idée n° 1 que je vais explorer :

Dates d'exploration : du ...... au ......

Mes trois livres à lire sur le sujet :

....

....

....

Les média(s) à suivre :

....

....

Ma routine de veille :

....

Les événements auxquels je vais participer :

....

Les réseaux virtuels que je vais rejoindre :

....

Les personnes inspirantes que je vais contacter/rencontrer :

....

L'action à réaliser pour tester sur le terrain :

....

CHAPITRE 11

PRENDS TA DÉCISION… UNE BONNE FOIS (PAS) POUR TOUTES !

« *Tu ne peux pas voyager sur un chemin sans être toi-même le chemin.* »
Bouddha

Le mythe de la vocation est tenace. Si on l'écoute, on se dit que notre choix devrait être évident. Que si on hésite, c'est parce que ce n'est pas notre « vocation ». On jalouse ceux pour qui la trajectoire est évidente. Ce petit cousin qui sait depuis qu'il est haut comme trois pommes qu'il veut devenir pianiste professionnel et qui se produit aujourd'hui dans les plus grandes salles. Ou cet ancien camarade de collège qui a dédié sa vie aux autres en étant pompier.

Oui, certaines personnes savent dès le départ et ne changent pas de trajectoire. Tant mieux pour elles ! Mais ce n'est pas une majorité, comme on en a déjà parlé. En déconstruisant le mythe de la vocation unique, tu aborderas plus sereinement cette prise de décision. Car plutôt que de voir ton choix comme définitif et engageant à vie, tu le considéreras comme une étape.

Parole d'expert

Alexandre Pachulski, cofondateur de Talentsoft et auteur de *Unique(s)*[33] :
« Le travail idéal d'un jour n'est pas le travail idéal de toujours. »

Quel a été ton parcours ?

J'ai suivi des études d'informatique avec une spécialisation intelligence artificielle, car ce qui m'intéressait déjà, c'était l'humain. Or, une vraie IA vise à comprendre le fonctionnement de l'humain. Pendant ce temps, je faisais de la musique dans l'idée d'être musicien. Quand j'ai postulé pour être maître de conférences, j'ai été refusé car j'avais un profil « atypique ». Je n'entrais pas dans les cases.

Alors j'ai créé O2 Consulting avec mon associé. L'idée de départ est que tous les problèmes de l'entreprise sont un mélange d'organisation et d'humain. Un jour, deux clients nous ont dit : « Ce serait bien que vous nous aidiez sur les entretiens annuels un jour. » J'ai refusé, mais ils ont insisté. C'est comme cela qu'est né Talentsoft. Nous voulions créer un outil pour les RH que l'on allait mettre dans la main des salariés, qui designent eux-mêmes leur carrière. Nous voulions apporter de la transparence à la gestion de carrière.

Comment créer des opportunités et les saisir ?

Il faut être ouvert et accueillir ce qui arrive. Quand une opportunité arrive, il y a une seule question à se poser : est-ce que cela me rapproche de mon but ou non ? D'après moi, on a tous une radio interne. Si on se branche sur radio-problèmes dès le matin, on va enchaîner les galères. À l'inverse, si on se branche volontairement sur une radio qui nous connecte aux opportunités, on saura les percevoir. Une routine matinale comme celle du Miracle Morning[34] est une manière de se mettre dans le bon état d'esprit.

Comment savoir si on a trouvé sa voie une bonne fois pour toutes ?

Ca n'existe pas, « une bonne fois pour toutes » ! Le travail idéal d'un jour n'est pas le travail idéal de toujours. On est tous en chantier intérieur permanent. Donc il faut vivre les choses sans savoir la suite et ne pas chercher de voie définitive. Et heureusement, d'ailleurs ! Je ne vais pas voir un film dont je connais la fin ! La vraie question à se poser est : « Est-ce que je suis toujours à ma place ? Est-ce que je ressens cette vibration intérieure, est-ce que je rayonne ? »

33. Éditions E/P/A, 2018.
34. Le Miracle Morning est un livre (parution 2012, traduction française First, 2016) et une méthode popularisée par l'écrivain américain Hal Elrod (voir https://halelrod.com/about-hal/.

POURQUOI TU AS AUTANT DE MAL À TE DÉCIDER

Comme nous l'avons vu au tout début de ce chapitre, le choix est angoissant si l'enjeu est important pour nous. Plus cela nous tient à cœur, plus le choix est difficile !

Il est normal d'avoir des difficultés à choisir un projet : en choisissant notre direction professionnelle, nous avons le sentiment d'y jouer notre avenir, notre réputation et notre compte en banque. Notre vie, en somme ! Inutile de te flageller pour cela : on passe tous par là.

Pour reprendre une partie du discours de Barry Schwartz[35], il y a un siècle, le nombre d'options était limité. Les chemins de vie étaient tout tracés : se marier, avoir des enfants et travailler pour subvenir aux besoins de sa famille. Aujourd'hui, l'éventail des possibilités est évidemment une chance immense ! Mais aussi un gouffre d'indécision et de questionnements auquel nous devons nous adapter. Nous devons réfléchir pour choisir, et cela nous demande du temps et de l'énergie.

Le risque face à un nombre d'options trop élevé est l'inaction. Il est tellement ardu de choisir que l'on préfère ne pas prendre de décision. C'est comme cela que l'on s'enferme dans le statu quo. Ce paradoxe du choix peut expliquer le blocage que tu rencontres au moment de te concentrer sur un projet. Et pour pimenter le tout, je te présente la FOBO, *Fear of a Better Option*, ou la peur qu'il existe toujours une meilleure alternative ! Si je crains de passer à côté de la solution idéale, je vais soit ne rien faire du tout en attendant cet idéal, soit prendre une décision mais avec une désagréable sensation d'insatisfaction inexpliquée. Bien entendu, ce phénomène s'accentue lorsque la décision est complexe et l'enjeu fort. Prendre une décision et l'assumer sans se retourner en arrière est donc un grand moment de soulagement. L'hésitation et l'incertitude entraînent l'inaction qui est bien plus douloureuse.

En économie, le modèle néoclassique de la concurrence pure et parfaite part de l'hypothèse selon laquelle l'information est tout à fait transparente pour

35. https://www.ted.com/talks/barry_schwartz_the_paradox_of_choice?language=fr

l'ensemble des acteurs du marché. Mais il s'agit d'un modèle théorique. Dans la vraie vie, cela n'existe pas ! Lorsque tu achètes un pot de miel, tu ne testes pas tous les miels de la terre pour choisir. À 5 € bien sûr, peu de risque. Mais cela marche aussi pour les engagements plus importants. As-tu testé tous les partenaires amoureux de la terre pour choisir le tien ? As-tu conduit tous les modèles de voiture avant d'acheter la tienne ? Bon, poser ces deux questions à la suite n'est pas le plus approprié ! Mais cela te montre que tu n'as pas besoin d'avoir tous les éléments pour faire le meilleur choix pour toi…

L'art du doute

On pense – à tort – qu'un jour, tout coulera de source. Mais c'est un leurre : à chaque nouvelle étape franchie, de nouveaux doutes apparaissent. Aujourd'hui, peut-être que tu rêves de vivre de ton activité indépendante. Mais le jour où ce sera le cas, voici ce que ton mental risque de te faire subir : « Mes clients sont-ils vraiment satisfaits ? Comment mieux gérer ma charge de travail ? Dois-je recruter quelqu'un ? Et comment fais-je si tous mes clients me lâchent en même temps ? »

C'est sans fin ! Il y aura toujours quelque chose qui te fera douter de toi et de l'avenir. Inutile d'attendre que les étoiles soient alignées et que tu te dises : « Ah, voilà ! Maintenant je n'ai plus aucun souci, tout est limpide et marche comme sur des roulettes. » Avancer nous demande de sortir de notre zone de confort et de dépasser nos doutes. Et pour cela, il faut bien que ces doutes soient visibles ! Ils remontent donc à la surface sous forme de remise en question, d'inquiétude et de peur. Cela fait partie du processus de toute transformation.

Alors, plutôt que de voir le doute comme un ennemi à combattre, vois-le comme un compagnon de route en l'utilisant à ton avantage pour te poser les bonnes questions (comme nous l'avons vu dans la partie 2) : celles qui sont constructives et vont te permettre d'aller à la recherche des informations qui te manquent.

Se laisser mener par ses doutes, c'est ce que Jonathan Lehmann, auteur du *Journal intime d'un touriste du bonheur*[36] et fondateur du site Les Antisèches

36. La Martinière, 2018.

du bonheur[37], appelle « la tyrannie du mental ». Le mental ne s'arrête jamais, il pose sans cesse des questions. Alors, autant apprendre à en faire un allié en le mettant à notre service !

Parole d'expert

Jonathan Lehmann, fondateur de la communauté Les Antisèches du bonheur et auteur : « Apprivoiser son mental pour retrouver clarté et sérénité dans notre cheminement professionnel. »

Comment cheminer sereinement dans une reconversion ?

Toutes nos décisions sont guidées par deux choses. La peur (comme celle de ne pas pouvoir subvenir à tes besoins), ou l'amour (par exemple, l'intérêt que tu portes pour un thème ou un secteur d'activité). En fonction de ce que tu choisis comme guide, ta décision ne sera pas la même. Le problème est que notre mental crée des projections : « Je vais me planter, c'est certain », « Je vais pas avoir assez d'argent », « On va se moquer de moi »… Mais ces projections ne sont pas fiables : le mental n'a aucune idée du futur, il tire simplement des conclusions du passé ! Si tu penses à toutes les peurs que tu as eues dans ta vie, et celles qui se sont véritablement matérialisées, il y a un écart incroyable ! Notre mental est un formidable narrateur.

Comment laisser plus de place à l'amour qu'à la peur ?

Il faut apprendre à observer son mental et à s'en servir plutôt que de le laisser se servir de nous. Pour cela, pas d'autre choix que la pratique de la méditation. Elle permet de prendre conscience des pensées de peurs qui sont utiles ou inutiles. La prépondérance des pensées de peur est inutile. On se protège de dangers qui n'existent pas. Le danger devient la peur elle-même. Comme disait Franklin Roosevelt : « La seule chose dont on doit avoir peur, c'est de la peur elle-même. »

Que dirais-tu à quelqu'un qui s'inquiète de prendre trop de temps pour sa reconversion ?

Ne cherche pas désespérément à arriver quelque part, sois dans un processus qui te plaît, qui crée du sens. Si tu n'as pas la sensation de créer du sens, c'est que tu n'es pas sur la bonne voie. Et ce n'est pas parce que tu as des peurs que tu n'es pas dans la bonne direction. Ma vision pour avancer dans la bonne direction, c'est de croire au karma : quand tu fais le bien autour de toi, il va t'arriver

37. Ainsi que du livre du même nom, paru chez Harpercollins en 2020.

de bonnes choses. Tu sors alors d'une logique de calcul et tu relâches l'illusion du contrôle qui te met la pression.

Quels outils de mise en pratique conseilles-tu pour commencer à apprivoiser son mental ?

Médite dix minutes par jour le matin avant le petit déjeuner, et aide-toi d'une application pour méditer (par exemple 7Mind[38]). Il y a aussi un autre outil utile : vider tes poubelles mentales. Cela consiste à exprimer à l'écrit tout ce qui te vient le matin. Le mieux est de faire ce ménage le matin, au réveil, pour choisir de concentrer ton énergie sur les bonnes choses.

Cultiver l'incertitude

Dans sa conférence TED « *Why we do what we do*[39] », Anthony Robbins parle aussi de l'incertitude : « Si vous n'êtes pas sûrs que le plafond tient bien, vous n'allez plus écouter personne. » Mais cette quête de certitude absolue est illusoire et même profondément ennuyeuse !

Admettons que l'on puisse prédire l'avenir avec une fiabilité de 100 %. Je t'annonce que tu vas décrocher ce job et obtenir une promotion dans vingt-quatre mois. Ou encore, je t'annonce la création de ton entreprise, tes résultats, dans le détail : quoi, comment, où, quand. Voilà, la route est écrite dans le moindre détail. Que ressens-tu ?

Peut-être du soulagement. Peut-être de l'euphorie immédiate. Mais très rapidement, cela va laisser place à un ennui profond. Pour garder l'étincelle en nous, nous avons besoin de cette incertitude. Si tout était écrit à l'avance et que l'on te mettait ton histoire entre tes mains, tu aurais certes moins de stress, mais surtout moins de plaisir. C'est comme lire un livre en connaissant déjà la fin !

Tâche de réduire l'incertitude en prenant des décisions et en maintenant le cap. Mais ne passe pas tes journées à te lamenter sur l'avenir ! Parce que tu ne peux pas le prévoir, et que de toute façon, cela n'en vaut pas le coup. L'incertitude est notre moteur, chérissons-la… et utilisons-la pour prendre une décision.

---

38. https://www.7mind.de/fr
39. « Pourquoi nous faisons ce que nous faisons », https://www.ted.com/talks/tony_robbins_why_we_do_what_we_do?language=fr

COMMENT CHOISIR PARMI UN TROP-PLEIN D'IDÉES ?

Lorsque je fais un choix, j'ai besoin de jouer sur deux tableaux : l'intuition et la raison. Par exemple, pour recruter, je vais analyser objectivement les compétences des candidats mais aussi me fier à mon ressenti. Cela semble évident ici. Mais l'appliques-tu à ta stratégie de reconversion ? Entre l'intuition et la raison, à qui laisses-tu la part belle ?

Peu importe la stratégie que je vais choisir finalement. Dans beaucoup d'étapes de notre vie, il n'y a objectivement pas de bon ou de mauvais choix. Nous avons tendance à soumettre nos options possibles à notre entourage : « Et toi, à ma place, tu ferais quoi ? » *Spoiler* : personne ne répond jamais la même chose. Il suffit d'*une* personne contre l'avis des autres pour que l'on doute à nouveau !

Mon passé de bonne élève m'a longtemps amenée à croire qu'il y avait une bonne ou une mauvaise réponse, un peu comme aux examens. Mais je suis revenue sur cette croyance. Lorsque j'ai quitté mon emploi confortable de consultante pour rejoindre une start-up de quatre personnes en pleine construction, ce n'était pas une décision sage d'un point de vue rationnel (perte de salaire, insécurité sur l'avenir…), mais c'était celle qui me faisait vibrer. Je me suis dit que c'était la bonne décision *pour moi*. Au bout de sept mois, mon employeur m'a annoncé qu'il ne pouvait pas me garder au risque de mettre la clé sous la porte. J'aurais pu considérer cela comme une mauvaise décision et avoir d'immenses remords. Mais j'ai vu cela comme l'opportunité de me lancer à mon compte.

Une décision est une étape qui mène à une autre. Si tu cherches le projet de ta vie, dans lequel tu veux être certain de rester pour toujours, il sera beaucoup plus difficile d'oser y aller. Souviens-toi qu'il n'y a pas de situation définitive. « Rien n'est permanent, sauf le changement », écrivait il y a bien longtemps Héraclite d'Éphèse. Personnellement, comprendre cela a été libérateur. La situation parfaite et définitive n'existe pas. Car même lorsqu'on a atteint la situation idéale, on s'en lasse, et on aspire à un nouvel idéal.

Il y a quatre ans, je rêvais de pouvoir me promener dans Paris en pleine journée au lieu d'être au bureau. Puis c'est devenu normal pour moi. Alors, j'ai aspiré à autre chose : passer un mois au soleil. Et c'est ce que j'ai fait en partant un mois aux Canaries pendant l'automne. Le retour a été difficile. Et puis, j'ai eu envie d'aller ailleurs… Et après un week-end passé à Nice, j'ai décidé soudainement de quitter Paris pour cette ville. À ce jour, j'habite à Nice. Et pas une minute je ne regrette cette décision ! Je ne suis pas lunatique ; je suis juste humaine, avec des envies passagères, et d'autres plus durables.

Le risque en recherchant la perfection permanente dans notre vie professionnelle est d'être toujours en quête d'un idéal que l'on n'atteindra jamais. Le second risque est de ne pas passer à l'action, car on est paralysé. Plutôt que de chercher la perfection, cherche l'évolution !

Mais alors, s'il n'y a pas de bonne ou de mauvaise solution, que faire ? Ce qui va compter lorsque tu as plusieurs idées, ce sont trois choses :

- L'alignement, le sens : pourquoi je choisis cette idée. Si mes motivations sont claires et ont du sens pour moi, alors je fonce !
- L'exécution : une stratégie, une décision est une idée. Comme dans l'entrepreneuriat, ce n'est pas l'idée qui compte, c'est son exécution. Si je décide de chercher un nouvel emploi, mais que je n'exécute pas correctement cette stratégie (je procrastine, je prépare mal mes entretiens…), le résultat sera décevant quand bien même l'idée de départ était bonne et légitime.
- Le pivot (voir le chapitre 12) : avoir un plan oui, le changer en cours de route… deux fois oui ! Une bonne décision est une décision dont on mesure les résultats. Une bonne stratégie est une stratégie que l'on challenge, que l'on analyse avec recul pour la faire évoluer si nécessaire.

C'est en faisant que l'on apprend. Rien ne sert de tergiverser éternellement ; tu ne sauras qu'en passant à l'action. Tu sauras si le métier te plaît uniquement si tu l'exerces. Tu sauras si tu réussis à vivre de ton activité uniquement si tu te lances. Avant, tout n'est qu'hypothèse, fantasme et projection du mental.

Si tu décides de quitter ton job pour installer ton truck de limonades en bord de plage, mais que tu n'en vends aucune, ta vie ne sera pas terminée pour autant. Tu pourras changer d'emplacement et t'installer sur la place centrale touristique, changer la recette de tes limonades en ajoutant un ingrédient secret et la faire goûter gratuitement, ou encore conclure un partenariat avec la boutique de location de matelas de plage. Il y a toujours une façon de rebondir. Accepter ces ajustements est essentiel, que tu souhaites occuper un nouvel emploi ou lancer ta propre entreprise !

Choisir ses outils de prise de décision

Pour qu'un projet soit la bonne étape pour toi à cette phase de ta vie, il est important qu'il :

- te rapproche de ton objectif de long terme ;
- soit une source d'apprentissage et d'évolution personnelle ;
- soit excitant, challengeant, avec une zone d'incertitude (selon moi, le combo peur + excitation est le plus prometteur !) ;
- soit aligné avec ce qui a du sens pour toi.

Ce qui manque pour choisir, c'est la visibilité. Il est impossible de prédire l'avenir, car trop de variables et d'événements extérieurs impactent notre trajectoire professionnelle. Tu auras beau faire tous les plans possibles, tu ne devineras jamais précisément ce qui se produira et où tu en seras dans cinq ou dix ans… ni même un an !

Pour chacun des projets parmi lesquels tu hésites, je te recommande d'établir le plan d'action de développement de chaque projet : quelles étapes, quelles tâches à réaliser ? En ayant le plan sous les yeux, tu pourras déterminer celui qui te semble le plus réalisable et celui qui te donne le plus envie de te lancer.

Dans mes programmes, je présente de nombreux outils d'aide à la prise de décision, dont le tableau de choix des projets. Il est composé de quatre piliers : passion, talents, rentabilité et faisabilité. Chaque pilier est décomposé en critères notés sur 1 point, et la note obtenue à la fin est sur 20 points.

Dans le programme Side Project, ce tableau intervient à un moment capital du programme et permet aux participants de prendre leur décision. Grâce à ce tableau, *tout le monde* réussit à prendre une décision. Ici, je partage avec toi les témoignages de membres de Side Project, qui te racontent comment ils ont choisi leur projet !

Témoignages

Kelly, 34 ans, ingénieure dans l'industrie et créatrice du podcast Fill'Expats : « J'étais convaincue de la direction que j'allais prendre et j'attendais le jour de ma démission avec impatience ! »

Parmi tous les outils du programme, celui qui m'a beaucoup aidée est le générateur d'idées. Et voici ce que ça a donné :

Projet 1 : créer un podcast pour montrer aux femmes qu'un avenir différent est possible (c'est-à-dire, le typique « étude, travail, mariage, enfant »), en interrogeant des personnes passées par là. J'avais d'ailleurs attribué la note de 15/20.

Projet 2 : créer un bar à thème qui organise de nombreux événements et manager une petite équipe d'experts qui m'aide à le faire évoluer. J'avais noté ce projet à 13/20.

Après ça, j'étais convaincue de la direction que j'allais prendre et j'attendais le jour de ma démission avec impatience ! À l'école, j'étais du genre à me contenter d'obtenir un 12/20 pour passer une épreuve. Je ne me contenterai désormais plus de la moyenne !

Aujourd'hui, j'ai posé ma dem' et le podcast évolue de jour en jour. Concernant mon projet de bar, les choses sérieuses vont débuter très prochainement ! Et je n'ai jamais aussi bien dormi que depuis le début de cette aventure. On a qu'une seule chance sur cette planète et je compte bien arrêter de perdre mon temps ! Cette formation m'a épargné des années de frustration et de déprime.

Thibaut, 32 ans, créateur du label indépendant Scribes & Dragons : « L'outil qui a été le plus utile pour prendre ma décision est le tableau de sélection de projets. »

J'ai choisi de lancer Scribes & Dragons, une activité d'écriture autour des jeux de rôles. Elle a démarré début juin 2020 et a déjà connu plusieurs développements : mise en ligne d'un site web, création d'une page Tipeee…

L'outil qui a été le plus utile pour prendre ma décision est le tableau de sélection de projets. J'avais au départ retenu trois projets orientés autour de l'accompagnement et du soutien psychologique, avec diverses approches.

Mais j'ai connu un véritable blocage. J'étais angoissé, la tâche me paraissait démesurée et il me semblait impossible d'atteindre certains paliers rapidement, sans passer par du temps de formation et la construction d'une solide légitimité. Au bout de dix jours, j'ai décidé d'inclure deux autres projets au tableau de sélection, dont celui qui ne s'appelait pas encore Scribes & Dragons. Révélation immédiate ! Tous les autres projets avaient reçu des notes entre 10/20 et 13/20, celui-ci gagnait un magnifique 17/20.

J'ai pu poursuivre et finir la formation sereinement. Aujourd'hui, Scribes & Dragons a évolué !

Célia, 31 ans, fondatrice de Ma Passion, Mon Job : « Écrire l'article qu'on aimerait lire sur soi dans un an a été pour moi porteur de sens et particulièrement motivant. »

Mon projet originel était le suivant : lancer des prestations de coaching pour décrocher un job. L'objectif était de les insérer ensuite dans mon projet d'entreprise plus global sous le nom Ma Passion Mon Job, le nom de mon podcast. Je suis responsable recrutement et je voulais donc mobiliser mes compétences pour aider tous les « chercheurs de job » !

Un exercice de la formation m'a vraiment aidée et me guide aujourd'hui dans mon quotidien, celui du travail sur la vision de notre projet. Écrire l'article qu'on aimerait lire sur soi dans un an a été pour moi porteur de sens et particulièrement motivant. Il m'aide à garder le cap et à gérer les nombreux ascenseurs émotionnels de l'entrepreneuriat. Dès que j'ai un coup de blues sur mon projet, je le relis !

Après la formation, un événement personnel douloureux m'a contrainte à mettre mon projet en suspens. Je ne suis plus tout à fait la même et j'ai envie de choses différentes : je voudrais plutôt aider les personnes à suivre leurs passions pour en faire un job. L'idée ? Mobiliser mon inventivité, ma passion pour l'écriture et le storytelling !

Me replonger dans la formation Side Project quelques mois plus tard m'aura toutefois permis de prendre du recul… et d'enrichir ma vision pour mon lancement prévu d'ici le début de l'année 2021 ! Réorienter son projet en fonction des événements de la vie et de ses envies du moment fait pour moi aussi pleinement partie de la démarche.

Choisir entre salariat et entrepreneuriat

Le choix entre les deux est souvent réduit au cliché : « Si tu veux être libre, choisis l'entrepreneuriat. » Ce n'est pas la bonne approche. Seule la phase d'introspection peut t'apporter les réponses à ces questions.

Ne te laisse pas manipuler par les croyances habituelles et peurs infondées du type : le salarié est sous le joug du méchant employeur, et coincé au bureau, tandis que l'entrepreneur est isolé au Starbucks du coin avec son café et ne sait pas comment payer son loyer le mois prochain. Chez les salariés et les entrepreneurs, toutes les situations existent !

Un salarié peut s'affranchir du métro-boulot-dodo en demandant à télétravailler. Si son employeur actuel refuse, il ne tient qu'à lui de chercher un emploi en *remote* (à distance). Oui, c'est un challenge, mais si tu lis ce livre, c'est que tu es là pour ça ! Un entrepreneur peut diminuer son risque financier en créant un modèle économique stable, pérenne.

L'une de mes clientes, qui est coach, était dans l'angoisse permanente du mois suivant. Elle n'avait aucune visibilité financière, car elle ne savait pas combien de clients elle aurait le mois prochain. Ses prestations pour ses clients n'étaient pas cadrées. Elle proposait des séances à l'unité. Le client n'avait aucun engagement. Cela était néfaste pour elle et pour le client, pour qui le processus d'accompagnement n'était pas clair. Nous avons entièrement retravaillé ses offres et son système d'accompagnement, et tout le monde en est sorti ravi : ses clients et son portefeuille !

Le freelance n'est pas contraint de s'isoler. De nombreuses solutions existent : *coworking* à temps plein ou à mi-temps (des postes nomades existent dans les offres des espaces de *coworking*), cafés, *co-homing* (partager ton salon avec d'autres freelances pour recréer une ambiance de bureau), partenaires, équipe de freelances… Si la solitude de l'entrepreneur te fait peur, il ne tient qu'à toi de t'en échapper en créant ton propre environnement de travail. Il n'y a que toi qui peux décider de ta réalité.

Assumer ses envies est difficile. On pense qu'il faut faire les choses d'une certaine manière pour réussir, pour avoir de la légitimité ou des clients. En réalité, le vrai succès est de vivre ta vie comme tu l'entends. Pas de t'astreindre à un mode de vie qui te prend de l'énergie plus qu'il ne t'en donne.

Témoignage

Xavier Bougeard, 54 ans : « J'avais besoin de retrouver ce truc qui vous éveille, vous fait vous sentir vivant. »

Pourquoi as-tu choisi de devenir entrepreneur ?

J'étais responsable d'actions pédagogiques au sein d'une ONG. Je créais des outils pédagogiques, j'organisais des événements éducatifs, et j'intervenais dans les écoles et en entreprise.

Quelque temps après avoir participé à la première promotion du programme Side Project de Pose ta Dem', j'ai quitté mon emploi pour me lancer en freelance avec mon projet, « Passeur d'écologie ». Trois raisons importantes m'ont conduit à ce choix.

D'abord, j'avais besoin de retrouver le risque, ce truc qui vous éveille, vous fait vous sentir vivant. Dans le salariat j'avais perdu cela. J'avais besoin de me confronter au réel pour surmonter des difficultés concrètes.

Ensuite, je voulais finir en beauté : à l'heure où j'écris, j'ai 54 ans et il me reste entre dix et quinze ans de vie professionnelle. Il y a encore tellement de choses que je voudrais accomplir. Si je ne le fais pas maintenant, autant retourner dans ma niche et attendre l'heure de la retraite en espérant que je serai suffisamment en forme pour continuer à faire ce que j'aime. Et ça, ce n'est vraiment pas possible. Faire ce que j'aime comme j'aime, c'est tout de suite !

Pour finir, dans le salariat, je n'étais plus libre de mes choix. Mes perspectives d'avenir dépendaient du bon vouloir de ma hiérarchie. Ma vie professionnelle était devenue une suite de tâches qui ne me menaient nulle part. À partir de là il n'y avait qu'un seul choix : partir et monter mon propre projet.

Quels conseils donnerais-tu à quelqu'un qui hésite à entreprendre ?

Cultiver son envie, son désir de créer son propre projet, l'entretenir, le bichonner. Tout part de là et le désir finira par prendre le pas sur la peur. Puis commencer petit et se tester sur des petits projets pour s'apercevoir que c'est possible.

Aujourd'hui, je ne sais pas très bien de quoi sera fait demain, mais je suis libre de faire le choix d'aller dans la direction que je juge pertinente et de créer mes propres perspectives. Ce n'est pas toujours rassurant, il y a un risque (mais le risque, c'est positif). Mais je suis responsable à 100 % de ce qui m'arrive et de ce que je ferai de cette nouvelle tranche de vie professionnelle. Et ça, ça n'a pas de prix.

Comme tu le vois, Xavier a choisi l'entrepreneuriat car c'est ce qui lui correspondait à cette phase de sa vie. Mais ce n'est pas la seule voie possible pour se réinventer et s'épanouir ! Voici le témoignage de Camille, qui a décidé de remettre du sens dans son emploi en tant que salariée.

Témoignage

Camille Jeanjean, 27 ans : « J'étends les possibilités pour mieux m'épanouir à l'intérieur de mon entreprise actuelle. »

Comment t'est venue l'envie de te reconvertir ?

Après trois ans et demi dans un poste en marketing, je me suis rendu compte que ce domaine ne me plaisait pas. J'ai mis du temps à me l'avouer, parce que je réalisais d'autres missions en parallèle qui me plaisaient. J'ai négocié une rupture conventionnelle et entamé un travail d'introspection en suivant le programme Nouveau Départ de Pose ta Dem' avec Marion pour m'accompagner en tant que coach.

Quelles pistes as-tu identifiées pour redonner du sens à ton projet professionnel ?

Pendant le programme, je retrouve un poste de responsable du service client qui correspond à mes valeurs et dans lequel je m'épanouis. Le programme Nouveau Départ avance, et je me découvre une vraie passion pour les sujets de bien-être et d'harmonie, surtout dans le milieu professionnel. J'aime que ceux qui m'entourent se sentent à l'aise sur leur lieu de travail et s'épanouissent dans leur job. J'ai contacté plusieurs personnes dont le métier est de faire en sorte que les salariés se sentent le mieux possible dans leur job. De là sont ressorties trois possibilités pour moi : devenir freelance dans ce domaine, rejoindre une entreprise pour réaliser ce métier à temps plein, ou bien mettre ma patte dans mon entreprise actuelle pour remettre du bien-être dans la vie de mes collègues. J'ai choisi cette troisième option !

Pourquoi as-tu fait ce choix ?

Je me sens bien dans ce nouveau travail : l'environnement est stimulant et bienveillant. L'entreprise que j'ai rejointe est très ouverte, je peux apporter ma pierre à l'édifice ! Ce projet de bien-être au travail permet de rendre mon quotidien encore plus épanouissant, tout en l'alignant avec ce que j'aime et souhaite faire.

Je me dis aussi que c'est une bonne idée de commencer par faire mes armes dans mon entreprise avant de me lancer en freelance ou à temps plein dans ce métier que je ne connais finalement pas encore si bien. Je redonne ainsi du sens à mon job et j'étends les possibilités pour mieux m'épanouir à l'intérieur de mon entreprise actuelle, en tant que salariée !

CONCLUSION

Douter est humain. Il n'y a aucune honte à ne pas être sûr de son choix de projet… C'est même sain ! Ça signifie que tu accordes du soin à ta vie professionnelle et que tu fais ton maximum pour mettre toutes les chances de ton côté. C'est pour cette raison que la phase d'introspection est si importante : elle te permet de prendre conscience de tes centres d'intérêt profonds, de ce qui t'anime, mais aussi des blocages et des peurs qui te freinent. Une fois cette solide analyse faite, tu te sentiras bien plus confiant dans tes choix. Car tu les auras pris en pleine conscience. Et si tu changes d'avis ? Tu vas voir dans le chapitre suivant que cela peut changer ta vie !

CHAPITRE 12

L'ART DE CHANGER D'AVIS POUR CHANGER DE VIE

« *Vivre, c'est changer.*
Voilà la leçon que les saisons nous enseignent. »
Paulo Coelho

Malgré toutes tes précautions, une fois ta décision prise, rien n'est gravé dans le marbre. Si jamais tu changes d'avis sur ton projet en cours de route, comment faire pour rebondir ? Voici les bons réflexes à avoir.

EMPRUNTE UN CHEMIN DE TRAVERSE POUR NE PAS CHOISIR

Après t'avoir expliqué comment choisir, je t'explique maintenant… comment ne pas choisir. Non, je n'ai pas perdu la tête ! Je te montre simplement un chemin que certaines personnes empruntent parce qu'elles sont dans l'incapacité de choisir.

Non pas qu'elles aient sciemment ignoré mes précédents conseils. Mais parce que leur tempérament même les pousse à avoir plusieurs aventures professionnelles en même temps. Et il existe un terme pour ça : le *slashing* !

Il était une fois le slashing

Si tu aimes apprendre et changer régulièrement d'activité, comment choisir et développer un seul projet pérenne ? Tu le lis partout : pour obtenir des résultats, il faut te concentrer sur un projet. En courant plusieurs lièvres à la fois, on n'en attrape aucun. Cette expression est très parlante mais barbare, donc disons qu'on l'attrape pour lui faire des câlins !

Parfois plusieurs activités nous passionnent, et nous n'avons juste pas envie de faire un choix. Cela arrive ! Que faire dans ce cas ? Slasher ! Le slashing, c'est choisir de se créer une activité professionnelle basée sur plusieurs projets différents. Par exemple, Marion est coach pour Pose ta Dem' et enseigne le théâtre à côté. Elle est donc slasheuse entre deux activités rémunératrices : coach et enseignante de théâtre.

Je ne parle pas du slashing « contraint ». Être obligé de cumuler deux emplois pour boucler les fins de mois est une autre histoire. Ici, je parle du *slashing* choisi par des personnes qui ne peuvent se résoudre à entrer dans une case unique et aspirent à multiplier les casquettes et les expériences.

C'est le cas de Marielle Barbe, auteure de *Profession Slasheur*[40], avec qui j'ai échangé lors d'une interview pour Pose ta Dem'. Elle a plusieurs casquettes : à la fois auteure, conférencière, coach, formatrice, consultante, elle revendique l'art du slashing dans son livre. Se sentir à sa place, assumer sa singularité, trouver du sens à sa vie, voilà les missions qu'elle s'est fixées, et qu'elle partage avec ses lecteurs. Marielle découvre ce terme en tombant sur un article sur le « phénomène des slasheurs ». C'est la « libération de sa vie ». Elle qui avait toujours craint de n'être « spécialiste de rien » avait finalement trouvé le fil rouge entre toutes ses activités.

Depuis, plus personne ne lui reproche d'être touche-à-tout, et cela lui a même apporté des opportunités inattendues. Surtout, Marielle a aidé d'autres personnes à mettre un mot sur cette caractéristique. Lorsqu'on assume qui l'on est, on donne l'opportunité aux autres d'exprimer eux aussi qui ils sont.

---

40. Marabout, 2017.

Parole d'expert

Marielle Barbe, conférencière, coach, formatrice et consultante, auteure de *Profession Slasheur* : « J'ai construit mon parcours comme le Petit Poucet, caillou par caillou. »

Comment t'es-tu « autorisée » à devenir slasheuse, malgré l'opinion de la société ?

Quelques jours après avoir lu un article sur le phénomène des slasheurs, quelqu'un m'a posé cette question simple (mais horrible pour tous les multipotentiels) : « Qu'est-ce que tu fais dans la vie ? » Je me suis entendue dire : « Je suis slasheuse. » Enfin, je savais quoi répondre... Ce terme était incontestablement le plus représentatif de ma vie professionnelle ! L'après-midi même, j'ai créé mon site internet sur lequel j'ai écrit en lettres capitales sur la page d'accueil : « Marielle Barbe, slasheuse ». J'avoue que ce n'était pas le site le plus réussi, mais il m'a permis de revendiquer le droit à faire plusieurs choses à la fois. Cela a été une libération, ma façon de faire mon coming out professionnel... Je ne pouvais pas revenir en arrière !

En écrivant mon livre, j'ai réalisé que j'ai toujours mené plusieurs activités professionnelles en même temps. Car je finissais toujours par avoir la sensation qu'il me manquait quelque chose, même lorsque j'étais sûre d'avoir trouvé le « job de ma vie ». J'ai besoin de mener des activités complémentaires – faisant appel à la fois à mon cœur, à ma tête, à mon corps – pour trouver mon équilibre, m'épanouir, nourrir ma curiosité insatiable.

Je crois que j'ai construit mon parcours comme le Petit Poucet, caillou par caillou. Et chaque caillou me ramène au plus près de qui je suis. Mon chemin est la somme de ces petits et gros cailloux. Il n'est jamais le même. Il évolue à chaque instant. Et rien ne me comble plus que cela.

Que conseillerais-tu à un aspirant à la reconversion qui se reconnaît dans le mot slasheur ?

En premier lieu, qu'il prenne le temps de mieux connaître son fonctionnement, son parcours, ses envies, sa valeur ajoutée et d'identifier clairement ses potentiels multiples, quel en est leur fil conducteur. Puis de s'intéresser aux évolutions du travail et de la société. Le monde de demain aura besoin de ces talents.

Mais avant tout d'assumer sa singularité, sa manière de travailler en mode pluriel, hybride.

L'assumer, c'est refuser d'être enfermé dans cette norme de la monoactivité, totalement en décalage avec les besoins et le tempo de notre époque. Après tout, nous n'avons qu'une vie, alors vivons-en plusieurs à la fois !

Maintenant, je vais te parler de ma propre expérience du slashing et de la manière dont je me suis approprié ce concept pour créer sur-mesure mon activité « multi » autour d'une même entreprise.

Le témoignage de Charlotte

Multiplier les passions et projets tout en restant concentrée sur une activité

Je suis très curieuse et j'ai un immense besoin de nouveauté et de challenge. Mon champ de curiosité est concentré sur quatre grandes thématiques : le développement personnel, l'entrepreneuriat, la pédagogie et le marketing. Cette tendance « multi » se retrouve aussi dans mon mode de vie. Sans être nomade à temps plein, j'aime changer régulièrement d'environnement.

J'ai créé mon activité sur mesure qui cumule tout ce que j'aime :

- définir la stratégie de l'entreprise ;
- recruter et manager les personnes de mon équipe ;
- écrire des articles, chroniques et autres contenus ;
- développer une communauté en ligne et en présentiel ;
- déployer de nouvelles stratégies marketing pour faire connaître Pose ta Dem' tout en étant alignée avec mes valeurs ;
- créer des programmes de formation en ligne ;
- accompagner mes clients ;
- organiser des événements en présentiel ;
- animer des conférences et séminaires ;
- lire des livres passionnants pour m'inspirer, apprendre et ainsi élever la qualité de mon propre contenu ;
- rencontrer des personnes aux parcours riches et variés ;
- lancer de nombreux projets sans limite ;
- écrire ce livre !

J'ai le choix absolu de ce que je crée et je vois le résultat de mes actions. Mon côté « multi » est une grande force au service d'un projet unique : Pose ta Dem'. On peut donc être multipotentiel sans pour autant aspirer à *slasher* entre plusieurs projets.

Lorsque j'ai le sentiment d'avoir fait le tour d'un projet ou d'une activité, c'est simple : je place une personne de l'équipe sur cette mission. Après avoir réalisé mon programme individuel Nouveau Départ plus d'une centaine de fois, je me suis entourée de coachs formés à ma méthode pour accompagner les nouveaux clients.

Bien sûr, au début de ton projet, tu ne pourras pas déléguer. Mais en faisant ce que tu aimes, ce pour quoi tu es doué, et en te concentrant sur les étapes une à une, tu mets en place les conditions de la croissance de ton activité et donc de ta capacité à embaucher !

Comment savoir si tu es slasheur ?

Te reconnais-tu dans les descriptions suivantes :

- tu n'arrives pas à te fixer sur un seul projet ;
- tu aimes changer régulièrement d'activité et découvrir de nouveaux domaines ;
- tu as toujours beaucoup d'idées de projets dans lesquels te lancer, de concepts à créer ;
- tu détestes la routine, la monotonie, tu as besoin de variété dans ta journée et ta carrière ;
- tu te considères comme instable, incapable d'aller au bout d'un projet/poste sans t'ennuyer.

Si oui, tu as le potentiel d'être slasheur !

Ta force est de créer de nouveaux sujets ou compétences au croisement d'activités (parfois très éloignées !). Pour slasher dans les meilleures conditions, je te conseille de commencer par identifier ton « pourquoi ». Pour cela, je te renvoie au chapitre 4. Puis tente de créer des ponts entre les idées et de les regrouper par thématiques communes. L'objectif est de trouver le(s) fil(s) rouge(s) pour donner une cohérence… ou pas !

Se considérer comme slasheur ne doit pas être une excuse pour ne pas persévérer dans un projet. La concentration est capitale pour mener à bien un projet. Ma vision personnelle (qui n'engage que moi) est que l'on ne peut pas slasher entre deux projets à 50/50 lorsqu'on démarre de zéro.

J'ai souvent des membres de ma communauté qui m'expliquent hésiter entre deux projets, avoir envie des deux, et donc, se lancent dans les deux. Lancer un projet de zéro nécessite d'investir du temps et de la concentration. Démarrer deux projets de zéro en parallèle avec autant d'enjeux dans l'un que dans l'autre, je déconseille !

Je recommande plutôt de revoir la répartition, en ayant un projet principal et un second. La place laissée à chaque projet pourra ensuite évoluer. Par exemple, une fois que le projet n° 1 est en vitesse de croisière, tu pourras passer plus de temps sur le second.

Tu peux aussi arbitrer entre les projets en leur attribuant des objectifs différents : l'un vise à développer une entreprise, l'autre permet d'exercer ta passion. Les deux ne sont pas incompatibles.

Témoignage

Charlotte Wilkins, 32 ans : « Le slashing s'est imposé à moi comme une évidence, malgré une peur initiale que ce soit mal perçu. »

Quel a été ton parcours ?

J'ai commencé le yoga lors de ma première année à l'École du Louvre, où j'ai suivi des études passionnantes en histoire de l'art. J'étais en même temps en licence d'allemand et en double-cursus. J'ai eu un coup de cœur pour le yoga.

Après mes études, j'ai commencé à enseigner l'histoire de l'art et je me suis engagée dans un poste de coordination administrative à l'École du Louvre en parallèle. J'ai beaucoup appris à ce poste qui m'a apporté la stabilité dont j'avais besoin, mais je ne me sentais pas pleinement épanouie. Au bout de deux ans, j'ai suivi une formation MBSR[41], puis une formation pour enseigner le yoga, un projet que j'avais en tête depuis plusieurs années.

C'est là que j'ai découvert Pose ta Dem' qui m'a beaucoup aidée dans ma réflexion. Ma peur de me tromper me bloquait et m'empêchait de quitter mon contrat stable. J'ai peu à peu pris confiance, en passant à mi-temps puis en démissionnant. J'ai progressivement augmenté la part des activités que je pratiquais en side project : l'enseignement de l'histoire de l'art, les visites guidées dans différents musées et expositions à Paris et les cours de yoga.

41. Technique de réduction du stress basée sur la pleine conscience.

Comment as-tu accepté ton profil de slasheuse ?

Le slashing s'est imposé à moi comme une évidence, malgré une peur initiale que ce soit mal perçu (et c'est vrai que c'est encore le cas en France, selon les milieux). Mais comme l'a dit la danseuse étoile Marie-Agnès Guillot : « Je me sens comme une harpe à plusieurs cordes : il est naturel pour moi de nourrir plusieurs passions à la fois. » Que ce soit à travers l'art ou le yoga, il s'agit pour moi d'apporter du bonheur et du bien-être aux autres.

Quel conseil donnerais-tu à quelqu'un qui se reconnaît comme slasheur ?

Mon conseil serait de ne pas craindre le jugement des autres qui reflète leurs propres peurs. Ensuite, s'accepter en tant que « harpe à plusieurs cordes ». Pour ménager son sentiment de légitimité, il peut être pertinent de garder les différents projets séparés jusqu'à trouver un moyen de les réunir. Enfin, il faut veiller à ne pas se surmener ! Il est parfois nécessaire de privilégier une activité par rapport à une autre.

SAVOIR PIVOTER

Et si ton projet n'est finalement pas le bon pour toi ? Tu vas peut-être t'en apercevoir durant la phase d'exploration, ou plus tard une fois ton projet lancé. C'est tout à fait ok : on évolue constamment ! Ton projet est une extension de qui tu es, et la personne que tu es aujourd'hui n'est pas celle que tu seras demain. Il est donc difficile de garantir que ton projet tel que tu le conçois aujourd'hui te correspondra toujours à 100 % demain.

Témoignage

Audrey Eliézer, 30 ans, accélératrice de visibilité sur Instagram : « Le fait de m'être trompée m'a permis de construire un projet avec lequel je suis 100 % alignée. »

Quel est ton parcours ?

Diplômée d'une école de commerce en *event management*, je n'arrivais pas à trouver un emploi malgré mes deux ans et demi d'apprentissage. Je me suis rendue à l'évidence : je subissais certainement de la discrimination à l'embauche. Dans ce contexte, j'ai lancé ma carrière au Canada en 2015. Ce n'est qu'en 2018 que je suis rentrée en France. J'ai décroché un CDI à Lyon. Ça a été ma dernière expérience salariée !

Quand t'es-tu rendu compte que tu n'étais pas 100 % alignée ?

Quelques semaines après la fin de la formation Side Project, en janvier 2020. J'avais suivi la formation pour tester la viabilité de mon projet. Il l'était, mais je procrastinais dès que je devais travailler dessus. J'ai fini par être honnête avec moi-même… Je n'arrivais pas à aller plus loin parce que les clients auxquels s'adressait le projet étaient aussi mes clients dans mon quotidien salarié.

Comment as-tu pivoté ?

Le processus a été assez rapide ! En l'espace d'un mois, j'ai repris les modules de Side Project, et je me suis avoué à moi-même que je ne voulais pas aller plus loin sur mon premier projet. En résumé, je voulais me lancer dans un projet qui me permettait d'être libre financièrement, hiérarchiquement, géographiquement et qui laissait place à ma créativité ! J'ai donc lancé mon agence de communication au service de la promotion de l'entrepreneuriat féminin, Ma Marque, Ma Com' (MMMC) en mars 2020. Je propose un accompagnement adapté aux entrepreneures qui veulent faire d'Instagram un outil de communication et un levier de commercialisation.

As-tu des conseils à donner aux futurs entrepreneurs qui ont peur de se tromper ?

Je leur dirais d'analyser pourquoi ils ont peur. Tu veux sûrement que tout soit parfait du premier coup. Rien ne le sera jamais, c'est ça aussi la magie de l'entrepreneuriat. Le fait d'avoir été dans l'action et d'avoir accepté l'imperfection m'a permis d'avoir mes premières clientes. Si tu as fait fausse route, tu auras toujours les moyens de rebondir ! Aujourd'hui, je suis ravie d'être partie dans la mauvaise direction. Le fait de m'être trompée m'a permis de construire un projet avec lequel je suis 100 % alignée.

Changer de plan : un bagage supplémentaire !

Je suis convaincue qu'il n'y a rien de grave à changer de projet en cours de route. Au contraire : cela fait une expérience supplémentaire !

Si tu démarres un nouvel emploi et que tu décides de ne pas valider ta période d'essai parce que tu es déçu, si tu lances ton projet mais que tu t'aperçois au bout de quelque temps que tu n'es pas aligné ou que quelque chose manque, ce sont autant de situations qui font partie de ce merveilleux processus qu'on appelle… la vie !

On ne peut pas savoir tant qu'on n'a pas essayé. Inutile de se mentir, sur le coup, c'est difficile. Tu risques d'être envahi par un sentiment d'échec, de frustration et de perte de confiance en toi et en l'avenir. C'est normal de passer par là, et je dirais même mieux, c'est sain. Cela permet de tirer une leçon de ce prétendu échec. Je ne parle pas des échecs de projets. Je parle du changement d'avis : « Ce projet/ce job ne me plaît finalement pas. »

Quand tu seras en plein dans le tourbillon, ne cherche pas à lutter tout de suite. Accepte la colère et la déception. Ignorer ses émotions n'apporte rien de bon. Vis-les pleinement, temporairement. C'est en retenant nos émotions que nous les prenons plus tard en pleine figure beaucoup plus violemment, comme un boomerang parti très loin.

Une fois le creux de la vague passé, tu vas pouvoir te concentrer sur la reconstruction. Pourquoi ce job ne m'a pas plu ? Pourquoi ce projet m'a frustré ? Pose-toi ces questions et écris tes réponses sur une feuille à tête reposée : cela te permet de faire le point.

L'exploration permet de minimiser le risque de déception une fois le changement acté. Mais elle ne peut t'en protéger à 100 %. On ne peut pas vivre si l'on veut à tout prix éviter les expériences négatives. Aussi, il est très fréquent que les échecs nous semblent ensuite positifs. Le temps nous permet de prendre du recul car nous voyons la situation sous un angle plus neutre et constructif une fois les émotions digérées.

Pivoter et slasher, tu peux tout combiner !

Ce revirement de situation te permet d'ajouter des éléments supplémentaires à ta réflexion.

« Je n'aime pas ce job alors que je pensais que c'était fait pour moi. C'est à nouveau le management qui me pose souci ? Ok, donc désormais, cela doit être mon critère prioritaire. En revanche, j'ai validé que j'aimais vraiment bien le métier. »

Si tu rencontres plusieurs situations à la suite qui ne te conviennent pas totalement, ne perds pas ta foi en l'avenir. Cela fait partie du processus quand on se met à construire son chemin professionnel en conscience : on passe forcément par des transitions qui vont nous montrer exactement ce qui ne nous convient pas pour que nous puissions enfin agir dessus !

Bien sûr, chat échaudé craint l'eau froide. Tu pourrais perdre en enthousiasme si l'expérience se reproduit trop souvent. Et pourtant, c'est une belle manière d'accepter ce qui est, d'ajuster, sans attendre que tout soit parfait. Thomas Edison disait : « Je n'ai pas échoué. J'ai simplement trouvé 10 000 solutions qui ne fonctionnent pas. » Construire une carrière épanouissante, c'est un peu pareil : on expérimente et on ajuste constamment. Il n'y a jamais d'échec, uniquement de l'apprentissage sur qui tu es, ce que tu aimes vraiment, et ce que tu es prêt à tolérer ou non.

LE MOT DE MANON

Du mentorat de lycéens… à celui de futurs entrepreneurs : « Et s'il fallait tout recommencer ? Je ne changerais pas une virgule ! »

Diplômée en journalisme, je signe mon premier CDI en 2017, après deux ans d'apprentissage. Mais rapidement, je sens que je ne m'épanouirai pas dans ce seul job. Début 2018, je découvre Pose ta Dem'. Le déclic. J'entreprends un riche travail d'introspection. L'un des exercices qui me marque le plus est celui de trouver ses verbes. Ceux qui nous font vibrer, dans lesquels on est bon et qui décrivent les activités que l'on adore. Pour moi, il s'agit d'écrire, d'aider, d'organiser et de mener.

C'est précisément ce petit verbe « aider », si grand par le sens, qui me conduit à la formation Side Project, en 2019. Je planche alors sur un projet de mentorat dédié aux lycéens. Mon objectif : mettre l'expérience de jeunes diplômés au service de ces jeunes en quête de leur voie. J'interroge des élèves, des parents, des professeurs, un proviseur.

Mais patatras, à quelques semaines de la fin de la formation, je poste ce message dans le groupe Facebook : « Plus le temps avance, et moins je me sens alignée avec mon side project. Je me demande si j'ai fait le bon choix. » Je termine l'aventure Side Project en sachant que je ne développerai pas ce projet. Coup de massue sur la tête, je le vis comme un échec.

Pour me laisser le temps de trouver ce fameux projet qui me fera vibrer, je reprends contact avec un rédacteur en chef que je connais bien et dont le média m'intéresse. À ce moment-là, il n'a pas besoin de journaliste freelance… mais de quelqu'un pour l'aider à boucler un guide touristique. Je saute de joie ! La facture tombe un mois plus tard, et je me retrouve à créer ma micro-entreprise.

À la rentrée, Charlotte me recontacte. Elle cherche des mentors pour la relayer sur sa formation Side Project. Mais oui, c'est ça ! J'aime écrire, aider les gens et mener des projets… mais je me suis trompée de cible. Ce ne sont pas les lycéens que je veux mentorer, mais des personnes en quête de sens professionnel ! De fil en aiguille, le projet se précise : je peux bien être journaliste, mentor, coach et auteure ! Et ça, c'est bien grâce aux lycéens que je n'ai jamais mentorés. Et s'il fallait tout recommencer ? Je ne changerais pas une virgule !

CONCLUSION

La phase d'exploration te permet de prendre une décision en connaissance de cause. C'est ce qui te fait « vivre » ton projet à petite échelle avant de décider de passer à l'action pour te lancer à 100 %. Choisir, c'est la première étape pour avancer : il faut bien commencer quelque part !

Surtout, rien n'est jamais figé car tu es en constante évolution : tu testes, tu observes ce qui fonctionne ou pas pour toi, et tu ajustes en fonction. C'est l'art de construire ton projet sur mesure : tu t'adaptes à ce que tu ressens au cours de tes expériences, et tu deviens maître de ton propre chemin !

Le temps est désormais venu de passer à l'action. Dans la partie suivante, on va voir en pratique comment te lancer dans l'entrepreneuriat ou t'organiser pour ta recherche d'emploi, en fonction de l'idée que tu as choisie. Prêt ? C'est parti !

PARTIE 5

L'ART DE PASSER À L'ACTION POUR TRANSFORMER TON RÊVE EN RÉALITÉ

« Un voyage de mille lieues commence toujours par un premier pas. »

LAO TSEU

Félicitations ! Tu arrives à la dernière partie de ce livre. Au fil de cette lecture, tu as commencé ta phase d'inspiration et d'exploration. Une période magique qui te permet de rêver de nouveau. Et de te reconnecter à toi.

Mais rêver ne remplit pas le frigo, on est tous d'accord avec ça !

Il faut maintenant concrétiser tout ce que tu as lu, vu, entendu, découvert, adoré ces derniers jours, ces dernières semaines, ces derniers mois. Car passer à l'action est la clé pour s'accomplir, dans n'importe quel domaine.

C'est ce qui m'a libérée de mon job de consultante et qui m'a fait découvrir l'univers des start-up. C'est ce qui m'a amenée à créer mon entreprise et à vivre de mon activité en six mois. C'est ce qui m'a amenée à écrire le livre que tu tiens entre les mains. Je sais que la montagne peut sembler insurmontable au démarrage, mais tu as désormais toutes les clés en main pour la gravir progressivement, à ton rythme. Petit pas par petit pas, parfois en faisant demi-tour, parfois en opérant des détours. Mais il faut se mettre en marche pour faire de ton projet une réalité.

Je vais donc te donner ma méthode pour te lancer concrètement, que tu choisisses la voie de l'entrepreneuriat ou d'un nouvel emploi, ainsi que de précieux conseils pour bien t'organiser et tenir tes objectifs sur le long terme. Pas de résolution non tenue par ici, mais des buts atteints et une motivation constante sur le chemin !

Quelle que soit la voie que tu choisis, tu es sur le point d'y parvenir. Tu t'es maintenant engagé dans la formidable aventure de la reconversion professionnelle. Et crois-moi, cela va changer ta vie. C'est parti !

CHAPITRE 13

TE LANCER DANS L'ENTREPRENEURIAT SANS RISQUE AVEC UN SIDE PROJECT

« *Des idées, tout le monde en a. Souvent les mêmes. Ce qu'il faut, c'est savoir s'en servir.* »

Coluche

Le risque, à ce stade, est de ne pas mettre en application ce que tu as lu dans ce livre ! Je t'invite donc à reprendre toutes les notes que tu as accumulées dans ton carnet de bord. On va s'en servir très bientôt. Car chez Pose ta Dem', hors de question que tes rêves et tes envies restent lettre morte ! Mon objectif est que tu refermes ce livre en te disant : « Je peux le faire, donc je vais le faire. » Je ne veux pas que tu restes un porteur de projet toute ta vie, et à mon avis, toi non plus !

JE ME SUIS LANCÉE SANS IDÉE CLAIRE

En 2017, quand mon employeur en start-up m'a annoncé sa proposition de rupture conventionnelle, je n'avais pas d'idée claire de projet… mais j'ai décidé de me lancer quand même. Depuis ma démission de mon ancien job, pas une soirée ne se passait sans que quelqu'un me questionne sur ma décision de changer de voie et me dise vouloir faire pareil. J'ai pris conscience de l'ampleur du problème autour de moi, et j'ai compris que j'avais quelque chose à apporter aux autres.

Bingo ! Je tenais là l'idée de ma propre entreprise. J'allais créer un univers dédié à ceux qui rêvent de poser leur dem' et de se lancer dans une nouvelle aventure professionnelle : un site avec des contenus utiles et inspirants, des événements pour fédérer une communauté, du coaching individuel et des formations en ligne. Voilà comment j'ai eu l'idée de Pose ta Dem'.

Avant de me lancer dans l'entrepreneuriat, j'étais persuadée que, pour réussir à créer une entreprise, il fallait investir de l'argent, travailler jour et nuit, et être bardé de multiples compétences que je n'avais pas. Mais ce séjour en incubateur m'a prouvé que non, et j'ai atteint mon objectif malgré tous ces « manques » que je pensais avoir :

- au début, j'ai slashé avec d'autres activités freelance pour manger autre chose que des coquillettes. Je n'étais donc pas à temps plein, mais j'ai trouvé la bonne organisation pour développer mon projet, jusqu'au jour où Pose ta Dem' est devenue mon entreprise à temps complet ! ;
- j'ai construit mon activité sans fonds de départ, et aujourd'hui encore, l'entreprise est autofinancée ;
- j'ai créé une activité basée sur les compétences que j'avais déjà, et je les complète régulièrement en me formant et surtout en apprenant sur le terrain ;
- J'ai démarré mon projet seule, puis je me suis entourée des bonnes personnes pour constituer mon équipe, en recrutant au fil du développement de l'activité ;

- j'ai pu me rémunérer en six mois, mieux que mon ancien salaire ;
- je travaille moins de 35 heures par semaine.

Ce que je retiens, c'est que l'entrepreneuriat peut être simple et à notre image. On n'a pas besoin de construire une usine à gaz, on n'a pas besoin de tout savoir sur tout, et on n'a pas besoin d'attendre le moment parfait pour se lancer. Il ne faut surtout pas se laisser impressionner par les entrepreneurs qui ont bâti des empires, et dont on n'a pas suivi le parcours depuis le début. Ne compare jamais ton chapitre 1 au chapitre 10 d'un autre entrepreneur.

Mais attention : « simple » ne veut pas dire « facile » ! C'est une aventure pleine de surprises et parfois d'obstacles, c'est évident et je ne vais pas te mentir. Mais c'est la plus belle aventure qui soit, car elle permet d'être soi-même, de trouver du sens à son travail au quotidien, et d'être utile pour les autres.

Et je suis persuadée que l'on peut créer son entreprise sans prendre de risque majeur, et c'est ce que j'ai fait. Il faut différencier le vrai danger du petit risque qui donne du piment à la vie… et auquel je suis devenue accro !

De plus, à l'époque actuelle, je considère que l'entrepreneuriat n'est pas plus risqué que le salariat. Il l'est peut-être même moins ! Car en étant entrepreneur, tu apprends à ne dépendre de personne, à générer de l'argent par toi-même. Alors, en route pour l'aventure de l'entrepreneuriat !

ENTREPRENDRE SANS RISQUE AVEC UN SIDE PROJECT

Il y a une solution pour lancer ton entreprise sans prendre de risque majeur. Laquelle est-ce ? Commencer ton projet entrepreneurial en parallèle de ton emploi salarié. Ce que j'appelle un side project : un projet à côté.

J'ai créé ma propre méthode Side Project après un constat : de nombreuses personnes sont freinées par les risques que semble impliquer l'entrepreneuriat. Quitter leur emploi pour se lancer en partant de zéro ? Trop risqué ! À la fois pour leur situation personnelle, professionnelle, financière et familiale. Alors, j'ai mis au point une méthodologie accessible à tous pour créer et développer son projet, en parallèle de son job, en quelques heures par semaine.

L'objectif de mener ton projet « à côté » est triple :

- retrouver du sens, du plaisir et de l'épanouissement dans ton quotidien. Ce projet sera comme une bouffée d'air frais ;
- avoir l'opportunité et le temps de tester plusieurs idées pour choisir celle qui a le plus de potentiel de rentabilité, mais aussi d'épanouissement ;
- tester le potentiel de ton projet sans prendre de risque financier : tu ne renonces pas à ton salaire et tu ne mets pas (ou très peu) d'argent sur la table pour démarrer.

De cette façon, ton projet est amorcé… jusqu'au jour où il sera temps de quitter ton job pour te lancer à plein temps ! Enfin… pas forcément. Il n'y a aucune obligation de quitter ton emploi. À la fin de mon programme Side Project, les participants ont le choix entre plusieurs scénarios : quitter leur emploi et transformer leur projet en leur activité principale, mais aussi changer de projet, ou encore rester dans leur emploi et poursuivre leur side project, voire changer d'emploi.

Quelle que soit l'issue du projet, tu as appris à être indépendant. Tu as vu à quoi ça ressemble vraiment, de lancer un projet ! En ayant ces bases d'entrepreneuriat et cette expérience de vie, tu es en mesure de prendre la bonne décision pour toi.

LA FEUILLE DE ROUTE DU SIDE PROJECT VERSION POSE TA DEM'

Ce qui est difficile lorsque l'on se lance, c'est de savoir par où commencer. On voit l'aboutissement de l'aventure entrepreneuriale comme une immense montagne à gravir. Et on ne sait pas quel chemin emprunter. Sache que pour gravir la montagne, tu as besoin de savoir où est le sommet pour marcher dans la bonne direction. Et tu as juste besoin de poser un pied devant l'autre : regarde devant toi, étape par étape, avec la stratégie des petits pas. Si tu cherches tout de suite à être au sommet, tu n'y arriveras pas, car cela te semblera tellement insurmontable que tu n'essaieras même pas ! Alors, mets-toi en chemin avec la stratégie des petits pas.

Étape 1. Utiliser ton travail d'introspection

La première étape concerne l'introspection pour identifier des idées de projet, ce que tu as déjà fait dans ce livre. Ici, je pars du principe que ton idée de base est définie. Pour que ton projet soit viable pour toi et ton marché, il doit cumuler quatre critères : passion, compétence, rentabilité et faisabilité.

Ton projet doit te stimuler tout en te faisant sortir de ta zone de confort. S'il t'intéresse mais qu'il ne te fait pas peur, tu vas vite t'ennuyer et abandonner. S'il te challenge trop sans te procurer de joie en y travaillant, tu ne t'y mettras pas avec plaisir et tu risques de retomber dans les travers de ton job actuel.

Étape 2. Confronter ton projet au marché (oui, c'est incontournable !)

Il faut ensuite t'assurer de la viabilité de ton projet. Ma conviction est qu'il faut te confronter au marché le plus vite possible. Par marché, j'entends à la fois la demande potentielle et l'offre existante.

L'erreur courante consiste à imaginer la solution plutôt que de bien comprendre le problème.

Les projets qui échouent sont ceux qui ne répondent pas à une demande, c'est-à-dire à un besoin ou à un désir de la part des clients potentiels. L'erreur absolue à éviter est d'avoir une idée, penser qu'elle est révolutionnaire, quitter son job, investir du temps et de l'argent pour la lancer… Et se rendre compte une fois le produit ou le service créé que personne n'en veut.

On va éviter ce flop ! Pour cela, il faut d'abord connaître ta cible. Ce sont les individus ou les organisations auxquels tu souhaites t'adresser. Pour être en mesure de lui apporter une solution pour laquelle elle serait prête à payer, tu dois comprendre en profondeur son besoin.

Pour cela, je recommande deux méthodes :

- le questionnaire, pour avoir un volume important de réponses et en tirer de vraies statistiques (et commencer à te constituer une communauté) ;
- la rencontre en face à face, pour avoir des informations qualitatives et de premiers clients potentiels. Cette rencontre peut se faire autour d'un café ou par téléphone, ou encore lors d'un événement que tu organises.

Étape 3. Parlons peu, parlons chiffres

Tu ne veux pas simplement savoir si le projet plaît à ces clients potentiels. Ton objectif est de créer une entreprise. Tu dois donc savoir si ta cible serait prête à payer pour ton service ou ton produit. Cette nuance est capitale et peut t'éviter bien des déconvenues ! Ton objectif est de gagner de l'argent, pas (juste) de faire plaisir. Il n'y a rien de mal là-dedans, bien au contraire. Gagner de l'argent est bénéfique pour toi et pour tes clients. Parce que si tu ne gagnes pas d'argent, tu ne pourras pas continuer ton activité, et donc pas apporter de valeur à ceux qui en auront besoin dans le futur.

Si tu n'es pas rémunéré pour tes services de coaching, tu ne pourras pas aider tes potentiels futurs clients à résoudre leurs problèmes qui leur gâchent la vie. Si tu n'es pas rémunéré pour vendre tes cosmétiques bio, tu ne pourras pas contribuer à la qualité des produits et tu laisseras la place à un concurrent moins soucieux de l'environnement et de la santé. L'argent est relié à ton « pourquoi » dont nous avons parlé plus tôt.

Comment cela s'est-il passé pour Pose ta Dem' ? Voici les étapes principales :

- j'ai créé un questionnaire en ligne qui m'a apporté plus de 400 réponses. J'ai compris que le problème des personnes dans ma cible était de vouloir quitter leur job, mais qu'elles ne savaient pas comment s'y prendre, et qu'elles avaient peur de prendre des risques ;
- j'ai interrogé environ vingt personnes en leur proposant de s'appeler ou de se voir autour d'un café, pour les laisser s'exprimer plus longuement et avoir leur feedback sur le projet ;
- j'ai organisé une soirée moins de deux semaines après le lancement du site pour échanger directement avec les intéressés ;

- je questionne mon audience à chaque nouveau projet. Afin de créer ma formation Side Project, en 2018, j'ai réalisé une enquête en amont pour bien cerner les attentes de mes clients potentiels, et en aval, pour obtenir leurs retours et conseils d'amélioration une fois la formation réalisée.

À toi d'enquêter auprès de ta propre cible pour ne pas partir bille en tête sur une idée déconnectée du terrain !

Étape 4. Communiquer dès le départ sur ton idée

Une fois ton offre initiale établie, c'est-à-dire le produit ou le service que tu proposeras au démarrage de ton entreprise, tu peux t'atteler à la communication autour de ton projet. J'en profite pour souligner qu'il n'est pas nécessaire d'avoir un logo et un site parfaits pour te lancer ! Pour communiquer efficacement, mieux vaut être certain de s'adresser aux bons clients (qui), avec une réelle solution à leurs besoins (quoi). Le tout, en respectant tes valeurs et ton pourquoi.

Je te recommande de parler de ton entreprise même avant son lancement officiel. C'est ce que j'ai fait pour Pose ta Dem'. J'ai organisé toute une campagne de prélancement, digne d'un *blockbuster* hollywoodien, pour être certaine d'avoir plus que ma maman et mes meilleures amies connectées sur mon site le jour J !

Pour cela, observe quels sont les canaux de communication utilisés par tes clients potentiels – et comment communiquent tes concurrents. Cela te donnera des idées pour procéder et pour te démarquer ! Rien ne sert de garder ton projet secret jusqu'à la date du lancement, c'est le travail que tu auras fourni en amont (constituer une petite communauté, avoir des feedbacks de premiers clients test, avoir communiqué sur Internet…) qui t'assurera tes premiers clients.

Et c'est ce qui rentabilisera plus rapidement ton activité. Avec la méthode Side Project, mon objectif est de te donner toutes les clés pour vivre de ton activité en moins d'un an. Tu es sceptique ? Je comprends. Mais je vais te montrer que oui, c'est possible. La preuve, je l'ai fait – alors que tu sais maintenant à quel point je n'avais pas le profil type des entrepreneurs (puisqu'il n'y en a pas !). Mais avant de poursuivre, je t'invite à faire cet exercice pour clarifier tes intentions.

Exercice

POURQUOI TE LANCER DANS UN SIDE PROJECT ?

Les questions à te poser sont les suivantes :

– Qu'ai-je envie d'expérimenter, que je ne peux expérimenter dans mon emploi actuel ?

– Dans quel but ? Pourquoi c'est important pour moi ?

(Exemples : pour le plaisir, pour apprendre, pour faire des rencontres enrichissantes, pour me tester, pour vérifier le potentiel économique de mon projet…)

Et garde ce principe en tête : quelle que soit l'issue de ton cheminement, tu auras appris à être indépendant. La méthode Side Project est réutilisable à l'infini et t'offre d'autres options que d'être dépendant d'une seule entreprise.

VIVRE DE TON ACTIVITÉ EN MOINS D'UN AN

Le mythe selon lequel l'entrepreneur met des années à se rémunérer est tenace. Pourtant, une autre réalité est possible.

À mes débuts, je me souviens avoir rencontré plusieurs entrepreneurs en difficulté. Ils m'ont annoncé la couleur : « Il faut au moins deux ans pour se payer un Smic. Et une entreprise sur quatre ne passe pas le cap des trois ans[42]. Allez, bonne chance ! » C'était sans compter un élément important : il était hors de question que je retourne dans un job traditionnel. Passer des entretiens ? Rester enfermée dans un bureau ? Retrouver le sempiternel métro-boulot-dodo ? Inimaginable. Mon pire cauchemar était de me retrouver en fin de droits au chômage sans pouvoir me payer.

J'avais deux ans devant moi. Mais comme je suis (légèrement) angoissée de nature, j'ai décidé que je serais capable de me rémunérer en toute autonomie en… six mois. Les problèmes récurrents de paiement par Pôle Emploi m'ont

42. Statistique de l'Insee, 2019 : https://www.lefigaro.fr/entrepreneur/les-entreprises-ayant-depasse-le-cap-des-trois-ans-sont-plus-nombreuses-20190426

encore plus convaincue de me passer de cette aide. Mais comment réussir là où l'on me disait que c'était en théorie impossible ?

Dans l'entrepreneuriat comme ailleurs, il n'y a pas de recette miracle pour réussir. Mais il y a des clés qui changent tout. Si ton objectif est de pouvoir te rémunérer rapidement pour poursuivre ton activité, voici quatre clés indispensables.

Règle 1. Choisis un *business model* simple et avantageux

Si ton objectif est de vivre rapidement de ton activité, le choix de ton modèle économique est crucial. Pourquoi se compliquer avec un modèle qui rapporte peu et lentement ?

Si tu vends un service, commence par proposer les compétences dont tu disposes immédiatement et à bâtir une offre prête rapidement, plutôt que de plancher dessus pendant des mois. Crée un service simple : pas de long processus de commande, pas de complexité, pas de délais.

Il y a une différence notable entre le B2B (*business to business*, vente à des entreprises) et le B2C (*business to consumer*, vente à des particuliers). Le B2C permet d'encaisser plus rapidement. Le processus des achats en entreprise est beaucoup plus long et le risque d'impayé plus important. En revanche, le panier moyen en B2B est plus élevé pour un volume de clients moindre. Le panier moyen en B2C est généralement plus faible, mais tu peux réaliser un volume de ventes plus important.

Tout dépend de ta cible et de ton positionnement. Pour ma part, j'ai démarré avec un unique programme d'accompagnement pour les particuliers – c'est ce qui m'a permis de générer du chiffre d'affaires dès le début.

Si tu proposes un produit, fais quelques calculs pour estimer tes coûts fixes (montant fixe quel que soit le niveau d'activité) et tes coûts variables (ceux qui varient selon la production), et déterminer la quantité minimale de ventes à réaliser pour être rentable. Si c'est trop complexe, n'hésite pas à te faire aider.

Si ton objectif est de te rémunérer rapidement grâce à ton activité, mais que le produit est long à développer, ou que les coûts sont élevés et que tu n'es pas près d'atteindre un volume de ventes suffisant pour dégager une marge qui te fasse vivre, alors je te recommande d'allouer une partie de ton temps à des services ou produits rentables immédiatement.

Par exemple, si tu vends un concept de box bien-être, tu vas commencer à bâtir une communauté autour du bien-être. Propose au plus vite un service comme du coaching bien-être ou un programme en ligne. Sur un programme en ligne, les coûts sont faibles, et comme la cible est la même que pour la box, tu fais d'une pierre deux coups !

Si tu crées une entreprise qui vend des tapis de yoga (qui ne glissent pas lorsqu'on fait la posture du chien tête en bas, pitié !), dégage 20 % de ton temps pour donner des cours de yoga ou mettre en relation professeurs et élèves.

Si tu ne vois aucune solution, ton ultime recours est de réaliser des missions en freelance sur ton métier précédent en attendant de rentabiliser ta nouvelle activité favorite. Pour rester concentré sur cette dernière, fais en sorte que tes missions « alimentaires » ne représentent pas un investissement en temps et en énergie trop important.

Règle 2. Positionne-toi de manière professionnelle dès le départ

N'oublie jamais que c'est une entreprise que tu développes, pas un loisir !

J'ai eu des clients dès le début… avant même de mettre le site en ligne et de développer ma communauté. Ils étaient des clients tests au départ, les fameux « cobayes » : des clients prêts à essayer l'offre dans sa version test, à un tarif très avantageux. Cela m'a permis de me positionner immédiatement comme une professionnelle et non quelqu'un qui fait cela pour le plaisir.

Et dès le site lancé, j'ai communiqué sur mon programme Nouveau Départ. Bien sûr, je n'étais pas aussi à l'aise qu'aujourd'hui ! Mais j'ai misé sur une présentation professionnelle de mon activité (et de moi-même !) dès le début. Comment ?

- En soignant la présentation de mon site et la qualité de ses contenus dès son lancement ;

- en alimentant mon profil LinkedIn autour de mes sujets de prédilection : l'entrepreneuriat, la formation, la reconversion professionnelle en publiant mes propres contenus ;
- en me présentant systématiquement comme la fondatrice de Pose ta Dem' et en expliquant clairement ma mission.

C'est ce qui m'a permis d'être rapidement contactée pour intervenir dans des événements et conférences et auprès de médias.

Ah, et je précise : être professionnel, ça ne signifie pas endosser un costume-cravate et reproduire les codes que tu as fuis en entreprise ! On peut être sérieux sans se prendre au sérieux, on peut inspirer confiance en étant soi-même plutôt qu'en jouant un rôle.

Règle 3. Entretiens des conversations avec des humains plutôt que de multiplier les expériences marketing douteuses

Lorsque tu achètes quelque chose, pourquoi le fais-tu ? Parce que tu as confiance dans la valeur que le produit ou le service va t'apporter. Cette confiance est basée sur l'humain.

Tout dépend du positionnement prix. Pour un mug à quelques euros, la réflexion n'est pas la même. Mais pour avoir recours à un service, tu veilles à d'autres éléments.

C'est pourquoi en tant que créateur, tu as besoin d'entendre tes prospects et de discuter avec eux pour affiner ta compréhension de leurs besoins et de leurs objections éventuelles. Tes premiers clients viendront très certainement de ton réseau. Il est fréquent que le premier client d'un freelance soit son ancien employeur ! Ou bien un ancien collègue, une rencontre lors d'un événement, un camarade d'études… Alors prends le temps d'avoir de vraies discussions plutôt que de chercher la dernière technique marketing tendance !

C'est aussi ce qui t'aidera à avoir moins peur de la vente. Là aussi, en étant toi-même, en parlant d'humain à humain, tu te sentiras plus en confiance car tu ne joueras pas un rôle.

Règle 4. Définis une stratégie claire et une régularité sans faille dans sa mise en œuvre

Une stratégie peut changer. Au gré des expériences, apprentissages et nouveaux objectifs, le plan évolue. Mais ne pas avoir de plan est la pire stratégie possible ! À objectif flou, résultats flous.

Ma stratégie était la suivante : me faire connaître grâce à des articles de qualité, me positionner comme experte et amener les personnes intéressées vers mon programme.

Ma stratégie de contenu était au cœur du plan. J'ai donc créé du contenu régulier dès le début, en écrivant chaque semaine une interview, un article et une newsletter. Le contenu a évolué depuis, mais la régularité reste la même. Je n'ai pas raté une seule semaine. L'organisation a changé depuis, j'ai délégué cette stratégie de contenu. Ainsi, mon audience continue de recevoir la même valeur (et même plus !) sans discontinuer depuis la création de Pose ta Dem'.

Cette régularité m'a permis d'acquérir la confiance de mon audience et d'accroître ma visibilité. Les articles sont bien référencés et aujourd'hui, 70 % du trafic sur le site proviennent des requêtes sur les moteurs de recherche. T'engager auprès de ta communauté naissante (même s'il n'y a que dix personnes !) est la première étape pour développer cette régularité sans procrastiner.

Attention au syndrome de l'objet brillant, qui menace tous les entrepreneurs. Les « objets brillants », ce sont ces techniques que l'on te vendra comme étant la solution ultime, révolutionnaire et magique à tous tes problèmes. Tu seras tenté d'abandonner ce que tu étais en train de construire pour essayer cette nouvelle tendance. Mais c'est là l'erreur : aucune technique ne fonctionnera pour toi si tu ne persévères pas. Les résultats d'une stratégie mettent du temps à être visibles. Garde le cap jusqu'à être en mesure d'analyser les retombées de ton travail.

Trouver l'équilibre entre la persévérance et l'entêtement est difficile. C'est dans ces moments qu'il est utile d'être bien entouré pour prendre du recul !

Règle 5. Ne repousse pas la vente (jamais !)

Attention, par « vendre » je n'entends pas passer des coups de fil à la pelle à des gens qui n'ont rien demandé. Tu t'épuiserais pour bien peu de résultats ! À l'inverse, je vois beaucoup trop d'entrepreneurs et freelances qui estiment que « le commercial, c'est pas leur truc ». Et ça, c'est embêtant, car personne ne va vendre à ta place ! Mais c'est normal de le penser et de ne pas être à l'aise avec la vente, surtout au démarrage. On nous a souvent appris que vendre c'était mal, que l'argent était mauvais. Mais sans vente, pas d'argent, et pas de clients contents !

Heureusement, (bien) vendre, cela s'apprend. Voici quelques actions simples et efficaces à mettre en œuvre :

- Écris des mails personnalisés aux membres qualifiés de ton réseau : anciens collègues, personnes rencontrées à des événements… C'est là que le réseau prend tout son sens. Mais surtout, pas de spam, et pas de mail standard pour promouvoir tes services. Crée une relation de confiance avec tes interlocuteurs.
- Contacte des prospects de manière personnalisée en identifiant une faille à combler chez eux. Tu es copywriter ? Propose des améliorations, spontanément et gratuitement, à des sites dont les articles pourraient être plus qualitatifs, avec diplomatie bien sûr ! Tu es freelance en marketing digital ? Envoie trois recommandations ciblées à un site et les résultats possibles s'il les met en œuvre, en proposant tes services pour les réaliser.
- Organise un événement gratuit, comme un apéro, atelier, conférence… et dirige les participants intéressés vers tes services.

Et surtout, voici quelques actions à éviter impérativement :

- Publier des offres commerciales sur des groupes Facebook. Le levier des groupes en ligne peut être puissant pour développer ton activité. Dans ce cas, crée ton propre groupe ! Mais évite de polluer d'autres groupes par de la publicité à tout-va. D'ailleurs, je doute que cela permette de convertir vraiment car les membres ne sont pas là pour ça.

- Booster des posts Facebook sans stratégie. En toute transparence, je l'ai fait au départ… et ça n'a pas servi à grand-chose. Mieux vaut bâtir une vraie stratégie Facebook et optimiser les dépenses.
- Chercher à vendre tout (et n'importe quoi) sous prétexte qu'il y aurait un besoin. La clé de la réussite réside dans la spécialisation. Un freelance qui fait tout pour tout le monde… finit par ne rien faire du tout. Au départ, il est rassurant de se dire que l'on est couteau-suisse et d'accepter n'importe quelle mission proposée. Mais le risque est de s'éparpiller, et de renvoyer une image peu claire de ce que l'on fait.

Mon expérience de commerciale m'a beaucoup aidée. Dès que l'on sent une opportunité, on fonce ! L'enthousiasme a une durée de vie limitée. Lorsqu'une personne s'intéresse à ton offre, ne la fais pas attendre. Réagis tout de suite.

L'une de mes clientes a réalisé une enquête auprès de sa cible avec un questionnaire. Elle a reçu une centaine de réponses, et trois répondants indiquaient clairement qu'ils étaient intéressés. Elle a attendu deux semaines pour recevoir toutes les réponses, puis elle a répondu qu'elle « les recontacterait bientôt ». Lorsqu'elle leur a enfin écrit… Elle n'a jamais eu de réponse en retour. À notre séance suivante, elle s'en est étonnée. Rien de plus normal : elle a découvert la faible longévité de l'enthousiasme ! Depuis, je briefe tous mes clients dès le début : ne jamais attendre !

Un dernier exemple : lorsque tu as un prospect au téléphone, termine toujours sur une suite concrète à votre appel, comme un prochain point pour échanger sur ta proposition. L'idéal ? Une date fixée pour commencer à travailler ensemble. Avoir ce réflexe est bénéfique pour ton chiffre d'affaires et pour tes clients qui passent ainsi à l'action rapidement pour résoudre leurs problèmes.

Règle 6. Crée ta marque personnelle pour attirer les clients plutôt que d'aller les chercher

La marque personnelle ou personal branding consiste à te promouvoir en tant que marque. C'est le marketing appliqué à soi-même ! C'est ce qui fait que les gens vont te reconnaître et venir spontanément vers toi sans avoir à les démarcher. Une stratégie de personal branding repose sur trois piliers :

- le contenu (articles, vidéos, e-mailing…) ;

- la communauté (groupe en ligne, réseaux sociaux, événements...) ;
- la visibilité extérieure (interventions dans des conférences, interviews, articles invités, partenariats...).

Depuis le début de Pose ta Dem', les clients viennent spontanément car ils sont abonnés, apprécient les contenus, font partie de la communauté... Et cela leur apporte la confiance nécessaire pour se lancer dans un programme.

Tu peux choisir plusieurs manières de créer ta marque.

La première est d'entreprendre en ton nom. Par exemple, l'URL de ton site est prenomnom.com. Tu es visible et tu produis du contenu en ton nom. Tu communiques à titre personnel dans un objectif professionnel.

La deuxième est de communiquer un nom de marque qui n'est pas le tien. Dans mon cas, j'ai choisi un nom de marque (Pose ta Dem') parce que je voulais que la mission soit compréhensible en quelques mots. J'ai créé une marque avec un nom fort et un univers que j'ai décliné en plusieurs formats : le site, la newsletter, les événements, la communauté en ligne, les vidéos, les réseaux sociaux... Deux maîtres mots guident cela : cohérence et régularité. La cohérence de la marque va jusqu'au titre du livre que tu tiens entre tes mains ! Cela porte ses fruits et l'audience grandit naturellement. C'est seulement au bout de deux ans que j'ai commencé à investir en publicité, pour accélérer l'impact de Pose ta Dem'.

Mon personal branding est aussi lié à mon nom, car je me positionne comme fondatrice de Pose ta Dem'. Je suis invitée à des événements et conférences, j'envoie une chronique personnelle le dimanche, et mon visage est visible dans les contenus. Au début, j'avais tendance à me planquer derrière Pose ta Dem'. Avec le temps, j'ai réussi à trouver un bon équilibre : Pose ta Dem' et Charlotte Appietto vont de pair !

À l'inverse, le fondateur de Merci Handy, Louis Marty, a complètement décorrélé la communication entre sa marque et sa propre personne. La marque Merci Handy commercialise des gels hydroalcooliques. Le projet initial était de vendre des capsules à usage unique de gel nettoyant en marque blanche, mais l'équipe a choisi d'incarner des valeurs et un style unique et de rassembler une communauté. Aujourd'hui, leurs produits hauts en couleur et en paillettes sont visibles partout dans la grande distribution !

Parole d'expert

Louis Marty, fondateur de Merci Handy : « Miser toute sa communication sur le fondateur, c'est rendre la marque dépendante de lui, même si un jour il en a marre. »

Comment est né Merci Handy ?

C'est un projet d'école qui est devenu mon premier job ! On cherchait une solution pour se laver les mains dans la restauration. On a tapé sur Google : « gels mains nettoyants » et on a découvert un univers aseptisé, des éléments nocifs pour la santé dans les produits existants… Et c'était super triste ! Notre mission s'est dessinée : rendre l'ordinaire extraordinaire. Depuis, on a développé plusieurs gammes de produits (gels pour les mains, dentifrices, déodorants…), débarqué à l'international et même réalisé une levée de fonds !

Tu n'es donc pas présent dans la communication de ta marque. Pourquoi ?

L'humain est primordial. Cela permet de marquer notre différence d'avec des grands groupes, c'est d'ailleurs un point que l'on doit améliorer chez Merci Handy. Mais miser toute sa communication sur le fondateur, c'est rendre la marque dépendante de lui. Il faut réfléchir à l'ambition de sa marque. Se mettre en avant n'est pas une question d'ego ! Cela dépend de la personnalité du fondateur et de ce que la marque veut raconter.

Quels conseils donnerais-tu à quelqu'un qui lance sa marque sur Instagram ?

Il faut d'abord comprendre pourquoi les gens vous suivent. Je conseille donc de questionner ses premiers followers, même si ce ne sont que cent ou cinq cents personnes, pour savoir ce qui les intéresse de voir au quotidien.

Ensuite, il faut transformer leurs attentes en contenu engageant. Il faut raconter une histoire. Chez Merci Handy, les meilleurs contenus sont ceux qui génèrent des discussions entre les followers eux-mêmes. Il ne faut pas juste chercher à faire de la pub et à promouvoir ses produits.

Et pour trouver son propre ton, il faut stimuler sa créativité et regarder ce que d'autres font, y compris dans des secteurs différents. Nous, on regarde des marques dans le streetwear, la food… Faire un benchmark n'est pas copier ! L'objectif est de s'inspirer, voir quels mécanismes d'engagement fonctionnent, et d'adapter le tout à sa propre marque.

Jenna Blossoms (que tu connais peut-être au travers de ses méditations et vidéos YouTube sur le développement personnel et spirituel) a, elle, décidé de ne pas utiliser un nom d'entreprise, mais plutôt d'adapter son nom afin de devenir le visage de son projet.

Parole d'expert

Jenna Blossoms, coach et auteure, guide de l'âme consciente et spirituelle : « Les choix que vous faites maintenant ne sont pas figés. »

Comment as-tu démarré ton projet ?

En fin de master de science politique, j'ai fait un stage dans une ONG. Mais je ressentais un appel spirituel de plus en plus fort. Alors, je m'y suis ouverte et à partir de là, tout s'est aligné ! J'ai lancé un blog pour écrire des articles sur la spiritualité. Cela a eu un effet boule de neige. J'ai été invitée à ma première conférence avec Frédéric Lenoir et d'autres. Puis j'ai commencé à partager mes enseignements sur YouTube, ce qui m'a permis de gagner en visibilité. À ce moment-là, je faisais du coaching intuitif et des guidances[43]. Aujourd'hui, j'ai écrit deux livres[44] et j'accompagne les personnes à trouver leur chemin de vie, à suivre leur cœur et à révéler leur lumière.

Ta marque est ton nom : Jenna Blossoms. Comment as-tu choisi entre marque personnelle et marque d'entreprise ?

Ça s'est imposé à moi. Quand j'ai commencé à publier mes articles, je n'étais pas totalement à l'aise pour partager mon vrai nom. J'ai utilisé mon prénom Jenna, et j'ai remplacé mon nom de famille par Blossoms. Ça reflète ce que je traversais à l'époque où j'ai commencé, et ça faisait sens de pouvoir s'identifier à quelqu'un.

Concernant ton image sur les réseaux sociaux, à quoi fais-tu attention ? Au contraire, sur quoi est-il important pour toi de lâcher prise ?

Je ne parle pas de ma vie personnelle et je ne cite pas mon entourage sur les réseaux. Je ne parle pas non plus de sujets polémiques ou d'actualité, sauf quand je me sens guidée. Je ne fais pas de débats d'opinion, ce n'est pas mon rôle, même si j'ai des idées.

---

43. Une guidance est la canalisation d'un message spirituel via un objet (des cartes, par exemple) et l'accompagnement dans l'interprétation de ce message.

44. *Trouvez et réalisez votre mission de vie !*, éditions Exergue, 2018 et *Changez de vibration, changez de vie !*, éditions Exergue, 2020.

Pour moi, ce sur quoi il est important de lâcher prise, c'est qu'à partir du moment où le contenu est partagé, la publication ne nous appartient plus vraiment. C'est important d'accepter que les gens en fassent ce qu'ils veulent.

Quelles sont les bonnes questions à se poser quand on hésite entre développer une marque personnelle ou d'entreprise ?

Qu'est-ce qui résonne le plus juste pour vous ? Qu'est-ce qui vous semble le plus naturel ? Les choix que vous faites maintenant ne sont pas figés, rien n'est rigide. C'est vivant une entreprise, c'est organique ! Créer une marque d'entreprise, ce n'est pas forcément se cacher derrière un nom. Ça dépend aussi de la nature de votre projet. On n'est prisonnier de rien. Faites le choix le plus simple pour vous. Faites confiance à votre intuition !

Règle 7. Crée à moindres frais

Eh oui, faire du chiffre d'affaires c'est bien… mais s'il en reste dans ta poche, c'est mieux ! N'oublie jamais que ton objectif est d'être rentable. Donc plus tu limites les dépenses au démarrage, plus tu as de chances de te payer rapidement. Pour cela :

- Fais la chasse aux dépenses inutiles du début : design de cartes de visite, logo… tout cela n'est pas nécessaire pour démarrer.
- Pour ton premier site internet, va à l'essentiel et trouve un moyen de te faire aider à moindres frais, comme un freelance qui démarre dans la conception de sites web et te fait un tarif avantageux. En revanche, évite les sites clés en main mais mal référencés comme Wix. Privilégie WordPress !
- Si tu ne supportes pas de rester travailler seul chez toi, commence par passer 50 % de ton temps dans un espace de *coworking* ou travaille à domicile avec d'autres entrepreneurs. Cela te permet d'essayer, avant de souscrire à un abonnement fixe dans un espace de *coworking*.
- Si tu as besoin de t'entourer, commence avec un freelance de manière occasionnelle, voire avec un stagiaire (bien sélectionné !). Si tu vois la différence dans tes résultats, tu pourras ensuite commencer à t'entourer davantage.

- Avant de faire des dépenses en marketing, focalise-toi sur les 20 % d'actions gratuites qui te rapporteront 80 % des résultats. Par exemple, un post sur LinkedIn me rapporte suffisamment de trafic pour éviter de payer des posts Facebook pour mes articles.

Tes dépenses évolueront plus tard selon ta stratégie, tes objectifs et le développement de ton activité. Mes dépenses marketing, équipe et outils ont considérablement augmenté depuis mon lancement : c'est nécessaire pour croître ! Mais j'ai commencé avec des dépenses proches de zéro et cela ne m'a pas empêchée de me développer. Au contraire, ça m'a appris à me concentrer sur l'essentiel !

CONCLUSION

Alors, cela te donne envie de sauter le pas ? Si après avoir lu cela, l'entrepreneuriat t'attire et te fait peur à la fois, sache que c'est une bonne chose : le combo excitation + peur fait des étincelles !

À chaque fois que j'ai eu envie de me lancer dans une nouvelle expérience mais que j'ai eu peur... j'en ai tiré de grands enseignements. Je te rappelle qu'on a besoin d'être challengés pour évoluer, pour avancer.

Je vais bientôt te guider pour passer à l'action, mais d'abord on va voir ensemble l'autre grande option qui s'offre à toi : décrocher un nouvel emploi !

CHAPITRE 14

CHERCHER (ET MIEUX, TROUVER) L'EMPLOI DE TES RÊVES

« *Il faut être enthousiaste de son métier pour y exceller.* »
Denis Diderot

Tu sens que ta prochaine étape professionnelle est un nouveau job, et tu veux te lancer à la recherche de ton emploi de rêve ? Bravo pour cette décision ! C'est un premier pas important que tu as franchi. Mais peut-être que le doute t'assaille : « Comment trouver un emploi dans un domaine pour lequel je n'ai pas le profil ? », « Par où commencer pour parler de mon parcours ? », « Comment faire pour que le recruteur me repère ? »

C'est normal ! Chercher un nouveau travail n'est pas toujours facile, mais tu as fait le plus dur : tu as pris la décision de changer. Souvent, même si on n'est pas bien là où on se trouve, l'inconfort est familier. C'est le fameux adage « On sait ce qu'on perd mais on ne sait pas ce qu'on gagne » : on est habitué à sa routine, même si on ne s'y épanouit pas. On se dit : « Et si c'était pire ailleurs ? », « Et si je regrettais mon choix ? » Autant de questions posées par le mental qui a peur et résiste au changement. L'objectif est d'agir malgré ce doute en y allant petit pas par petit pas, et en accueillant l'incertitude comme compagne de voyage.

Avant de commencer, un point d'attention : ce qui suit te concerne si tu peux prendre le temps de te consacrer à ta recherche d'emploi.

Si tu es dans l'urgence de retravailler, ce que je vais t'expliquer ne s'applique pas forcément. Quand on cherche un emploi, on ne part pas tous avec les mêmes conditions de recherche, et si tu as besoin de trouver un job alimentaire, et vite, je te conseille d'aller déposer rapidement ton CV en agence et de répondre aux annonces !

Trouver un emploi épanouissant et de qualité peut prendre un certain temps. En fait, il n'y a pas de durée type ! J'ai trouvé l'emploi que je voulais en start-up en quinze jours, mais dans d'autres cas, cela peut prendre plusieurs semaines ou des mois. Dans ce chapitre, je t'explique quelle stratégie adopter pour trouver cet emploi dont tu rêves en privilégiant la qualité à la rapidité.

ADOPTE L'ÉTAT D'ESPRIT DU TROUVEUR D'EMPLOI !

La recherche d'emploi, c'est avant tout… un état d'esprit ! À quel point es-tu d'accord avec ça ? J'imagine qu'une partie de toi se dit : « Bah non, c'est avant tout le besoin des entreprises et le choix des recruteurs. J'ai beau vouloir un job, ça ne dépend pas que de moi ! » Oui… et non ! Et je vais t'expliquer pourquoi.

Au cours de mon expérience en tant que chargée de recrutement, j'ai vu de nombreuses personnes s'épuiser à envoyer des CV partout où elles pouvaient. Elles attendaient des retours qui ne venaient pas, ou recevaient refus sur refus. Tu te reconnais dans cette description ? Envoyer des CV et attendre des retours, c'est ce qui nous paraît la priorité quand on cherche un poste. Parce qu'on nous a appris à faire comme ça !

Et si je te disais que c'est loin d'être la première étape pour trouver ton job idéal ? Et que tu peux rendre ta recherche d'emploi plus sereine et plus efficace ? Allez hop, c'est parti !

Un chercheur d'emploi sachant chercher sans montrer qu'il cherche

Chercher l'emploi qui te convient, c'est comme chercher à attirer la personne qui te plaît. Tu veux séduire sans montrer que tu es trop intéressé ! Il n'y a rien de plus attirant que quelqu'un qui montre son intérêt mais qui ne cherche pas à « conclure » par tous les moyens ! C'est adopter la posture du « Si ça doit se faire, ça se fera, et si ça ne se fait pas, c'est ok. » Ce n'est pas si facile, et surtout cela peut paraître laxiste car l'enjeu est fort pour toi (qu'il s'agisse du job ou de la personne de tes rêves !). Et pourtant… plus tu vas t'attacher au résultat, et plus tu vas entrer dans une énergie de désespoir et de manque. Et tes interlocuteurs vont s'en apercevoir.

Plus tu vas :

- être au clair sur ce que tu veux (secteur d'entreprise, responsabilités du poste, salaire, valeurs de l'entreprise…) ;
- avoir confiance en ce que tu as à offrir (tes talents, tes forces, ton expérience…) ;
- t'approprier fièrement l'histoire de ton parcours et savoir expliquer de façon simple le sens qu'il a pour toi, et pourquoi tu veux évoluer aujourd'hui ;

… et plus tu vas renforcer ta confiance intérieure, et donc paraître assuré et juste quoi qu'il arrive, que ce soit en entretien ou dans ta communication écrite (CV, lettre de motivation, e-mail d'introduction…). C'est un subtil équilibre entre savoir ce que tu veux et lâcher prise dessus.

Le monde répond à ton énergie : si tu abordes un processus avec confiance et sérénité, alors tu créeras des expériences qui auront cette même énergie. Tu l'as déjà sûrement vécu : plus tu t'énerves en voiture dans un bouchon, et plus ça dure. Et plus tu t'énerves. C'est un cercle vicieux ! Alors que si tu te détends, que tu mets de la musique, et que tu chantes en regardant les oiseaux voler (oui, comme dans les films !), c'est là que les voitures se mettent à avancer.

Fais un petit tour du côté de tes croyances limitantes

Les fameuses croyances limitantes ! Eh oui, elles sont encore là ! Les jugements ou affirmations que tu as sur le travail et la recherche d'emploi vont conditionner ton état d'esprit, et par conséquent, ton expérience de chercheur d'emploi.

Que penses-tu du marché de l'emploi en France ? Est-ce que tu penses que les recruteurs sont en position de force ? Que les entreprises se fichent du bien-être des salariés ? Ou encore, qu'il est difficile de trouver un travail ?

Si c'est le cas, c'est ok ! Tu as sûrement vécu des expériences qui justifient ces croyances, il est donc normal que tu aies cette vision du marché du travail. Cela s'appelle faire une « généralité ». C'est un biais cognitif qui consiste à faire d'expériences isolées (même si elles se répètent) une réalité universelle. Et la première étape est d'en prendre conscience !

Même si tu n'en as pas fait l'expérience jusqu'à présent, il y a de nombreuses entreprises qui ont à cœur d'humaniser la vie au travail ! Il existe d'excellents recruteurs qui prennent en compte les besoins des candidats, et qui comprennent l'importance de mettre les bonnes personnes aux bonnes places, c'est-à-dire à des postes qui les font vibrer et pour lesquels elles sont douées.

Je te propose ici un petit voyage au pays de tes croyances sur la recherche d'emploi. Sois sincère dans tes réponses, et surtout ne culpabilise pas : on a tous des préjugés qui nous desservent. Le tout est de les voir pour les transformer !

Exercice

TES PENSÉES CRÉENT TA RÉALITÉ (DE CHERCHEUR D'EMPLOI !)

Que penses-tu du travail en général ?

Que penses-tu des processus de recrutement ? De la recherche d'emploi ?

Liste toutes les affirmations et pensées qui te viennent.

Puis retourne à l'exercice « Identifie tes croyances à laisser au placard » du chapitre 4. Je t'invite à le reprendre ici en appliquant les différentes questions aux croyances que tu viens de lister sur ta recherche d'emploi !

Organise ta recherche d'emploi en parallèle de ton job… sans te faire virer et sans t'épuiser !

Ce qui nous fait souvent repousser un changement de job, c'est le temps et l'organisation nécessaires pour mener nos recherches. S'organiser pour chercher un job lorsqu'on est dans un travail à temps plein (qui plus est qu'on déteste !) n'est pas une mince affaire. Mais ce n'est pas impossible non plus ! Je vais te livrer mes secrets pour enfin prendre le temps de chercher un nouveau job en parallèle de ton emploi, sans que tu te fasses repérer par ton boss ni que tu t'épuises à la tâche !

Fais de ta recherche d'emploi ta priorité

Dans mon programme Side Project, mon but est d'aider les aspirants entrepreneurs à développer leur idée en parallèle de leur emploi. Eh bien, rechercher un emploi fonctionne selon le même principe : c'est ton side project à toi ! Ainsi, pas de risque ! Faire de ta recherche d'emploi un vrai side project qui a du sens pour toi va te motiver, t'aider à passer à l'action, et peut-être même que tu y prendras du plaisir ! Ce serait bien ça, non ?

Commence par décider que ta recherche est ta priorité, et fixe-toi une échéance : ni trop courte pour ne pas te stresser, ni trop longue pour ne pas procrastiner. Pour un job, une recherche comprise entre trois et six mois est une durée raisonnable. Mais cette durée dépend de ton stade de réflexion : si tu sais ce que tu veux, tu peux attaquer dès demain. Si au contraire tu ressens le besoin de mieux te connaître, d'explorer de nouveaux secteurs… alors accepte de te laisser un temps plus long.

N'hésite pas à écrire ton objectif et à l'avoir sous les yeux chaque jour. Cela peut être une phrase comme : « En septembre, je démarre un nouveau job qui m'épanouit. » Relis-la chaque matin pour te motiver !

Identifie les tâches à effectuer pour mener à bien ta recherche

Pour cadrer ton temps de recherche, fais la liste des tâches à réaliser, et estime au plus juste le temps nécessaire.

Par exemple :

Tâche	Durée estimée
Contacter mon réseau	1 heure par semaine
Prendre un café avec une personne de mon réseau	2 heures par semaine
Identifier les entreprises où postuler en priorité	Une journée
Consulter les offres	2 heures par semaine
Mettre à jour mon CV	2 heures
Envoyer des candidatures	2 heures par semaine

Une tâche prend le temps qu'on lui accorde. C'est un concept de productivité : si tu ne te fixes pas de limite de temps, tu risques de t'éparpiller et d'y passer bien trop de temps parce que ce ne sera jamais assez bien pour toi ! Donne-toi une échéance et fais ce que tu peux dans le temps imparti. Puis passe à la tâche suivante. Il vaut mieux un petit progrès que pas de progrès du tout ! Et chez Pose ta Dem', c'est notre leitmotiv : « Mieux vaut fait que parfait ! »

Attention cependant à ne pas sous-estimer complètement le temps total pris par une tâche. Ton CV peut te prendre 1 heure à actualiser, puis quelques jours pour avoir l'avis d'un ami, puis 2 heures pour le refaire en deux ou trois versions pour chaque type de candidature… Fais-toi confiance, et vise au plus juste pour toi !

Allège ton agenda et repense tes journées de travail

Tout le monde n'a que 24 heures dans sa journée. Ce qui fait la différence ? C'est la manière dont tu utilises ce temps. Notre emploi du temps est bourré de tâches chronophages et peu utiles.

Il existe quatre catégories de tâches selon leur longueur et utilité :

- courtes et utiles : faire la vaisselle, gérer l'administratif (factures et autres joyeux papiers) ;
- courtes et inutiles : jouer à un jeu sur ton smartphone, scroller sur les réseaux sociaux toutes les 10 minutes ;

- longues et utiles : lire un livre, faire le ménage à fond dans ton appartement ;
- longues et inutiles : regarder une série, passer ta pause-déjeuner sur Facebook.

Prends 5 minutes pour réfléchir à tes propres occupations sur une semaine type… afin de savoir lesquelles éliminer. Et pour cela, je te propose l'exercice suivant.

Exercice

TES OCCUPATIONS INUTILES

À quelles catégories tes occupations hebdomadaires appartiennent-elles ?

Fais-en la liste exhaustive, et élimine au maximum les tâches inutiles !

Mon conseil : conserve les tâches longues et utiles, surtout celles qui sont enrichissantes pour toi, ainsi que les tâches courtes et utiles. Mais essaye de les optimiser dans la semaine. Par exemple, fixe un créneau hebdomadaire qui est dédié aux tâches administratives. Cela t'évitera de t'éparpiller et tu gagneras en efficacité !

Le ménage de ton emploi du temps peut aller très vite. Un exemple du temps pris par les occupations inutiles : cinq épisodes de série par semaine (3 heures et demie), un téléfilm peu passionnant le soir (1 heure et demie), les réseaux sociaux (1 heure par jour soit 7 heures par semaine). Voici déjà 12 heures que tu peux gagner facilement, en éliminant l'inutile ! Sans devenir un robot qui ne se détend jamais, tu as de la marge devant toi pour retrouver le temps dont tu as besoin pour ta recherche d'emploi.

Ensuite, identifie les moments de ta journée où tu peux t'atteler à ton projet de recherche d'emploi. Quels sont les moments dans ta journée où tu es libre, sans risque de te faire déranger ? Peut-être sur ta pause-déjeuner : plutôt que de manger un sandwich en regardant YouTube, consacre-toi à ta recherche, de préférence à un endroit où ton écran n'est pas visible ! Le matin avant d'aller travailler est aussi un excellent moment, car tu n'as pas encore accumulé la fatigue et le stress de la journée.

Le tout est de t'assurer que tu trouves au moins un moment par jour, ne serait-ce que 30 minutes. Je radote pour la bonne cause : il vaut mieux de petits progrès réguliers, que pas de progrès du tout ! Et surtout, si tu n'arrives pas à trouver le temps un jour, ne culpabilise pas. Tu fais de ton mieux et c'est ce qui compte.

COMMENT RENDRE TON PARCOURS COHÉRENT MÊME S'IL NE L'EST (A PRIORI !) PAS

Chaque parcours possède un fil rouge, ou fil directeur, quelle que soit notre histoire. Eh bien c'est le moment de te dévoiler comment trouver cette cohérence dans ton parcours alors qu'a priori, tu ne vois pas le lien entre toutes ces étapes !

Reviens à ton « pourquoi » pour assumer chaque étape de ton parcours

Quand on n'arrive pas à faire le lien entre toutes nos expériences, c'est souvent parce qu'on a oublié la raison pour laquelle on les a choisies au départ.

As-tu l'impression d'avoir subi ton parcours plus que tu en as décidé le cours ? Ce sentiment d'impuissance est en partie à l'origine du manque de cohérence apparent de ton CV. Comment expliquer tes choix professionnels à quelqu'un quand ils manquent de sens pour toi ? Quand tu as l'impression d'avoir été forcé de suivre un chemin qui au fond n'était pas le tien ? Ce n'est pas facile ! Et pourtant, rares sont ceux qui démarrent dans la vie avec une voie toute tracée : une carrière commence souvent par une succession d'expériences influencées par l'avis de nos proches ou de nos professeurs.

Mais quoi qu'il arrive, à chaque étape, on apprend des choses essentielles sur ce qu'on aime ou non. En faisant le point sur toutes tes expériences, tu reprends le contrôle de ton histoire. C'est ça qui redonne cohérence à ton parcours : lorsque tu comprends pourquoi tu l'as vécu.

Tu as décidé de quitter ton job dans le marketing pour faire un voyage de six mois autour du monde ? Formidable !

Tes parents t'ont poussé à devenir docteur alors que tu es artiste dans l'âme, et tu as choisi d'arrêter tes études pour tenter le conservatoire ? C'est parfait !

Tous les choix de carrière sont justifiés à partir du moment où on sait pourquoi on les fait. Prendre la responsabilité de son parcours, c'est être capable d'expliquer ce que nous a appris chaque étape plutôt que de rejeter la faute sur une cause extérieure à soi. C'est aussi accepter que tout le monde ne se reconnaisse pas dans nos choix. Et c'est ok ! Comme on dit en anglais, « *Own your story* ! » (assume ton histoire !). Il n'y a rien de plus attirant pour un recruteur que quelqu'un qui assume ses choix et sait expliquer pourquoi il fait ce qu'il fait.

Exercice

RECONNECTE-TOI AU SENS DE TON PARCOURS

Pour cet exercice, je t'invite à prendre trois expériences qui se suivent dans ton parcours professionnel et qui sont terminées (si tu n'en as pas trois, tu peux inclure tes études, des stages, ou réduire à deux expériences successives).

Pour chaque expérience, demande-toi :

- Pourquoi as-tu choisi cette expérience au départ ? (Sois honnête avec toi-même, même si on t'a poussé dans une voie et que tu y es allé à contrecœur, note-le !)
- Qu'as-tu appris sur toi pendant cette expérience ? Qu'en retiens-tu de marquant ?
- Pourquoi cette expérience s'est-elle terminée ? Qu'est-ce qui t'a poussé à évoluer ?

Aussi, ne cherche pas à avoir le parcours parfait à tout prix : il n'existe pas !

Être cohérent ne signifie pas « rentrer dans la norme ». Comme le chante Jean-Jacques Goldman : « On ne sera jamais des standards, des gens bien comme il faut. » Le parcours d'un globe-trotteur qui a choisi d'arrêter ses études de pharmacie pour se lancer dans la photo de voyage est aussi cohérent que celui d'un docteur diplômé d'une grande université et qui a décidé de travailler pour des hôpitaux renommés. Le premier est ce qu'on juge comme un parcours atypique, car il est différent de la voie classique « études-CDI-maison ». Le second est un parcours plus traditionnel car plus « socialement accepté ». Mais l'un n'est pas mieux que l'autre ! Chacun a ses objectifs, ses raisons d'être et son chemin de vie. Quels sont les tiens ?

Ne compare pas ton parcours à celui d'autres personnes. C'est cette comparaison qui fait que tu n'arrives pas à trouver de lien entre tes expériences, car tu places les autres comme points de référence. Or, tu n'es pas eux ! Accepte d'avoir ta propre nature, et oublie la notion de norme qui est toute relative. Concentre-toi sur tes forces.

Ta marque personnelle est plus que ton CV

Ta marque personnelle est utile dans l'entrepreneuriat pour attirer des clients, mais elle l'est tout autant pour décrocher un emploi ! Les entreprises que tu vises sont tes clients à toi : tu veux les convaincre d'« acheter » tes talents et de te donner le job. Comment peux-tu utiliser ta marque personnelle pour donner plus de cohérence à ton histoire et faire le lien avec ta recherche actuelle ?

Commence par trouver les mots clés et les verbes sous-jacents à ton parcours. Par exemple, quelqu'un qui se reconvertit du journalisme sportif au monde du conseil et de la formation peut avoir un dénominateur commun qui est sa passion pour les échanges avec les autres. Note les mots clés qui sont au fondement de ton parcours sous forme de verbes : créer, échanger, enseigner, transmettre, fédérer, inventer, communiquer, organiser, analyser… Mets des mots sur les points communs que tu trouves entre chacune de tes expériences et le métier que tu vises aujourd'hui !

Ensuite, mets ces mots en musique grâce au storytelling. C'est l'art de raconter une histoire. Ici, le héros, c'est toi ! Mets en lumière la quête que tu mènes et les étapes que tu as franchies. Rends ton histoire vivante et sors du pitch traditionnel où tu récites tes expériences sous format catalogue. Donne de la vie à ton parcours, en faisant appel aux émotions et en t'appuyant sur des anecdotes concrètes. Cette manière de te raconter sera présente à plusieurs endroits : dans ta lettre de motivation, dans ta bio Twitter, dans ton résumé LinkedIn… Si tu es en panne d'inspiration, lis les profils LinkedIn d'autres personnes de ton domaine. À force, tu auras de bonnes idées pour rédiger le tien !

La dernière étape du personal branding est de donner de la cohérence à ton image en ligne. Toutes tes communications doivent être alignées. Tes messages de fond doivent être les mêmes partout : CV et lettre de motivation, sites emploi et réseaux sociaux sur lesquels tu es inscrit. N'oublie pas qu'il y a de grandes chances que les recruteurs cherchent ton nom sur Google, et ils risqueraient de mal juger des incohérences.

Cible bien les spécificités de chaque réseau. Par exemple, si tu es dans les domaines de la création, de l'art, du design… mets en avant tes œuvres sur Instagram ou Pinterest. Sur Twitter, tweet et re-tweet des posts en lien avec le domaine que tu vises. Petit à petit ton profil sera à l'image de ta recherche !

Ton bagage te suit là où tu vas

À chaque expérience se rattache un lot de compétences que tu as développées, qu'elles soient dites « dures » (comme savoir utiliser un logiciel) ou qu'elles soient d'ordre relationnel et comportemental. Ce sont les hard et soft skills dont on a parlé dans le chapitre 6. Lorsque tu quittes une expérience pour en commencer une autre, tu emportes avec toi un bagage de compétences dont certaines vont t'être utiles dans ta nouvelle activité, même si elles n'ont pas l'air directement liées. Ce sont tes « compétences transférables ».

Pour les identifier, demande-toi : qu'est-ce que j'ai développé comme compétences dans cette expérience qui pourrait m'être utile dans le secteur ou le projet que je vise ? Comment un employeur dans le domaine qui m'intéresse pourrait profiter de mes compétences actuelles ?

En définissant ton bagage professionnel de cette façon, tu vas voir que tu peux l'emmener avec toi où que tu ailles ! Encore plus efficace que les transferts à l'aéroport : là au moins, tu t'assures que ton bagage ne se perdra pas en route !

LE MOT DE MARION

« L'important, c'est de croire en toi et d'être sincère sur ce qui te pousse à évoluer. »

Avant de devenir coach, je me suis réorientée une première fois de l'ingénierie vers le recrutement. Rien à voir a priori ! Et pourtant, sans diplôme en ressources humaines, j'ai adapté mon discours afin de mettre en avant mes compétences transférables, celles que j'estimais utiles pour le nouveau secteur que je visais.

En tant qu'ingénieur, mon expérience était principalement dans le management de projet technique. Une compétence clé dans le recrutement qui fonctionne aussi sous forme de management de projet ! J'ai également animé des équipes techniques et développé des compétences d'écoute, de communication et de gestion de conflits, autant d'atouts pour le recrutement où le relationnel est central.

Je me suis aussi interrogée sur la raison pour laquelle je voulais travailler dans les ressources humaines. C'était une évidence pour moi : je voulais remettre l'humain au cœur de mes priorités. Après cinq ans d'études techniques et trois ans d'expérience dans l'aéronautique, je m'étais éloignée de ce qui me faisait vibrer : la richesse des rapports humains. J'ai finalement réussi à trouver un travail dans le recrutement dans lequel je suis restée quatre ans, et sans expérience dans le domaine au préalable !

Mon conseil : connais tes atouts (compétences et qualités émotionnelles ou relationnelles) qui peuvent être une force pour le nouveau secteur ou emploi que tu vises. Sois clair sur les raisons qui te poussent à changer. Qu'est-ce que cette nouvelle étape va t'apporter personnellement ? Sois honnête dans tes propos. Il n'y a pas de parcours idéal, et nous avons tous des envies et une richesse d'expériences qui peuvent être utiles dans des secteurs et départements où nous n'avons pas a priori le profil « type ». L'important, c'est de croire en toi et d'être sincère sur ce qui te pousse à évoluer : si cela a du sens pour toi, alors peu importe que tu aies le bon diplôme ou l'expérience parfaite, tu sauras convaincre ! Mais tu dois savoir exprimer clairement tes atouts et les raisons qui te poussent à agir, avec des mots clés et des arguments authentiques !

NE PASSE PAS PAR QUATRE CHEMINS

Tu veux décrocher un nouvel emploi plus épanouissant, mais l'envoi de CV et de lettres de motivation par dizaines t'angoisse ? Tant mieux ! Ici, je t'explique pourquoi cette stratégie n'est pas la bonne et comment faire mieux.

Si je devais résumer ma reconversion aujourd'hui, je dirais que ce sont avant tout des rencontres ! Eh oui, si tu veux te reconvertir, la meilleure méthode est de passer par ton réseau plutôt que par l'envoi massif de candidatures. Les chercheurs d'emploi obtiennent leur emploi par leurs contacts plus que par les moyens classiques (annonces, recruteurs), et *via* leurs connaissances éloignées plus que par leurs amis proches. D'après l'étude sociologique de Mark Granovetter[45], parmi les travailleurs qui avaient décroché un job *via* leurs contacts, 83 % d'entre eux avaient obtenu cet emploi grâce à quelqu'un qu'ils voyaient rarement ou à l'occasion, et seulement 17 % grâce à quelqu'un qu'ils fréquentaient souvent. À bon entendeur !

Alors, voici mes quatre règles d'or pour trouver un job grâce à ton réseau.

Règle 1. La positive attitude

S'il y a bien une erreur à éviter, c'est celle-ci : contacter ton réseau pour te plaindre de ton travail actuel et demander un nouveau job.

La règle d'or est de ne pas critiquer ton entreprise et de ne pas montrer ton aigreur face au passé, car tu donneras l'image de quelqu'un de négatif et d'angoissé… ce qui n'est pas très attractif. À l'inverse, montre ton enthousiasme à l'idée de démarrer une nouvelle aventure ! Montre que tu as confiance en toi (sans excès !), car si tu n'as pas toi-même confiance en toi, personne ne prendra le risque de te recommander.

45. Étude compilée dans son livre *Getting A Job,* paru en 1974 (rééd. University of Chicago Press, 1995).

Règle 2. Bien pitcher ton projet

Networker (en français « réseauter ») pour explorer et s'inspirer est une chose. Networker pour décrocher un job en est une autre. Dans le premier cas, tu peux tout à fait utiliser ton réseau pour enrichir et faire valider ton projet professionnel, ou t'aider à le clarifier si tu hésites entre plusieurs pistes. Mais dans le second cas de figure, je te déconseille de contacter des personnes clés sans avoir un projet professionnel clair car tu risquerais de faire mauvaise impression. Si tu ne sais pas toi-même quel job tu vises, personne ne pourra t'aider à le décrocher !

Voici les trois points clés pour bien pitcher ton projet :

- Incarne ton projet. Le premier prérequis est de transpirer l'enthousiasme et la motivation en parlant de ton projet professionnel !
- Sois réaliste et cohérent. Pour qu'une personne accepte de te recommander, il faut qu'elle croie elle-même en ton projet. Si tu vises un job à des années-lumière de ton profil actuel, cela sera plus compliqué… sauf si tu réussis à justifier la cohérence entre ton passé et ton projet futur ! C'est le storytelling dont on a parlé. Tes interlocuteurs se souviendront de ton histoire si elle est claire et percutante.
- Entraîne-toi à pitcher. Prends une feuille et prépare un pitch qui tient en deux minutes chrono à l'oral. Fais des essais auprès de tes proches, ou de personnes bienveillantes rencontrées dans ta phase d'exploration, et recueille les feedbacks.

Je n'aime pas donner une trame pour un « bon pitch » car le risque est de tomber dans les mêmes travers que la lettre de motivation : une structure classique, ennuyeuse et standard pour tout le monde. Mais si tu insistes vraiment, voici mon « modèle » le plus efficace : présent/passé/futur. Qui tu es aujourd'hui et ce qui t'anime, ce que tu as fait par le passé (de façon synthétique !) et ce que tu vises pour le futur, en montrant bien le fil rouge tout le long de ton parcours.

Règle 3. Adresse-toi aux bonnes personnes

Une fois que ton projet est défini, tu dois cibler les bons contacts, au risque de perdre ton temps (et celui des autres). Comment sélectionner ces contacts ?

Pour cela, commence par déterminer dans quel secteur d'activité ou métier ils travaillent et quel est leur « profil type ». Qui sont les personnes les plus pertinentes pour t'aider ? Mon conseil : cible les opérationnels plutôt que les RH, même si cela peut sembler contre-intuitif. Pourquoi ? Parce que les vrais décideurs sont les opérationnels ! Et parce que les RH savent bien que tu es là pour ta recherche d'emploi et te rangeront avec toutes les autres candidatures. Autrement dit, retour à la case CV. Ce que tu ne veux pas !

Ensuite, fais la liste des entreprises correspondantes en étant capable d'expliquer la cohérence de ces choix. Renseigne-toi sur les caractéristiques de l'entreprise, son organisation, ses actualités… et vise les personnes qui y travaillent ! Une demande de connexion LinkedIn avec un court message d'introduction personnalisé, c'est une première démarche de contact facile et non intrusive ! Et dans la dernière règle, on va voir pourquoi il est important de rester subtil dans ce type d'approche…

Règle 4. Ne quémande pas un emploi

Pour reprendre l'analogie de la recherche de l'être aimé… es-tu davantage séduit par quelqu'un qui te charme avec subtilité, ou par quelqu'un qui t'écrit un mail « Bonjour, je m'appelle untel et j'aimerais me marier avec toi. Et si tu n'es pas disponible, peux-tu me recommander à tes amis ? » ? C'est la même chose pour un job ! Tu auras plus de chances de plaire à tes interlocuteurs si tu procèdes avec finesse !

Même si en allant à la rencontre de ton réseau, tu as un objectif en tête, tu dois garder en mémoire que ton réseau ne te doit rien si tu ne donnes rien. La bonne démarche réseau consiste à donner sans attendre… puis à recevoir si un jour tu en as besoin.

Invite tes contacts à échanger et accepte ce qu'ils sont en mesure de te donner : des informations, des conseils, des contacts, un avis, une expertise, des idées, du temps. Il y a de fortes chances qu'une grande partie d'entre eux soit réceptive. Saisis ce que l'on te donne pour avancer dans ta démarche de recherche d'emploi sans insister sur le fait que tu recherches un travail. En prenant un café ou en passant un coup de fil à ces personnes, tu en apprendras beaucoup plus qu'en sollicitant directement un emploi.

Parole d'expert

Nicolas Galita, cofondateur de l'École du recrutement :
« Ton CV n'est pas aussi bon que toi : va voir les personnes directement pour échanger et les convertir ! »

Quels sont les mythes à déconstruire sur le recrutement et la recherche d'emploi ?

D'abord, le recruteur n'est pas celui qui recrute. Beaucoup de personnes ne se rendent pas compte que le recruteur n'est pas le visionnaire. C'est le manager qui a le pouvoir de dire oui. Ton objectif en tant que candidat est de plaire au manager. Essaie d'entrer directement en contact avec le manager ou un collaborateur de l'équipe qui recrute. Envoie-lui un message, prends un café avec lui. Ne dis pas que tu cherches un job, mais intéresse-toi à lui, à l'entreprise, et propose un échange tout ce qu'il y a de plus informel. Demande-lui son avis sur la situation de l'emploi dans le secteur où il travaille. Puis rétrécis l'entonnoir, pose des questions sur son parcours, et demande-lui un conseil pour t'aider dans ta recherche. L'objectif est de mettre la personne dans la situation de t'aider. Fais ce qu'il t'a proposé et reviens vers lui avec ce que tu en as appris. Et là, c'est le moment de lui parler de ton intérêt !

Le second mythe, c'est d'attendre que l'organisation publie un job pour postuler. C'est déjà trop tard ! C'est une croyance de se dire : « Il n'y a pas d'annonce publiée, alors il n'y a pas d'opportunité ouverte actuellement. » Avant de répondre à une annonce, il y a autre chose à faire. Ton but est de faire en sorte que quelqu'un te demande ton CV ! Ça passe par le réseautage. Cela implique d'avoir du temps et de ne pas être dans l'urgence. Le plus important est d'y aller sincèrement sans rien attendre. Intéresse-toi aux gens et développe des connexions avec de nouvelles personnes. C'est rarement ton réseau de premier niveau qui va te décrocher une opportunité !

Comment faire pour bien se préparer pour un entretien ?

En réalité, il n'y a que trois questions à préparer. C'est ce que les Anglais appellent le « *Big 3* » :

– Pourquoi tu veux cette entreprise ?

– Pourquoi ce secteur/métier ?

– Pourquoi toi ? Qu'est-ce que tu apportes ?

L'autre chose à savoir est comment entrer en empathie avec le recruteur. Recruteur, ce n'est pas un job valorisé en entreprise. Beaucoup occupent ce poste dans le but d'accéder à d'autres postes en ressources humaines. Sachant cela, ton but est de réussir à lui faciliter la tâche, ou alors de le contourner en allant parler directement au manager ! Le recruteur ne connaît pas ton métier. Tu veux d'abord séduire le manager qui est responsable du recrutement !

Quelles sont les peurs que tu vois le plus souvent chez les chercheurs d'emploi ?

Les gens ont souvent peur de déranger, et c'est bien dommage car c'est ce qui fait qu'on tombe dans une position attentiste ! Mais il n'y a pas de secret : il faut oser contacter directement. Aussi, on tombe souvent dans le piège de commencer par refaire son CV. Mais le CV ne te dira jamais ce que tu veux ! La première étape est de te poser la question : qu'est-ce que tu veux ? Car si tu ne sais pas ce que tu veux, comment peux-tu trouver ?

Et quand on est dans l'urgence et qu'on a besoin de retrouver un travail, et vite ?

Va vite au contact des gens. Si tu n'es pas diplômé, va déposer ton CV dans les boutiques. Si tu as un Bac+5 et que tu es cadre en fin de droits, va rapidement sur les annonces en ligne. Ça reste un moyen marginal, mais c'est ce qui va le plus vite. J'irais aussi voir l'intérim : on sous-estime souvent ce canal, pourtant il y a des postes de cadres. Et utilise le bouche-à-oreille : dis à ton entourage que tu es en recherche et demande-lui de te recommander. Mais rappelle-toi que ton CV n'est pas aussi bon que toi : va voir les personnes directement pour échanger et les convertir !

Des recommandations de lecture pour bien préparer sa recherche d'emploi ?

Mes trois livres préférés : *N'envoyez pas de CV*[46] de Jeffrey Fox, *Business Model You*[47] d'Alexander Osterwalder, Tim Clark, et Yves Pigneur et *The 2-hour job search*[48] de Steve Dalton.

ENRICHIS TON CV

Le CV n'est pas ta priorité comme tu l'as compris, mais il va tout de même t'être utile dans un second temps. Lorsque tu vas contacter ton réseau, certaines personnes vont te demander un CV afin de le transmettre aux bons

46. L'Archipel, 2003.
47. Pearson, 2008.
48. Ten Speed Press, 2012.

interlocuteurs. Alors pour maximiser tes chances, enrichis-le avant de l'envoyer. Cela te prendra un peu plus de temps, mais l'avantage est double : tu auras un CV plus attractif, et tu auras réellement testé des choses dans le domaine que tu vises pour assurer que cela te plaît et montrer encore plus de cohérence ! Mais que faire concrètement ?

- Suis des formations en ligne : les MOOC sont une aubaine pour se former le soir et le week-end. Il en existe sur absolument tous les sujets : droit, finance, marketing digital, copywriting… Il n'y a pas de sélection pour participer à un MOOC, donc tu es libre de choisir ce qui te fait envie. Une fois le MOOC terminé, tu peux fièrement le faire figurer sur ton CV : cela atteste à la fois de tes nouvelles compétences et de ta motivation à aller au bout d'une formation. Tu peux trouver des formations en ligne sur des plateformes comme FUN, OpenClassrooms ou encore Coursera si tu parles anglais. Mais tu peux aussi en trouver directement auprès de formateurs que tu suis et dont tu apprécies le travail.
- Mène des side projects : l'avantage est que tu n'as pas besoin de décrocher un job pour commencer à travailler sur le sujet qui t'intéresse en parallèle de ton emploi. Voici quelques idées : réaliser des missions en freelance, aider un ami dans son projet d'entreprise, organiser un événement pour une association… Et mets cela en avant dans ton CV !
- Positionne-toi comme un expert : pour te positionner progressivement en expert (ou, au moins, en connaisseur) sur un sujet, la meilleure stratégie est de produire du contenu. Tu peux ouvrir un blog spécialisé sur ton nouveau domaine, et l'enrichir petit à petit. Si tu ne souhaites pas créer de blog, tu peux tout à fait écrire des articles directement sur LinkedIn ou sur Medium afin de ne pas avoir à créer le site support. Tout autre type de contenu fonctionne aussi selon tes préférences (audio, écrit, vidéo…).

Maintenant que tu sais comment remettre de la cohérence dans ton parcours et accéder aux recruteurs, en route pour décrocher ce job dont tu rêves !

DÉCROCHE LE JOB DE TES RÊVES

Une fois face au recruteur, comment mettre toutes les chances de ton côté ? Et quand on te fait une offre, comment savoir s'il faut l'accepter ou non ? Ici, je vais t'expliquer comment te vendre en entretien tout en restant toi-même, et comment choisir l'offre qui est juste pour toi pour que tu puisses enfin t'épanouir dans un job à ton image !

Te « vendre » en entretien tout en restant toi

Tu as décroché ton entretien, ça y est ! Mais c'est aussi le moment où la panique surgit. Grâce à qui ? À ton ami le mental qui cherche à te déstabiliser ! On en parlait dans l'entretien avec Jonathan Lehmann, qui disait : « Le gros problème et ce qui est au centre de l'obstacle à la reconversion, c'est que ton mental fait des projections : il te dit "Je vais me planter, on va se moquer de moi…", les projections du mental ne sont pas fiables ».

Le meilleur moyen de « rater » un entretien est de te laisser envahir par tes peurs. Mon conseil : respire. Prends trois grandes inspirations, et expire tout ce qui ne te sert pas : le stress, la peur et le doute. Tu as décroché cet entretien, c'est donc qu'on a vu un potentiel en toi, sinon tu n'aurais pas été convié. Les recruteurs ne prennent pas la peine de faire venir en entretien quelqu'un qui ne les intéresse pas.

Pour commencer, rappelle-toi de ton storytelling, l'histoire que tu t'es entraîné à raconter à ton réseau. Arbore ton plus beau sourire (un langage corporel ouvert et avenant est important pour séduire !) et rassure ton mental : tu es ici car tu as quelque chose d'intéressant pour le poste que le recruteur veut explorer.

Pour rester toi-même, la meilleure stratégie est de démystifier l'entretien : plutôt que d'en faire un événement à fort enjeu, dis-toi que ce n'est ni plus ni moins qu'une conversation entre humains, une occasion de voir si c'est le bon endroit pour toi pour travailler. Pourquoi te dire ça ? Parce que c'est ce qui va te faire baisser la pression, et te permettre de retrouver ton naturel. Personne n'est totalement lui-même en entretien : on a l'impression de devoir jouer un rôle et suivre certains « codes ». Il faut faire bonne figure, être à la hauteur de notre CV, être bien habillé… Alors oui, n'arrive pas à ton entretien en tenue du dimanche, mais ne t'oblige pas à porter des vêtements dans lesquels tu ne te sens pas toi-même ! En entretien, on veut voir qui tu es.

Plutôt que de vouloir te « vendre » à tout prix, imagine que tu vas te « raconter ». Comme le dit Seth Godin : « Les gens n'achètent pas des produits ou des services. Ils achètent des relations, des histoires et de la magie. » De la même manière que lorsque je te disais de ne pas quémander un emploi à ton réseau, tu veux pouvoir rester subtil et naturel en entretien : la personne sait que tu es là pour le poste, c'est le but ! Alors focalise-toi sur les deux choses importantes : la raison qui t'amène à l'entretien et ce que tu peux apporter à ce poste. Fais ressentir au recruteur ce qui te rend unique et différent et qui apporterait un souffle nouveau à l'entreprise. Connecte-toi à ce que tes expériences t'ont appris. Nous sommes des êtres reliés par l'émotion : les gens vont surtout retenir comment tu les fais se sentir, pas tellement ce que tu dis. Insiste sur les moments forts de ton parcours et qui sont aussi pertinents pour le poste en question. Cela va te demander de t'ouvrir avec sincérité et d'accepter de partager des éléments peut-être d'un niveau plus personnel comme tes émotions, tes prises de conscience, tes « erreurs » de parcours aussi… Le recruteur aime voir quelqu'un qui apprend des obstacles sur son chemin et qui a réussi à rebondir. À nouveau, personne n'est parfait !

Être soi-même, c'est éviter de construire une fausse image de soi juste pour « coller » à la fiche de poste. Ce ne serait pas te rendre service de mentir sur qui tu es et ce que tu veux, ni à l'entreprise d'ailleurs, car tu te retrouverais au mauvais endroit et ne serais donc pas performant ni épanoui dans le job.

Aussi, l'entretien est le moment pour toi de déterminer si le poste et l'entreprise te conviennent ! Pose des questions sur la vie en entreprise, les valeurs, l'éthique, et tout ce qui peut t'aider à ressentir comment les gens vivent leur travail au quotidien. Une excellente question à poser au recruteur, c'est : « Qu'est-ce qui vous plaît le plus dans le fait de travailler pour cette entreprise ? » Tu peux aussi demander à rencontrer un employé de l'entreprise, de préférence quelqu'un dans le service que tu vises afin d'échanger avec lui sur son quotidien au travail. Tu veux voir si tu es à l'aise avec les personnes que tu vas rencontrer. Ne donne pas tout le contrôle du processus aux recruteurs : tu as aussi une part de décision dans l'affaire puisque c'est toi qui, au final, vas choisir d'accepter l'offre ou non !

L'entretien est un échange donnant-donnant : tu évalues l'entreprise et le processus de recrutement autant que l'entreprise t'évalue. Si tu ne te sens pas à l'aise en entretien, et si tu trouves que la personne te renvoie l'image d'une entreprise traditionnelle et stricte alors que tu cherches un cadre progressiste et humain, ce n'est sûrement pas la bonne opportunité pour toi ! Fais confiance à tes ressentis en entretien : c'est ce qui va te permettre de choisir la bonne offre d'emploi pour toi quand celle-ci te parviendra !

Choisir la bonne offre d'emploi : lis entre les lignes

Ça y est, tu as reçu l'offre que tu attendais. Félicitations ! C'est le moment de décider de ce que tu vas faire. Tu sais que tu as réussi à séduire l'entreprise puisqu'elle vient de te faire une offre : mais est-ce que l'entreprise a réussi à te séduire, toi ?

La première question à te poser est de savoir si tu as bien en tête tous les contours de la réalité du poste. Arrives-tu facilement à te projeter dans le quotidien de ce job ? S'il y a des choses encore floues pour toi à ce stade, n'hésite pas à renvoyer quelques questions au recruteur afin de clarifier certains points spécifiques.

Ensuite, fie-toi au ressenti que tu as eu lors de l'entretien. T'es-tu senti à l'aise dans les locaux de l'entreprise ? As-tu aimé les échanges avec tes potentiels futurs collègues, que ce soient les recruteurs, les managers ou des pairs dans des postes similaires ? Est-ce que l'entreprise incarne des valeurs similaires aux tiennes ? La culture de l'entreprise est importante dans ton choix, car même si le poste correspond parfaitement à ce que tu cherches, si l'ambiance de travail n'est pas stimulante ou alignée avec tes valeurs profondes, tu risques de t'épuiser et de ne pas aimer être dans cette organisation. Ou de devoir démissionner à nouveau car cela ne te correspond pas !

Aussi, es-tu au clair sur les perspectives d'évolution ? Sais-tu comment tu peux grandir professionnellement au sein de cette entreprise ? Même si l'idée n'est pas de demander une évolution dès demain, c'est important que tu aies une vision claire des progrès possibles en interne. Plus tu te projettes longtemps dans l'entreprise, et plus tu as de chances d'être stimulé et épanoui sur la durée. C'est important que cette opportunité soit aussi cohérente avec tes ambitions futures.

Si tu as plusieurs offres, compare-les en fonction des différents critères que je viens de citer : réalité du poste, ressenti personnel, culture d'entreprise, valeurs, perspectives d'évolution. Ajoute les critères qui sont importants pour toi, comme les avantages, les contraintes horaires, le temps de trajet, et tout ce qui peut affecter ton équilibre vie personnelle/vie professionnelle. Reviens à tes priorités du moment : est-ce ta vie de famille ? Dans ce cas, tu préférerais peut-être un poste proche de ton domicile. Est-ce l'évolution professionnelle ? Dans ce cas, tu vas privilégier une entreprise qui t'offre la possibilité de progresser à la hauteur de tes ambitions. Il n'y a que toi qui connais tes priorités : c'est pourquoi demander l'avis de tes proches est utile non pas pour qu'ils te disent ce qu'ils feraient à ta place (puisqu'ils n'y sont pas !) mais pour qu'ils te posent les bonnes questions et challengent ta décision.

Quoi qu'il arrive, un choix n'est pas bon ou mauvais : il est juste plus ou moins aligné avec tes envies du moment. Accepte l'offre qui te semble le plus répondre à tes priorités à ce stade de ta vie. Encore une fois, tout est une question de « pourquoi » tu le fais. Mais l'essentiel est d'écouter ton cœur et de décider en fonction de ce qui te met vraiment en joie. Si tu te sens triste ou déçu quand tu te projettes dans l'une des offres, peut-être que ce n'est pas la bonne pour toi… Au contraire, si l'une des offres te donne des papillons dans le ventre, te stimule et te donne envie d'y aller, même si tu as peur (ah, cette satanée peur qui ne nous quitte jamais !), alors c'est qu'il y a quelque chose pour toi à explorer !

Ah, et pour finir : même si tu acceptes ce poste mais qu'il ne te correspond pas une fois sur place… ce n'est pas un échec ! À moins d'avoir une boule de cristal, tu ne pourras jamais savoir *parfaitement* à l'avance comment ça va se passer. Comme pour un logement, il peut y avoir des vices cachés. Tu peux aussi t'apercevoir que tu as encore reproduit un schéma qui ne te rend pas heureux. Et franchement ? Ce n'est pas grave ! Ce nouveau job sera une expérience supplémentaire, une nouvelle occasion d'apprendre à te connaître encore mieux. Tu peux rompre ton contrat avant la fin de la période d'essai, ou poser ta dem' à nouveau. N'oublie pas que ta carrière est comme ta vie : une succession d'étapes et de découvertes. Bien sûr, on aimerait que tout roule à tous les coups. Mais à part toi-même, personne d'autre ne va t'en vouloir de changer à nouveau. Alors, décompresse. Et si quelqu'un te le reproche, rappelle-toi que tu n'es pas responsable de ses propres peurs, croyances et jugements… et trace ta route !

CONCLUSION

À présent, tu sais comment remettre du sens dans ton parcours, tu as une stratégie de recherche d'emploi aux petits oignons, et tu sais même comment te lancer dans l'entrepreneuriat si c'est le projet que tu as choisi.

Savoir tout ça, c'est bien… Agir, c'est mieux ! Et pour obtenir les résultats que tu espères, je vais t'expliquer comment passer à l'action en te fixant des objectifs clairs, réalistes et stimulants, et surtout comment rester motivé et avancer sans te laisser (trop !) distraire. En route pour un plan d'action en béton armé !

CHAPITRE 15

CRÉE TA NOUVELLE VIE... SANS PROCRASTINER !

« *Quoi que tu penses ou crois pouvoir faire, fais-le. L'action porte en elle la magie, la grâce et le pouvoir.* »

GOETHE

Eh bien ! On a bien bossé dans cette partie ! Tu connais désormais les clés essentielles pour passer à l'action. Tu *sais* quoi faire.

Mais… ce n'est pas suffisant. Ouch ! Et pourquoi donc ?

Je le vois en coaching : beaucoup de personnes me disent « Oui, je sais cela. » Mais le savoir et l'appliquer, ce sont deux choses différentes ! Je l'ai vécu moi-même : c'est au bout de quelques mois à m'ennuyer dans mon job que je me suis dit qu'il serait bien d'utiliser mes lectures en développement personnel accumulées depuis des années déjà ! Lorsqu'on apprend une chose, on la comprend et on la sait à l'instant T. Mais tant qu'on ne l'expérimente dans notre vie, suffisamment de fois pour l'intégrer à long terme, alors on ne sait pas vraiment. On reste en surface.

Alors pourquoi n'expérimente-t-on pas davantage ? Parce que ça nous met face à la réalité ! C'est inconfortable ! Mais c'est un passage nécessaire si tu veux poser ta dem'. C'est pourquoi, dans cette ultime partie, je vais te guider pour passer du savoir à l'action. Allez hop, retrousse tes manches !

UN VRAI BON OBJECTIF, KÉSAKO ?

Antoine de Saint-Exupéry écrivait : « Un objectif sans un plan est juste un vœu. » Et chez Pose ta Dem', on n'aime pas que les projets restent à l'état d'idées sans se concrétiser ! On préfère appliquer la version de Napoléon Hill : « Un objectif est un rêve avec une échéance. »

Pour que tes actions génèrent les résultats que tu espères, il faut agir avec efficacité. S'agiter dans tous les sens nous donne l'impression d'agir, mais ne débouche pas sur de bons résultats. Pire : ça nous épuise ! Et on peut vite s'épuiser quand on part bille en tête, sans cadrer un minimum nos actions. La première étape pour cela est de définir ton objectif.

Ta nouvelle grille de critères (au nom imprononçable)

J'ai créé ma propre grille de critères pour fixer un bon objectif. Elle m'aide à chaque fois que j'ai besoin de cadrer un projet. Son acronyme est franchement imprononçable, mais peu importe : cette grille est diablement efficace ! Son petit nom ? CSPCMTS ! Ces sept lettres correspondent aux sept précieux critères sur lesquels tu t'apprêtes à bâtir ton prochain objectif :

- Clarté : ton objectif tient en une phrase écrite compréhensible par n'importe qui ;
- Sens : il répond à ton « pourquoi » ;
- Plaisir : tu as envie de t'y atteler ;
- Challenge : il te stimule et tu dois sortir de ta zone de confort pour y parvenir ;
- Mesure : tu disposes d'un indicateur clair pour mesurer s'il est atteint ou non ;
- Temps : l'échéance est fixée précisément ;
- Simplicité : il ne nécessite pas de créer une usine à gaz, et tu es capable d'identifier les grandes étapes pour atteindre cet objectif.

Par exemple, écrire ce livre correspond à mon objectif CSPCMTS de l'année dernière : « Terminer l'écriture du livre *Pose ta Dem'* avant décembre 2020 ». L'objectif est clair. Il a du sens pour moi, puisqu'il me permet de partager mon expérience et ma méthode à un public plus large. C'est un plaisir et un challenge à la fois, car je n'avais jamais écrit de livre de ma vie ! Cette expérience m'a sortie de ma zone de confort. Ensuite, c'est mesurable : le document est envoyé à l'éditeur à une date précise. Enfin, l'objectif est simple : j'ai rapidement identifié les étapes du projet sans que ça devienne une usine à gaz.

Bien sûr, tu peux parfois dévier de ton chemin ! La date de sortie de ce livre a été repoussée pour me permettre de l'écrire dans de bonnes conditions sans sacrifier mes autres projets et ma vie personnelle. Des imprévus peuvent toujours arriver !

Mais plus tu définiras précisément ton objectif, moins tu procrastineras pour l'atteindre. Tu auras devant toi une somme de petits pas certes conséquente, mais réalisable étape par étape !

Le plan de 90 jours

Pour atteindre ton objectif sans t'éparpiller, je t'invite à préparer un plan de 90 jours. 90 jours, c'est suffisamment long pour mettre des choses en place et suffisamment court pour garder la motivation sans procrastiner. Ce n'est pas par hasard si le programme Side Project dure trois mois !

Aussi, un plan de 90 jours permet de faire face à l'incertitude. Il peut se passer tellement de choses en un an ! Mieux vaut tabler sur un délai plus restreint pour viser juste dans tes objectifs. Avance par paliers successifs afin de réaliser ton objectif final.

Pour bâtir ton plan de 90 jours, commence par fixer ton objectif sur cette échéance. Puis, liste les actions principales à mener pour y parvenir. Par exemple, pour l'écriture d'un livre, on peut découper cet objectif en trois grandes parties : la définition de la thématique et de l'angle de l'ouvrage, la construction du plan et la rédaction du manuscrit.

Pour chacune de ces parties, indique le temps estimé pour les mener à bien. La définition du thème de ton livre te prendra peut-être un mois quand la rédaction réclame un an de travail. Sois le plus honnête possible sur la durée, mais ne prends pas trop de marge non plus. Une tâche prend le temps qu'on lui accorde ! Sinon tu risques de procrastiner en te disant : « Ça va, j'ai encore le temps ! »

Les actions principales vont elles aussi être découpées en un ensemble de tâches à effectuer. Pour définir le thème de ton livre, tu vas par exemple regarder ce qui a déjà été publié en la matière, et enquêter auprès de tes potentiels lecteurs sur leur(s) besoin(s). Bâtir ton plan implique de lister les idées que tu veux aborder, de chercher des exemples ou encore de te documenter sur certains sujets. Là encore, estime au mieux le temps que tu accorderas à chaque tâche.

Grâce à ce travail préparatoire, tu peux bâtir le plan de tes prochains 90 jours en établissant l'ordre de priorité de tes tâches !

Exercice

ET TOI, C'EST QUOI TON OBJECTIF ?

Je t'invite à fixer ton propre objectif selon les critères CSPCMTS.

Pour cela, tu vas fixer deux objectifs :

– un objectif à un an ;

– un objectif à 90 jours

Puis, pour ton objectif à 90 jours :

– les grandes actions à mener avec leur échéance (5 maximum) ;

– les tâches associées ;

– la durée estimée de chaque tâche.

TU IRAS AU BOUT DE TES OBJECTIFS

Une fois ton plan bien ficelé, tu vas t'apercevoir d'une chose : tu es un être humain ! Ce qui veut dire que parfois, tu vas ressentir des baisses d'énergie ou avoir le moral dans les chaussettes… et tu seras alors tenté de le remettre à plus tard ! Que faire pour ne pas reporter ton rêve ?

Choisis un partenaire (professionnel)

Ton premier atout est un partenaire de responsabilisation. Késako ? Il s'agit de quelqu'un en qui tu as suffisamment confiance pour lui confier ton plan ultime pour atteindre ton objectif ! Et donc quelqu'un qui sait ce que tu as à faire. En bref, c'est une personne à laquelle tu vas « rendre des comptes » pour t'assurer une avancée régulière dans ton projet. Rien de mieux que de s'engager auprès de quelqu'un qui nous encourage, à qui raconter nos petits pas de la semaine !

Et si tu ne sais pas vers qui te tourner ? Suis des formations, rejoins des communautés en ligne (comme celle de Pose ta Dem') ou utilise des applications de rencontres professionnelles comme Shapr.

Être entouré est bien plus stimulant que d'avancer à tâtons dans ton coin ! C'est pourquoi mes programmes se font au sein d'une communauté, pour ne jamais être seul.

Exercice

QUI SONT TES PERSONNES RESSOURCES ?

1. Quelles sont les cinq personnes que tu côtoies le plus actuellement ? Est-ce qu'elles te soutiennent et te donnent de l'énergie ?
2. Quelles sont les personnes dont les expériences professionnelles peuvent t'inspirer ? (Exemple : ton amie sophrologue qui peut t'aider dans la création de ton offre bien-être.)
3. Quelles sont les personnes auxquelles tu peux parler sans retenue de ton projet ?
4. À qui pourrais-tu faire un reporting hebdomadaire ou bimensuel de tes avancées ?
5. Au contraire, quelles sont les personnes que tu fréquenteras moins à l'avenir ?

Définis tes indicateurs magiques

T'entourer est indispensable, mais ne se substitue pas à ta responsabilité personnelle dans ton projet : t'engager auprès de toi-même !

Je te conseille de définir tes propres indicateurs pour mesurer ta progression. Sans devenir un *geek* des tableurs Excel, fixe-toi tes propres règles en la matière ! Comment vas-tu mesurer tes avancées ?

Personnellement, je fais un point annuel, mensuel et hebdomadaire avec moi-même. Je liste les actions réalisées, les objectifs (atteints ou non) et j'en tire des leçons. Et surtout, je célèbre mes victoires !

J'utilise l'outil Asana pour gérer mes projets et mes tâches. Et pour gérer mon temps, j'utilise l'outil Toggl qui me permet de savoir combien de temps j'ai passé sur une tâche ou un projet, et qui établit des rapports journaliers, hebdomadaires et mensuels.

Exercice

RÉUNION AVEC MOI-MÊME

Note dans ton agenda tes prochains rendez-vous avec toi-même :

– un point rapide chaque semaine (le dimanche soir ou le lundi matin) ;

– un bilan dans 90 jours ;

– un bilan complet à la fin de l'année.

DEVIENS « SUPER-PRODUCTIF », LE HÉROS DE L'EFFICACITÉ

Pour terminer, tu auras besoin de gagner en efficacité pour mener de front ton boulot au quotidien et ton projet rêvé. Voici mes techniques de productivité favorites, que j'ai testées et que je transmets à ma communauté.

Pose tes cailloux

Quand on me demande de citer mon astuce ultime de productivité, je réponds « les *big rocks* ». Ce sont les « grosses pierres » de mon agenda : les actions prioritaires que je dois réaliser dans la semaine ! Chaque dimanche soir, je fixe les trois big rocks de ma semaine. J'organise mon agenda autour de ces big rocks et ainsi, je sais sur quoi me concentrer en priorité.

Pour réussir à gérer ton projet de reconversion en parallèle de ton job, je te recommande de bloquer les créneaux dédiés à l'accomplissement de tes big rocks. Les écrire noir sur blanc dans ton agenda va t'aider à t'organiser. Et si tu rates le rendez-vous ? Ne supprime pas le bloc dans ton agenda, non, non ! Décale-le dans la semaine.

L'autre avantage de connaître tes priorités, c'est que tu sauras toujours quoi faire d'utile en cas de « temps mort ». Coincé dans le métro ? Profites-en pour avancer dans la lecture du livre que tu t'es engagé à terminer cette semaine !

À la fin de la semaine, fais le point sur tes big rocks. Si tu les as atteints, bravo ! Tu peux célébrer ! Sinon ? Ne te fustige pas : revois tes objectifs ou reporte-les. Sois bienveillant avec toi-même. Je te rappelle que le but de ton projet est de t'épanouir, pas de te mettre la rate au court-bouillon ! On n'est pas venus pour souffrir, ok ?

LE MOT DE MANON

« Faire le bilan de sa semaine est aussi important que d'établir ses priorités hebdomadaires. »

C'est en suivant la formation Side Project que j'ai appris à établir mes big rocks de la semaine et mes tâches quotidiennes. Au lieu de m'éparpiller, je reste concentrée sur mes priorités. Derrière un principe simple, on instaure ainsi de puissantes habitudes !

Pour plus d'efficacité, il faut faire le bilan en fin de semaine. Chaque dimanche, écris les points positifs et les points négatifs de ta semaine. L'idée est de célébrer tes petites et grandes victoires (l'inscription à une formation, la signature de ton premier contrat…) mais aussi de rester à l'écoute de tes ressentis (pourquoi me suis-je senti moins en forme cette semaine ?).

Cela te permettra de mesurer tes avancées d'une semaine à l'autre, mais aussi d'analyser ton fonctionnement. As-tu davantage d'énergie à certains moments de la semaine ou de la journée ? Certaines tâches t'ont-elles demandé davantage d'efforts que d'autres ? Quelle a été ta dernière victoire à célébrer ? Bien se connaître, c'est le début du succès !

Cloue le bec de ton téléphone

Ton téléphone est un merveilleux outil pour consulter des formations, lire des articles et newsletters, échanger dans les groupes en ligne… Mais il peut vite devenir toxique s'il te contrôle plus que tu ne le contrôles.

C'est pourquoi je te recommande de couper toutes les notifications de ton téléphone dès que tu travailles. Concernant les mails, définis des heures auxquelles consulter ta messagerie, plutôt que d'y être connecté en permanence.

Pour ma part, je n'ai aucune notification sonore sur mon téléphone (sauf pour les appels). Je vérifie mes mails urgents chaque jour, mais je ne réponds aux mails non urgents qu'une fois… par semaine ! Voire moins à certaines périodes. Eh bien, mon monde ne s'est jamais écroulé !

La tomate qui va changer ta vie

La méthode Pomodoro est celle que j'ai le plus utilisée (et conseillée !) depuis le lancement de Pose ta Dem'. Elle consiste à diviser tes sessions de travail en intervalles. Le principe : être complètement plongé dans ton travail pendant 25 minutes, puis t'accorder 5 minutes de pause. Et ainsi de suite, jusqu'à faire une plus longue pause au bout de quatre sessions de travail. Pourquoi « Pomodoro » ? Selon la légende, le développeur Francesco Cirillo, à l'origine de cette méthode, utilisait un minuteur de cuisine en forme de tomate (*pomodoro* en italien) pour respecter son timing…

Durant mes pauses, je fais quelques étirements, je bouge, je lève le nez des écrans. C'est ce qui me permet d'avoir les idées claires quand je me replonge dans mon travail.

Enfin, pour que tes sessions de travail apportent de vrais résultats, je te partage une autre astuce importée d'Italie ! Un phénomène très puissant a été mis en lumière par l'économiste italien Vilfredo Pareto. Il montre que 80 % des effets sont directement issus de 20 % des causes. Autrement dit, 20 % de tes efforts produisent 80 % de tes résultats ! Observe les moments de la journée durant lesquels tu es le plus productif. Tes deux heures de *flow* total du matin sont peut-être à l'origine de 80 % du travail que tu produis dans une journée. Identifie aussi les actions qui produisent le plus de résultats, et élimine progressivement celles qui te donnent l'impression de t'activer alors qu'elles n'apportent pas grand-chose.

Exercice

MON ENGAGEMENT PRODUCTIVITÉ

Parce que la productivité aussi est une histoire de petits pas, je t'invite à choisir la technique à mettre en place dans ton travail dès aujourd'hui !

Pomodoro ? Big rocks ? Outil de suivi de tes tâches ?

Note ton engagement dans ton carnet !

CONCLUSION

Tu arrives au terme de cette aventure extraordinaire ! Bravo d'arriver à cette étape symbolique du passage à l'action. Tu auras très bientôt la sensation que les planètes s'alignent… Car tu ouvres ton champ des possibles, par le biais de nouvelles habitudes, d'un état d'esprit tout neuf et de nouvelles rencontres !

Passer à l'action nécessite de la rigueur, de l'engagement, de la passion. La discipline que tu t'imposes tout au long de la route te permettra d'apprécier encore davantage les moments de repos et de célébrer les victoires qu'elles méritent. Mais se lancer officiellement dans sa reconversion ou présenter au monde son projet est avant tout une immense fierté et un plaisir !

À présent, ce livre touche à sa fin. Dans l'introduction, je t'ai invité à le lire en imaginant qu'on prenait un café ensemble. Bon, depuis le temps qu'on est à cette table, on a eu le temps d'en commander trois ainsi qu'un litre de thé vert au jasmin, et on est à deux doigts d'attaquer les mojitos.

Alors avant que ne sonne l'heure de la fermeture, je t'invite à prendre un petit moment pour digérer toutes ces boissons – pardon, tout ce qu'on a vu dans ce livre – et à noter les sept enseignements clés que tu retiens.

Exercice

LES 7 ENSEIGNEMENTS QUE TU RETIENS

Pour t'aider à ancrer tous ces apprentissages, je t'invite à prendre quelques minutes pour noter ici les messages qui t'ont le plus marqué au fil de ta lecture :

1. ....

....

2. ....

....

3. ....

....

4. ....

....

5. ....

....

6. ....

....

7. ....

....

ÉPILOGUE

> « *On sait qu'on est sur la bonne voie quand on n'a plus envie de se retourner.* »
> AUTEUR INCONNU

Et voilà. Ce livre est terminé. L'écrire a été une aventure passionnante… et parfois difficile. Mais sais-tu pourquoi c'était exaltant malgré la complexité ?

Parce qu'écrire ce livre était une expérience. Je ne la vivrai plus jamais. Même si je réécris un livre un jour, ce ne sera pas le même livre, pas le même contexte… Bref, pas la même expérience !

J'estime que je suis ici pour vivre des expériences. Vivre ma vie comme une expérience m'aide énormément à apprécier les bons moments… Mais aussi à mieux accepter les mauvais. Face à toute situation, je fais un pas de côté, et j'observe. Comme si j'étais extérieure à moi-même. Je décris la situation telle que je la vois, et je me dis : autant vivre cette expérience à fond ! Car ce n'est pas *toute* ma vie. C'est *une* expérience, qui aura une fin.

Pour apprécier pleinement l'expérience d'être en bonne santé, j'ai besoin d'avoir connu l'expérience d'être malade. Pour apprécier pleinement l'expérience d'aimer mon travail, j'ai besoin de l'avoir détesté à un moment. Si je n'avais pas connu l'enfermement dans un *open space*, je n'aurais pas autant de gratitude pour ma liberté actuelle.

Toi aussi, tu vis des expériences en ce moment :

- l'expérience de chercher ta voie ;
- l'expérience d'apprendre à te connaître, peut-être pour la première fois ;
- l'expérience d'oser dire non à une voie toute tracée ;
- l'expérience de te sentir incompris par certaines personnes ;
- l'expérience de créer ton nouveau projet.

Voir ce que tu traverses comme une expérience a un double avantage. Tu as plus de gratitude pour les expériences qui te procurent de la joie, et plus de détachement à l'égard de celles qui sont douloureuses. Si elles sont là, si elles apparaissent dans ta vie, c'est pour une raison. Même si tu te dis que tu t'en serais bien passé… Elles construisent ton histoire.

Car oui, c'est toi qui construis ton histoire ! Ce livre avait pour vocation de te montrer que tu es maître à bord de ta vie professionnelle. De te transmettre la flamme, l'énergie, pour créer cette nouvelle vie qui n'attend que toi. Sa vocation n'est pas que tu poses ta dem' à tout prix : tu l'as compris, ce qui compte, c'est de créer la vie qui te ressemble ! Et ce qui est magique ? C'est que tu as le droit et la capacité de le faire. Dès aujourd'hui. Petit pas par petit pas.

Pour conclure cette lecture, j'ai un ultime challenge pour toi. C'est une belle conclusion à ce moment que l'on vient de partager toi et moi. Je t'invite à rejoindre la communauté Pose ta Dem' et à partager ceci.

Challenge

J'AI FINI LE LIVRE POSE TA DEM' !

1. Quel est l'apprentissage n° 1 que tu retiens de ce livre ?
2. Quel est ton objectif à 90 jours ?
3. Quel est le premier petit pas que tu t'engages à faire après avoir fermé la dernière page de ce livre ?

Scanne le QR code ci-dessus avec ton téléphone pour accéder au challenge et partager ta réponse dans la communauté !

Sur cette note de fin, je tiens à te dire merci.

Merci d'avoir lu ce livre.

Merci de croire qu'une autre voie est possible.

Merci de contribuer à ce mouvement collectif vers une vie plus riche de sens, pour toi et pour nous tous.

J'ai hâte d'échanger avec toi au sein de la communauté… Et qui sait, peut-être en chair et en os un jour !

UNE INVITATION

Cher futur démissionnaire,

Si tu as aimé ce livre et que tu veux poursuivre l'aventure, je t'invite à scanner ce QR code avec ton téléphone ou à te rendre sur posetadem.com/livre-bonus.

Tu accéderas ainsi à une mine de ressources complémentaires que j'ai préparées pour toi !

Tu pourras rejoindre notre magnifique communauté de chercheurs de sens, et t'inspirer du parcours de milliers de reconvertis. Tu y trouveras une foule d'informations, de ressources et de conseils pour réinventer ta carrière, ainsi que mes mini-programmes gratuits pour t'aider à créer ton chemin professionnel rempli de joie, de sens et de magie !

C'est le complément parfait à ce livre pour t'épanouir et enfin vivre la vie professionnelle que tu mérites : celle qui te rend heureux.

Au plaisir d'échanger avec toi !

Charlotte

LES AUTEURES

CHARLOTTE APPIETTO

« *Le véritable voyage de découverte ne consiste pas à chercher de nouveaux paysages, mais à avoir de nouveaux yeux.* »
MARCEL PROUST

Bonjour ! Je suis Charlotte Appietto, la fondatrice de Pose ta Dem'. J'ai créé cet univers dédié aux futurs démissionnaires autour d'un média, d'une communauté, d'événements et de programmes d'accompagnement et de formation. Parce que quand moi, j'ai rêvé de poser ma dem' pour retrouver du sens dans ma vie professionnelle… J'ai manqué de tout cela !

Après six ans d'études pour suivre la « voie royale » vers une carrière prestigieuse, je me suis aperçue dès mon premier CDI que quelque chose clochait. Il m'a fallu plusieurs mois pour comprendre ce qu'il m'arrivait, et mettre des mots sur mes maux. C'est à force d'introspection, de lectures, de discussions, de moments eurêka suivis de crises émotionnelles… que j'ai fini par trouver mon chemin et poser ma dem'.

Ce cheminement est expliqué en détail dans le chapitre introductif de ce livre. Il n'est ni une référence, ni un exemple à suivre, ni un passage obligé : il est simplement ce qu'il est, c'est-à-dire un chemin parmi l'infinité des possibles. C'est pourquoi ma mission consiste aujourd'hui à mettre en lumière les multiples horizons qui s'ouvrent à nous quand nous faisons le choix d'oser y croire.

Je suis convaincue que nous avons tous le pouvoir et la capacité de créer notre vie sur mesure. Et je ne supporte pas l'idée de passer à côté de sa vie en restant enfermé dans un job qui ne nous correspond pas.

C'est pourquoi ces 4 mots guident ma vie : amour, joie, paix et magie. Jour après jour, mon rôle est de transmettre mon expérience et mon énergie afin que mes lecteurs, ma communauté, mes clients et mon équipe vivent leur vie dans l'amour, la joie, la paix et la magie.

Alors cher lecteur, si tu ressens une étincelle grâce à ce livre, sache que j'en ressentirai une aussi !

Belle aventure !

MARION LE BIHAN

« *Il est grand temps de rallumer les étoiles.* »
GUILLAUME APOLLINAIRE

Hello, je suis Marion Le Bihan, coach intuitive et auteur. Chez Pose ta Dem', j'accompagne sur le programme Nouveau Départ, *la* méthode de Charlotte qui te permet de donner vie à ton projet de reconversion, et d'aligner ta carrière avec ce qui a du sens pour toi !

Plus jeune, je ne savais pas quel métier je voulais faire : j'avais trop d'idées. Rêveuse de nature, j'ai toujours été portée par l'envie d'utiliser mon temps pour faire une différence positive dans le monde. Hypersensible et intuitive, je ressens les choses sans qu'elles ne s'expliquent forcément par la raison. J'ai aussi un gros besoin de m'amuser au quotidien. Mais tout ça, j'ai mis du temps à l'assumer. Pendant des années, j'ai considéré le travail comme quelque chose de sérieux et formel. On m'a souvent répété de privilégier la sécurité financière, et que les rêves ne faisaient pas manger. Qu'il valait mieux être logique et raisonnable. Un moule dans lequel je suis entrée mais qui, en réalité, m'étouffait. Ma vie a changé quand j'ai commencé à m'écouter.

Après une première expérience d'ingénieur dans l'industrie aéronautique, je me suis reconvertie dans le recrutement pour remettre les relations humaines au cœur de mon métier. J'ai aussi tenté ma chance dans la comédie musicale, qui me passionne depuis l'enfance. Ces étapes m'ont permis de me découvrir et de révéler mes envies, petit à petit. Et c'est dans l'aide et la transmission que je me sens au plus proche de ma mission de vie : encourager un maximum de gens à poursuivre leurs rêves. C'est ce qui m'a conduite à poser ma dem' en 2019, et à me lancer dans la merveilleuse aventure du coaching.

Je suis convaincue que c'est lorsqu'on ose être pleinement soi-même et qu'on écoute son cœur que l'on reconnecte avec le bonheur. Et qu'on peut servir au mieux ceux qui nous entourent ! Mes maîtres mots : bienveillance, intuition et magie !

Belle découverte, ami lecteur !

MANON GAYET

« *Je n'échoue jamais : soit je gagne, soit j'apprends.* »
NELSON MANDELA

Hello, moi c'est Manon Gayet. Je suis journaliste, coach, mentor et auteur.

Oui, ça fait beaucoup sur le papier… Mais je vais te montrer comment tout cela est intimement lié. Et à quel point être *slasheur* me permet de guider efficacement les futurs démissionnaires sur leur propre chemin du succès !

Devenir journaliste était mon unique objectif depuis mon plus jeune âge. J'avais donc établi tout un plan d'études pour y parvenir : bac littéraire ou économique, puis classe préparatoire, avant d'intégrer Sciences Po…

Spoiler alert : ça ne s'est pas passé ainsi. Et heureusement ! Mais j'ai bien intégré une école de journalisme et c'est dans un magazine touristique que j'ai signé mon premier CDI. Tout allait comme sur des roulettes ! Mais lorsque le magazine pour lequel je travaillais a été racheté, le ciel s'est obscurci petit à petit… Heureusement, c'est à cette période que j'ai découvert Pose ta Dem'. C'est parti pour une folle période de questionnements, d'essais, d'échanges et de formations.

Je suis finalement restée journaliste… à temps partiel seulement. Mentor et coach à Pose ta Dem', j'accompagne désormais les futurs démissionnaires à concrétiser le projet entrepreneurial de leurs rêves ! Et entre deux séances de coaching, je participe à l'écriture de différents ouvrages et planche sur de nombreux autres projets…

On peut le dire, j'ai décidé d'explorer tout mon potentiel ! Et si tu en faisais de même ? Je serai à tes côtés pour t'aider pas à pas à te réaliser professionnellement et à redonner du sens à tes actions.

Mes maîtres mots : polyvalence, enthousiasme, bienveillance.

En route pour cette nouvelle aventure !

Je te souhaite d'apprendre beaucoup et de rêver fort.

REMERCIEMENTS

Merci…

À ma maman, qui après m'avoir écoutée des heures au téléphone me plaindre de mon job, a été la première à me dire : « Pars ! » Et qui n'a jamais arrêté de me soutenir depuis. Et qui n'ose pas aimer les publications de Pose ta Dem' sur Facebook, pour ne pas que j'aie honte que ma maman mette un « *like* ». Non maman, au contraire, je suis fière ! Sans toi, je n'aurais jamais découvert le développement personnel. Tout cela n'aurait pas existé sans toi, et n'aurait pas la même saveur sans ton soutien.

À mon papi, qui suit mon aventure de près et me soutient depuis le début. Qui affiche dans son bureau les articles de journaux dans lesquels je suis apparue. Qui m'inspire par sa patience et sa simplicité, et qui m'a appris l'importance de la bienveillance, de la générosité, avec son équipe et ses clients.

À mon papa, qui a osé suivre certains de ses rêves, mais pas tous. Qui m'a transmis son ambition et sa folie des grandeurs. Dont le burn-out devenu dépression a eu raison. Même si j'aurais aimé l'apprendre autrement, sans toi je n'aurais pas su à quel point prendre soin de soi et ne pas s'épuiser au travail est important.

À ma mamie, qui, lorsque j'ai posé ma dem', m'a demandé trois fois, inquiète, si mon entreprise pourrait me reprendre si jamais je regrettais cette folle décision.

Tu n'es plus là pour le voir, mais j'ai réussi à gagner ma vie et je n'ai pas eu besoin de reprendre ce job !

À Gio, qui me soutient et qui m'admire. Qui, par son imagination et sa créativité, me fait découvrir de nouveaux horizons.

Merci aussi…

À ma formidable équipe, que j'ai une chance inouïe d'avoir à mes côtés dans cette folle aventure. Moi qui me suis lancée en voulant être seule, j'ai découvert la joie et la richesse de travailler en équipe.

À toutes les personnes qui m'ont écrit pour me remercier, pour partager avec moi leur histoire. Sachez que j'ai eu les larmes aux yeux plus d'une fois !

À tous les entrepreneurs qui m'entourent, amis et connaissances, qui m'ont déjà aidée, conseillée ou rassurée dans les moments de doute. C'est aussi grâce à vous que je garde le cap et que j'avance avec légèreté.

À mon éditeur, qui a tout de suite eu confiance dans ce projet, qui m'a accompagnée jusqu'à la publication de ce livre, et qui me permet de réaliser ce rêve d'être publiée.

À tous les membres de la communauté Pose ta Dem' qui ont témoigné dans ce livre, mais aussi à ceux dont le témoignage n'apparaît pas. Nous n'avons pas pu les publier tous, car ce livre aurait fait trois tomes ! Mais merci d'avoir partagé votre histoire et d'avoir contribué à inspirer et à guider les lecteurs, à votre tour !

Et bien sûr, merci…

À toi lecteur, qui es arrivé au bout de ce livre. Qui m'as fait confiance pendant 300 pages, qui t'es laissé porter par cette folle idée de poser ta dem'. Que tu poses ta dem' ou non, tu viens de t'éveiller à une autre réalité possible. À ton tour, tu vas diffuser le message que la vie est faite pour être vécue… en étant soi-même !

À Marion et Manon, mes deux chères coauteures et membres de l'équipe Pose ta Dem'.

Merci d'avoir repris le flambeau de ce livre qui n'aurait pas vu le jour sans vous. Par votre passion, votre générosité, votre professionnalisme, votre rigueur et votre humour, vous m'avez permis de concrétiser ce projet !

Enfin, merci à la vie : je dis merci à la vie, je chante la vie, je danse la vie… je ne suis qu'amour !

Avec tes hauts et tes bas, j'ai une confiance totale en toi car je sais que tout arrive pour une raison. Merci de m'avoir amenée jusqu'ici et de me faire vivre cette expérience. J'ai hâte de découvrir – ou plutôt, de créer – la suite avec toi.

Dépôt légal : avril 2021
N° d'impression : 21030874
Imprimé en France par Corlet